北京华信恒远信息技术研究院 策划

高等学校自动识别技术系列教材

物联网与产品电子代码（EPC）

张成海　张铎／编著

AUTOMATIC
IDENTIFY
TECHNOLOGY

U0949714

WUHAN UNIVERSITY PRESS
武汉大学出版社

图书在版编目(CIP)数据

物联网与产品电子代码(EPC)/张成海,张铎编著.—武汉:武汉大学出版社,2010.1
高等学校自动识别技术系列教材
ISBN 978-7-307-07420-0

Ⅰ.物…　Ⅱ.①张…　②张…　Ⅲ.条形码—应用—商品—高等学校—教材　Ⅳ.F716

中国版本图书馆 CIP 数据核字(2009)第 205074 号

责任编辑:黄汉平　　责任校对:黄添生　　版式设计:詹锦玲

出版发行:武汉大学出版社　(430072　武昌　珞珈山)
(电子邮件:cbs22@whu.edu.cn　网址:www.wdp.com.cn)
印刷:湖北睿智印务有限公司
开本:720×1000　1/16　印张:18.5　字数:321 千字　插页:1
版次:2010 年 1 月第 1 版　2011 年 6 月第 2 次印刷
ISBN 978-7-307-07420-0/F·1328　定价:30.00 元

版权所有,不得翻印;凡购我社的图书,如有质量问题,请与当地图书销售部门联系调换。

丛书序言

今天，随着国民经济和科学技术的快速发展，条码已经成为全球通用的商务语言，无线射频技术正在应用于铁路、物流、邮政、公共安全、资产管理、物品追踪与定位等多个领域，以指纹识别技术为代表的生物识别技术开始在金融、公共安全等领域得到逐步推广，这一切都预示着自动识别技术的应用将大大促进我国各领域信息化水平的进一步提高。

20世纪80年代末期，条码技术开始在我国得到普及和推广。作为一种数据采集的标准化手段，通过对供应链中的制造商、批发商、分销商、零售商的信息进行统一编码和标识，为实现全球贸易及电子商务、现代物流、产品质量追溯等起到了重要作用。随着2003年中国“条码推进工程计划纲要”的提出和实施，条码技术已经开始涉及国民经济的各个领域。

二十多年后的今天，以条码技术、射频识别技术、生物特征识别技术为主要代表的自动识别技术，在与计算机技术、通信技术、光电技术、互联网技术等高新技术集成的基础上，已经发展成为21世纪提高我国信息化建设水平，促进国际贸易流通，推进国民经济效益增长，改变人们生活品质，提高人们工作效率，获得舒适便利服务的有利工具和手段。

为推动中国自动识别技术产业的持续性发展，培养和造就服务于自动识别产业和相关产业的专业人才，中国自动识别技术协会作为国家级的行业组织，经过充分的市场调研和反复的需求论证，从2006年夏季开始，在国内部分高等院校推动自动识别技术专业方向的学历教育。这是国内首次将自动识别技术教育以专业教育的形式引入高等学历教育领域的尝试和突破。

为配合自动识别专业人才的培养教育，中国自动识别技术协会组织有关专家、学者、高级工程技术人员，共同设计了国内第一套自动识别技术教育大纲，并组织撰写了与之配套的自动识别技术高等学历教育教材，以满足教学需要。

全套教材将涉及自动识别技术导论、条码技术、射频识别技术、生物识别技术、电子数据交换技术与规范、图像处理与识别技术、密码原理、自动识别产品设计等内容，从2007年5月起陆续分册出版发行。

技术的发展没有止境，知识的进步没有边际。在我们试图总结自动识别产业专家学者和技术人员的知识和经验时，我们也意识到这套教材只是我们的初次探索，是推动中国自动识别产业人才战略的第一步。我们希望这套教材能够为广大学子奠定行业知识的基础，真心祝愿学子们成为自动识别产业坚实的后备力量。

最后，真诚欢迎国内外各界人士和自动识别产业界的朋友对全套教材提出批评和指正。

2007年1月

前　言

20 世纪 70 年代开始在全球推广应用的以商品条码为核心的全球统一标识系统，现在已经深入到日常生活的每个角落，作为全球通用的商务语言（Business Language），全球已有 100 多个国家和地区加入了国际物品编码协会 GS1，120 多万家公司和企业加入了全球统一标识系统，上千万种商品利用条码作为标识参与商品流通。全球统一标识系统在全球的使用提升了流通领域的信息化水平，加快了现代物流及电子商务的发展进程，提升了整个供应链的效率，对全球经济及信息化的发展起到了举足轻重的推动作用。

随着全球经济一体化的发展，物品单品标识和信息精细管理需求日益增长，基于射频识别（RFID，全称 Radio Frequency Identification）与 Internet 的一项物流信息管理新技术产品电子代码（EPC，全称 Electronic Product Code）应运而生。为满足对单个产品的标识和高效识别，美国麻省理工学院 Auto ID 中心在美国统一代码委员会（UCC）的支持下，提出了产品电子代码（EPC）的概念，随后由国际物品编码协会 GS1 主导，实现了全球统一标识系统中的 GTIN 编码体系与 EPC 概念的完善结合，将 EPC 纳入了全球统一标识系统，从而确立了 EPC 在全球统一标识体系中的战略地位，使 EPC 成为一项真正具有革命性意义的新技术，受到了世界众多发达国家的高度重视，被誉为全球物品编码工作的未来，将给人类社会生活带来巨大的变革。

基于互联网和射频技术的 EPC 系统，即实物物联网（简称物联网）是在计算机互联网的基础上，利用 RFID、天线数据通信等技术，构造了一个实现全球物品信息实时共享的“Internet of things”。它将成为继条码技术之后，再次变革商品零售结算、物流配送及产品跟踪管理模式的一项新技术，是条码技术应用的延伸和拓展。当你购物结账时，再也不必等待售货员将你所购商品一一取出、扫描条码结账，而是在短短几秒或瞬间内就可以实现商品的自助式智能销售结算。

物联网和EPC技术是科技及现代物流发展的产物，是高科技领域一项革命性的新技术，必将对现代物流和电子商务的发展带来深远的影响。

EPC是为了提高物流供应链管理水平、降低成本而发展起来的一项现代物流信息管理新技术，可以实现对所有单个实体对象（包括零售商品、物流单元、集装箱、货运包装等）的唯一、有效识标，被誉为具有革命性意义的现代物流信息管理新技术。EPC通过全球产品电子代码管理中心（EPCglobal）来推广。

EPCglobal是国际物品编码协会（GS1）之下的一个中立的、非营利性标准化组织，其主要职责是制定全球统一的EPC相关标准，在全球范围内对各个行业建立和维护EPC网络，保证供应链各环节信息的自动、实时识别采用全球统一标准。EPCglobal通过各国的编码组织来开展当地的工作，目前拥有一千多家系统成员，汇集了全球知名的制造商、零售商、RFID系统服务商等。2002年起，中国物品编码中心负责中国范围内EPC的注册、管理和推广工作。2004年4月，经中国国家标准化管理委员会批准，全球产品电子代码中国管理中心（EPCglobal China）正式成立，作为权威性机构，从组织机构上保障了我国EPC事业整体的有效推进。

本书主要涉及物联网基础、EPC基础、EPC编码体系、EPC射频识别系统、EPC系统网络技术、EPC实施指南、EPC的管理与应用展望及EPC应用案例等方面，内容力求丰富、全面。相信本书的出版，对我国有关现代物流、电子商务、信息化建设，以及供应链人才培养的工作将会起积极的推动作用。

本书由北京华信恒远信息技术研究院策划，由张成海（中国物品编码中心主任、全国物品编码标准化技术委员会秘书长、中国自动识别技术协会理事长）和张铎（北京交通大学物流标准化研究所所长、北京华信恒远信息技术研究院院长、21世纪中国电子商务网校校长）联合主编。中国物品编码中心孔洪亮、杜寒、苏晓翠，中国物品编码中心河北分中心张春媛，北京交通大学王耀球、袁远、张倩、李锦川、汪凡、汤斌等，北京华信恒远信息技术研究院邵慧欣、刘平以及21世纪中国电子商务网校刘娟、李维婷、孙蕾、寇贺双等人员参加了本书的编写工作。

由于物联网和EPC技术发展迅猛，实践经验有限及编者时间仓促，难免有错误和缺点，敬请各位专家与读者批评指正。

编　者

2009年9月8日

目　录

第一章　物联网基础…… 1
1.1　物联网简介 …… 1
1.2　智慧地球…… 15

第二章　EPC 基础 …… 21
2.1　EPC 的定义…… 21
2.2　EPC 的产生…… 22
2.3　EPC 系统的构成…… 24
2.4　EPC 系统的特点…… 29
2.5　EPC 系统的工作流程…… 30
2.6　EPC 在国内外发展状况…… 31

第三章　EPC 编码体系 …… 35
3.1　EPC 标准…… 35
3.2　GS1 全球统一标识系统 …… 40
3.3　EPC 编码体系…… 53
3.4　EPC 编码策略…… 55
3.5　EPC 编码实现…… 61

第四章　EPC 射频识别系统 …… 86
4.1　EPC 与自动识别技术…… 86
4.2　EPC 与射频识别技术…… 88
4.3　EPC 标签…… 89
4.4　EPC 标签识读器 …… 107
4.5　EPC 射频识别系统的建设 …… 130

第五章　EPC 系统网络技术 …………………………………………… 155
5.1　EPCglobal 网络与全球数据同步网络（GDSN） ……………… 155
5.2　中间件 ……………………………………………………………… 162
5.3　ONS 工作原理 ……………………………………………………… 170
5.4　EPC 信息服务（EPCIS） ……………………………………… 180

第六章　EPC 实施指南 ……………………………………………… 184
6.1　实施工具 …………………………………………………………… 184
6.2　实施考评指标体系 ………………………………………………… 196
6.3　EPC 实施指南 ……………………………………………………… 206
6.4　EPCglobal 认证认可项目 ………………………………………… 216

第七章　EPC 的管理与应用展望 …………………………………… 237
7.1　EPCglobal ………………………………………………………… 237
7.2　EPC 管理 …………………………………………………………… 245
7.3　EPC 的应用展望 …………………………………………………… 248

第八章　EPC 应用案例 ……………………………………………… 254
8.1　沃尔玛全面推进 RFID/EPC 在供应链中的应用 ……………… 254
8.2　麦德龙集团大力推行 EPC Gen2 技术应用 …………………… 258
8.3　意大利米图香港分店启用 RFID 智能试衣系统 ……………… 265
8.4　班加罗尔心脏病诊疗中心应用 UHF RFID 标签 ……………… 269
8.5　RFID 技术在航空货物管理的应用 ……………………………… 271
8.6　RFID 技术在制造业仓库里的应用 ……………………………… 275
8.7　葡萄牙家具制造商在生产线应用无源 UHF RFID 系统 ……… 278
8.8　海尔美国应用 RFID 超高频标签标识冰箱冰柜产品 ………… 280
8.9　唯冠科技（深圳）在出口显示器上应用 EPC 标签 …………… 283

参考文献 …………………………………………………………………… 287

第一章 物联网基础

【学习目标】

1. 了解物联网的最新发展。
2. 了解智慧地球的基本情况。

1.1 物联网简介

物联网和 EPC（全球产品电子代码编码体系），可能是目前全球最时髦的两个名词了，因为它们即将大大改变我们的生活——当有那么一天，你会发现在超市里选定物品之后不用再排队等候结账，而只需推着满车商品走出大卖场就行了，因为商品上的电子标签会将商品信息自动登录到商场的计价系统，货款也就自动从消费者的信用卡上扣除了。

与此同时，每件商品的信息在这个过程中又被精确地记录下来，通过一个称为“物联网”的系统，在全球高速传输，于是，分布于世界各地的产品生产厂商，每时每刻都可以准确获得自己产品的销售和使用情况，从而及时调整生产和供应。

而这些单个商品的信息同时还将被更大的物联网络覆盖，以至当您从冰箱中取出一罐可乐饮用时，冰箱会自动读取这罐可乐的物品信息，即刻通过物联网传输到配送中心和生产厂商。于是第二天你就会从配送员的手中得到补充的商品。

可见，到那时，我们和我们的商品都将真正生活在全球的网络中。

这是因为 EPC 电子代码革命性地解决了单个商品的识别与跟踪问题，也就是说，它为每一个单个商品建立了全球性的、开放性的标识标准，因此，以 EPC 软硬件技术构成的物联网，就能够使所有商品的生产、仓储、采购、运输、销售及消费的全过程，发生根本性的变化，实现全都可以跟踪查询，从而大大提高全球供应链的性能。

1.1.1 物联网定义

EPC 最初提出的时候就引发人们联想到了物联网（Internet of Things）。EPC 主要是在物流供应链环节开放领域应用，随着 EPC 的提出并成功实施，其他行业如航空、邮政、交通等领域纷纷借鉴了 EPC 的思想，对各自原有的技术管理体系重新进行规划升级，也在部分领域试点开展基于 RFID 或其他自动识别技术、信息网络技术的物联网的研究，不断拓展和完善自己的信息管理技术，于是一个更大范围的物联网逐渐形成。

2005 年 11 月 17 日，在突尼斯举行的信息社会世界峰会（WSIS）上，国际电信联盟（ITU）发布了《ITU 互联网报告 2005：物联网》，提出了“物联网”的概念。报告指出：无所不在的“物联网”通信时代即将来临，世界上所有的物体从轮胎到牙刷、从房屋到纸巾都可以通过因特网主动进行信息交换。射频识别技术（RFID）、传感器技术、纳米技术、智能嵌入技术将得到更加广泛的应用。

现在的物联网，指的是将各种信息传感设备，如射频识别（RFID）装置、红外感应器、全球定位系统、激光扫描器等种种装置与互联网结合起来而形成的一个巨大网络。在这个网络中，所有的物品都与网络连接在一起，系统可以自动、实时对物体进行识别、定位、追踪、监控并触发相应事件。“物联网”是继计算机、互联网与移动通信网之后的世界信息产业第三次浪潮。

打个比方：人的眼睛、耳朵、鼻子好比单个的“传感器”。一杯牛奶摆在面前，眼睛看到的是杯子，杯子里有白色的液体，鼻子闻闻有股奶香味，嘴巴尝一下有一丝淡淡的甜味，用手再摸一下，感觉有温度……这些感官的感知综合在一起，人便得出关于这一杯牛奶的判断。假如把牛奶的感知信息传上互联网，坐在办公室的人通过网络能随时了解家中牛奶的情况，这就是“传感网”，假如给你授权，你也可以看到这杯牛奶的情况。如果家中设置的传感器节点与互联网连接，经过授权的人通过网络了解家里是否平安、老人是否健康等信息，并利用传感器技术及时处理解决，这就是“物联网”。

1.1.2 物联网在中国

中国在物联网与 EPC 的发展上，起步并不比任何国家落后。早在 2003 年 12 月，国家标准化管理委员会会同科技部就在北京召开了“物流信息新技术——物联网及产品电子代码（EPC）研讨会暨第一次物流信息新技术联席会议”。

在会议纪要中指出：“物联网和产品电子代码是近年来出现的物流信息及其管理的最新技术，产品电子代码也被称为 EPC，它是射频技术基于网络环境下，在自动识别技术领域的新应用，发达国家在 20 世纪 90 年代才开始研究，近期刚刚走出研究室。与条形码相比，它有十分显著的优点。一是它的信息量大，可以满足更广泛的要求；二是它可读可写，应用更加灵活；三是它的读取方式是利用感应、无线电波或微波能量进行，不需直接接触；四是可以识别高速运动物体和同时识别多个物体；五是具有抗环境污染、抗干扰的能力，保密性能好。这些方面都是条形码所不能比的。但是由于它的开发和应用成本很高，加之对信息收集、整理和应用的网络环境没有形成，使得应用受到限制。但是，随着现代信息技术发展的加快，EPC 推动物流业发展的时机终于成熟。”

与会代表就物联网和 EPC 这一物流信息新技术的研究和应用进行了深入讨论，取得一致意见：

一、物联网和 EPC 新技术的产生是人类及经济贸易发展的智慧结晶，是高科技领域一项革命性的新技术，必将对现代物流的发展带来一场革命。这次会议是我国启动 EPC 标准化工作的一次非常重要的会议。会议正式确认了“物联网”、“产品电子代码（EPC）”等新概念。

二、要从五个方面来充分认识 EPC 新技术的研究与应用并做好相关工作。首先，EPC 的产生和发展有它的必然性。EPC 是信息技术伴随网络社会发展的必然结果。第二，充分认识研究和应用 EPC 新技术的必要性。这是我国主动参与国际竞争、融入经济全球化的迫切需要。第三，充分认识研究和应用 EPC 的战略意义。它不是一个企业、一个行业、一所院校或少数人所能包揽的，而是一个事关国内各行业大局的问题，必须站在国家的高度来组织和研发，否则不可能开展好 EPC 的研究和应用工作。第四，要系统地考虑 EPC 的研究和应用。EPC 不是一项孤立的工作，而是一项庞大的系统性工作，涉及许多方面，包括技术、管理、硬件、软件、网络、系统安全、无线电频率等，而这些都有标准化的问题，EPC 没有标准化就不可能实行。第五，充分认识研究和应用 EPC 的紧迫性。目前，发达国家都在积极推动 EPC 技术在本国的应用，预示着发达国家据此对发展中国家形成了新的技术贸易壁垒。如美国商业零售巨头沃尔玛要求排名前 100 位的供应商，从 2005 年 1 月 1 日起在物流单元上使用 EPC；日本在 2004 年 5 月向国际标准化组织（ISO）提供日本起草的 EPC 国际标准草案；欧洲于 2006 年 9 月使用 EPC 标准。面对国际竞争的严峻形势，在我国开展 EPC 研究和应用十分迫切。

三、定期召开 EPC 联席会议，初步确定 2004 年上半年和下半年各召开一次。联席会议逐步吸收国内有关部门及国内有条件的相关企业参加。

根据 EPC 新技术的发展，适时举办 EPC 新技术研讨会，并可以邀请中国香港货品编码协会、新加坡物品编码协会等地区的编码机构参加，形成 EPC 大中华区；也可以邀请我国周边其他国家的相关机构参加。

四、组建物流信息新技术指导组和专家组。物流信息新技术指导组由国家标准化管理委员会、发展改革委员会、科技部、中国标准化研究院、中国标准化协会等机构的代表组成。物流信息新技术专家组由国内外从事 EPC 硬件、软件、科研工作的知名学者组成。物流信息新技术指导组和专家组的秘书处工作，由全国物流信息管理标准化技术委员会、中国标准化协会和中国自动识别技术协会共同承担。

五、各方协力，分工合作，加强对 EPC 技术的跟踪和应用研究，其中包括 EPC 技术研究和软件开发、天线技术及封装技术等的研究。EPC 标准研究要组织专家统一进行，由全国物流信息管理标准化技术委员会统筹组织和协调，密切跟踪国际发展动态，积极参与国际标准的制定，并结合中国的实际情况研究制定本土化 EPC 应用标准。EPC 标准的制定由全国物流信息管理标准化技术委员会统一归口，避免多个单位交叉重复，各自为政，防止接口不统一，彼此冲突，影响标准的实际应用。

六、加强对 EPC 的宣传和培训。相关培训由国家标准委组织复旦大学、北京大学、中国物品编码中心和中国标准化协会统一进行。

2004 年 4 月 22 日，EPCglobal China——全球产品电子代码（EPC）在中国宣布正式成立，并在北京国际会议中心举行了隆重的揭牌仪式。由国家标准化管理委员会主办，中国标准化研究院与中国物品编码中心承办的 2004 年首届中国国际 EPC 与物联网高层论坛及 EPC 与物联网第二届联席会也在同期举行。

为了顺利实施 EPC（产品电子代码），2003 年 11 月 1 日 EAN 和 UCC 决定成立 EPCglobal（全球产品电子代码中心）来管理和实施 EPC 的工作。EPCglobal 旨在改变整个世界，搭建一个可以自动识别任何地方、任何事物的开放性的全球网络。EPCglobal 通过各国的编码组织管理和推动当地的 EPC 工作，EPCglobal（全球产品电子代码中心）于 2004 年 1 月 12 日授权中国物品编码中心（ANCC）为其在中国范围内的注册、管理和业务推广机构，中国物品编码中心根据 EPCglobal 授权，以 EPCglobal China 的名义来统一组织、协调和管理全国的产品电子代码工作。EPCglobal China 的工作将包括以下几个部分：

1. 负责 EPC 产品电子代码的注册管理。

2. 代表我国参与国际 EPC 相关标准的制订，建立我国 EPC 标准体系，制订、修订 EPC 相关国家标准及技术规范。

3. 组织、建立并维护我国 EPC 信息管理系统。

4. 建立 EPC 技术应用示范系统，加强培训，提供教育支持，推动 EPC 技术在我国国民经济各领域的应用。

5. 制订我国 EPC 产业发展规划，引导我国 EPC 产业化发展。

首届中国国际 EPC 与物联网高层论坛特邀了 EPCglobal 主席及专家、新加坡商品编号理事会、香港货品编码协会、日本自动认识系统协会、美国约翰·霍普金斯大学、Auto-ID 中国实验室等组织和单位的高层官员与专家针对 EPC 和物联网技术及其应用和标准化等相关问题进行了演讲和交流，EPCglobal 主席菲茨杰拉亲自出席了论坛，论坛还组织了 PHILIPS、SUN、SAP、ALIEN 等国际性 IT 企业的高级专家来京研讨。国务院相关部委官员、行业协会、研发机构以及物流、运输等应用企业代表参加了本次高层论坛。

首届中国国际 EPC 与物联网高层论坛以及 EPCglobal China 授牌仪式见图 1-1。

图 1-1　EPCglobal China 授牌仪式

与会代表认为：基于互联网和射频技术的 EPC 系统，即实物物联网（简称物联网）是在计算机互联网的基础上，利用 RFID、天线数据通信等技术，构造了一个实现全球物品信息实时共享的“Internet of things”。它将成为继条码技术之后，再次变革商品零售结算、物流配送及产品跟踪管理模式的一项新技术，是条码技术应用的延伸和拓展。当你购物结账时，再也不必等待售货员将你所购商品一一取出、扫描条码，而是在短短几秒钟内就可以实现商品的自助式智能销售结算。

2004 年 10 月 11 日第二届国际 EPC 与物联网高层论坛在上海展览中心友谊会堂召开。见图 1-2。

图 1-2　第二届国际 EPC 与物联网高层论坛

2005 年 6 月 22 日，第三届国际 EPC/RFID 高层论坛在北京举行。见图 1-3。

图 1-3　第三届国际 EPC/RFID 高层论坛

2005 年 11 月 3 日，第四届国际 EPC/RFID 高层论坛在上海举行。见图 1-4。

图 1-4　第四届国际 EPC/RFID 高层论坛

2005 年 11 月 17 日，首批 EPCglobal China 系统成员颁牌仪式及技术研讨会。见图 1-5。

图 1-5　首批 EPCglobal China 系统成员颁牌仪式

2006 年 7 月 25 日—8 月 3 日，为了促进我国物品编码工作的顺利开展，推动我国电子标签产业的发展，由国家标准委、科技部、信息产业部、商务部、国信办、清华大学、复旦大学、中国物品编码中心等组成的中国标准化考察团对日本的经济产业省、编码协会、庆应大学、索尼公司以及韩国的信息通信部、技术标准院、三星公司、编码协会等进行了考察访问，考察团达成如下共识：

1. RFID是支撑现代信息化的基础，对经济发展和社会进步将产生重大影响。EPC是商品条码的延续和发展，对于现代物流、电子商务和国际贸易具有直接的推动作用，我国必须加快推广。EPC技术在流通领域的推广应用，将会大幅度降低电子标签的成本，并极大地带动RFID产业的发展。“十一五”末RFID产业将达到1000亿美元。

2. 与RFID相关的技术产业是构建信息社会的焦点之一，政府要充分重视，以应用和需求为起点，形成相互协调的联动工作机制，共同推进我国的RFID及相关领域的产业发展，尤其应该对基于EPC的RFID技术给予高度重视，把RFID关键技术攻关与应用领域的创新当作当前的要务之一，应把创新的重点放在RFID技术上（包括标签研制、识读器研制、中间件开发等），而不是编码方案上。

3. 应该正确处理ISO、EPC与我国有关RFID国家标准体系的关系。应积极参与ISO、EPC标准制定工作，把我国的需求和自主创新内容反映到ISO标准和EPC标准中，力争占领某些领域的制高点。

4. RFID发展过程中的识读准确率、频率与成本问题，是制约RFID发展的三个主要因素。频率与成本问题、识读准确率在一定程度上相互关联。特高频（UHF）RFID技术工作频率的合理选择也会影响RFID技术在全球流通领域的广泛应用。

5. EPC的广泛应用还有一个过程。RFID/EPC的广泛应用成本具有决定性作用，而成本的降低依赖于技术的创新，技术的创新又会诞生新技术。

6. 我国商品条码系统成员目前位居世界第三位。在第二代物品编码与自动识别技术问题上，如果从现在开始就加快推动，不会拉大同世界其他发达国家的差距，只要措施得当并加快自主创新，有可能迎头赶上，后来者居上。

7. EPC网络主要用于开放流通领域的物品识别，而“泛在”网络主要用于家电等生活领域的识别与控制，是RFID在未来社会更广泛应用的构想。不论是EPC网络，还是“泛在”网络，第二代物品编码与自动识别技术都将是重要的基础支撑技术。

8. EPC编码本身不是信息安全问题，但EPC编码是通过互联网来运行，在应用中可能会带来信息安全问题，这些问题可以通过将根目录服务器建在本国来加以防范。目前，日本和韩国所关心的是企业和个人的隐私问题，两国均采用加密技术予以防范。

为了促进我国电子标签技术的发展，推动我国现代物流业的建立，提高国际贸易竞争力，根据本次考察结果，提出以下建议：

1. 应该从战略的高度来重视第二代物品编码与自动识别技术，建立我国的RFID长期发展战略，建议国务院尽快出台加快RFID发展的若干意见，发改委、科技部、信息产业部、商务部、国家标准委等按照各自分工，共同推进RFID关键技术、应用、标准及产业工作。

2. 在国际贸易中，EPC是未来物品编码与识别的发展趋势，对于我国参与国际流通的产品，必须积极采用EPC技术；同时，应考虑加快我国物品编码与自动识别标准体系的建设，并研究我国自主创新的编码方案。

3. 建议加大第二代物品编码与自动识别技术科研和产业的投入与推进，设立专项基金建立第二代物品编码与自动识别技术的技术创新机制，开展具有自主知识产权的技术与产品研究，包括条码与EPC编码的衔接研究，以及兼容条码和EPC的识读器的研制，建立RFID/EPC的应用示范基地。

4. 在第二代物品编码与自动识别技术推动中，标准试验验证工作是产业推动不可或缺的一个重要环节，我国应当积极开展第二代物品编码与自动识别技术的测试工作。

5. 鉴于包括日本、韩国等亚洲国家在内的世界上绝大多数国家和地区已经为UHF频段的RFID技术规划了频率，同时考虑到我国RFID产业的现状，为了推动该频段RFID技术的发展及应用，国家应尽快完成相关的频率规划工作。

6. 为了满足我国商品全球流通的需要，我国应该成为EPCglobal的核心成员，派中国的企业代表加入EPCglobal管理委员会，积极跟进EPC，实质性地参加EPC各个工作组及标准的制定等，提高在EPC标准活动中的话语权，把我国的需求反映到EPC标准的制定中。同时，扩大与日本、韩国等的合作与交流，联合承担国际标准组织标准工作组的工作。

7. 我们应该在开展EPC工作的同时，高度重视知识产权问题和信息安全问题。抓紧研究提出防止EPC根目录服务器受制于人的问题，从源头上进行信息控制，掌握同其他国家平等对话的主动权。

此次考察对我国EPC技术的发展起到了极大的推动作用。

2006年，中国物品编码中心承担欧盟项目“BRIDGE（Building Radio frequency Identification solutions for the Global Environment）第十三工作组的

研究工作，BRIDGE 项目的研究内容非常广泛，包括 RFID 基础技术、网络架构、标签安全、商业模式、教育培训等。

2007—2008 年，中国物品编码中心参加 EPCglobal TLS（物流运输）全球测试项目第二阶段的研究，验证将 EPC 技术应用在从上海到美国长滩电子产品、轮胎上的实施情况，取得圆满成功。

2007 年 4 月，我国 UHF 频段发布。

2007 年，国家射频识别质检中心获得立项筹建。

2008 年，承担科技部 863 课题《RFID 标准研究与制定》项目，以及科技部支持计划“国家物品识别网络标准体系研究”项目。我国基于 RFID 的商品贸易项目编码标准立项。

2009 年 9 月，国家射频识别质检中心通过国家验收。

1.1.3　物联网的最新发展

物联网的发展可以分为四个阶段：第一个阶段是大型机、主机的联网；第二个阶段是台式机、笔记本电脑与互联网相联；第三个阶段是手机等一些移动设备的互联；第四阶段是嵌入式互联网兴起阶段，更多与人们日常生活紧密相关的应用设备，包括洗衣机、冰箱、电视、微波炉等都将加入互联互通的行列，最终形成全球统一的“物联网”。

物联网是在计算机互联网的基础上，利用 RFID、无线数据通信等技术，构造一个覆盖世界上万事万物的“Internet of Things”。在这个网络中，物品（商品）能够彼此进行“交流”，而无需人的干预。其实质是利用射频自动识别（RFID）技术，通过计算机互联网实现物品（商品）的自动识别和信息的互联与共享。

而 RFID，正是能够让物品“开口说话”的一种技术。在“物联网”的构想中，RFID 标签中存储着规范而具有互用性的信息，通过无线数据通信网络把它们自动采集到中央信息系统，实现物品（商品）的识别，进而通过开放性的计算机网络实现信息交换和共享，实现对物品的“透明”管理。

“物联网”的问世，打破了之前的传统思维。过去的思路一直是将物理基础设施和 IT 基础设施分开：一方面是机场、公路、建筑物，而另一方面是数据中心、个人电脑、宽带等。而在“物联网”时代，钢筋混凝土、电缆将与芯片、宽带整合为统一的基础设施，在此意义上，基础设施更像是一块新的地球工地，世界的运转就在它上面进行，其中包括经济管理、生产运行、社会管理乃至个人生活。

2009 年 5 月 7、8 两日，来自欧洲信息业、商业领域的科研人员、官员和企业负责人齐聚欧盟总部所在地布鲁塞尔，就物联网这种新科技的发展前景做了广泛讨论。可以说，在全球经济衰退的背景下，这一会议已不仅仅限于对有关新科技的讨论，更是欧盟寻找危机解决之道、保持经济长期发展的尝试。

2009 年 8 月 7 日国务院总理温家宝在中科院无锡微纳传感网工程技术研发中心视察时指出，“在传感网发展中，要早一点谋划未来，早一点攻破核心技术”，“在国家重大科技专项中，加快推进传感网发展”，“尽快建立中国的传感信息中心，或者叫‘感知中国’中心”。作为国内目前研究物联网的核心单位之一，中科院无锡微纳传感网工程技术研发中心刚刚向上海世博园和浦东机场销售了一批价值 1500 万元的传感安全防护设备，这套设备由 10 万个微小的传感器组成，散布在墙头、墙角、墙面和周围道路上。传感器能根据声音、图像、震动频率等信息分析判断，爬上墙的究竟是人还是猫狗等动物。

中国移动总裁王建宙反复提及，物联网将会成为中国移动未来的发展重点。2009 年 8 月 24 日，在王建宙访问我国台湾的首场公开演讲上，他再次对物联网大加阐释，并表示将会邀请台湾生产 RFID、传感器和条形码的厂商和中国移动合作。运用物联网技术，上海移动已为多个行业客户度身打造了集数据采集、传输、处理和业务管理于一体的整套无线综合应用解决方案。最新数据显示，上海移动目前已将超过 10 万个芯片装载在出租车、公交车上，形式多样的物联网应用在各行各业大显神通，确保城市的有序运作。在上海世博会期间，“车务通”将全面运用于上海公共交通系统，以最先进的技术保障世博园区周边大流量交通的顺畅；面向物流企业运输管理的“e 物流”，将为用户提供实时准确的货况信息、车辆跟踪定位、运输路径选择、物流网络设计与优化等服务，大大提升物流企业综合竞争能力。

2009 年 8 月 26 日，工业和信息化部总工程师朱宏任在中国工业经济运行 2009 年夏季报告会上表示：“每一次大危机，都会催生一些新技术，而新技术也是使经济，特别是工业走出危机的巨大推动力。”物联网正是这样一种新技术，掀起了继计算机、互联网与移动通信网之后的世界信息产业新浪潮，近来受到业界的广泛关注。

朱宏任说，物联网到现在为止还没有约定俗成的公认的概念，总体来说，它是指各类传感器和现有的互联网相互衔接的一项新技术。按照百度的解释，物联网指的是将各种信息传感设备，如射频识别（RFID）装置、红外感应器、全球定位系统、激光扫描器等种种装置与互联网结合起来而形成的一个巨大网络。其目的是让所有的物品都与网络连接在一起，方便识别和管理。通俗地说，就是在物体上植入各种微型感应芯片，使其智能化，然后借助无线网络，人们就可以和物体“对话”，物体和物体之间也能“交流”，而这些物体既可以是小小的手表、钥匙，也可以是汽车、楼房，总之日常生活中任何物品都可以变得“有感觉、有思想”。

国家信息化专家咨询委员会委员高新民近日表示，一旦物联网大规模普及，无数的日常生活用品需要加装更加小巧智能的传感器，或者直接升级换代，将给市场带来巨大商机。

首先，物联网需要协议。物联网既然是一个网络，那自然需要一个统一的协议基础，就像是互联网需要 TCP/IP 一样。但现实情况是：在核心层面，由于物联网是互联网的延伸，同样基于 TCP/IP；但在接入层面，协议类别就变得五花八门，GPRS、短信、传感器、TD-SCDMA、有线等多种通道，协议多得数不清。

其次，物联网需要地址，每个物品都需要在物联网中被寻址，就需要一个地址。在 IPv4 资源即将耗尽的背景下，物联网需要更多的 IP 地址，那就需要 IPv6 来支撑了。但由于 IPv4 网络的庞大规模导致 IPv4 向 IPv6 过渡必定存在一个漫长的过程，因此物联网一旦使用 IPv6 地址，就必然会存在与 IPv4 的兼容性问题。虽然现在有了很多解决方法，但毕竟是一个痛苦、漫长的过程。中国移动在 IPv4 时代吃尽了地址匮乏的苦头，在 IPv6 时代能否抢占先机是中国移动物联网战略的决定性的保障因素，也是一个重大的不确定因素。

最后，物联网需要产业链。其实，物联网所需要的自动控制、信息传感、射频识别等上游技术和产业早已成熟或基本成熟，而下游的应用也已单体形式存在。不得不说，在物联网中，中国移动做的又是通道。通道的作用不仅是联系上下游，实现上下游产业的联动，也要横向联系，实现跨专业的联动。比如，智能家庭需要的不仅仅是自动控制，也有信息传感。物联网不是中国移动一家就能搞定的，要建好物联网，中国移动必须带动整个产业链或者说推动产业链的共同发展，这是物联网成功的重要保证。

在比尔·盖茨的“未来之家”中，他的每件衣服上，都有一个电子标签，从衣橱中拿出一件上衣时，就能显示这件衣服搭配什么颜色的裤子，在什么季节、什么天气穿比较合适。

给放养的羊群中的每一只羊都贴上一个二维码，这个二维码会一直保持到超市出售的每一块羊肉上，消费者可以通过手机阅读二维码，知道羊的成长历史，确保食品安全。这就是“动物溯源系统”，今天，我国已经有10亿存栏动物贴上了这种二维码。

将带有“钱包”功能的电子标签与手机的SIM卡合为一体，手机就有钱包的功能，消费者可将手机作为小额支付的工具，用手机乘坐地铁和公交车，超市购物，去影剧院看影剧。重庆市已有20万人使用手机乘坐城市轻轨。

在电度表上装上传感器，供电部门随时都可知道用户的用电情况。江西省电网对分布在全省范围内的2万台配电变压器的运行状态进行实时监测，实现用电检查、电能质量监测、负荷管理、线损管理、需求侧管理等高效一体化管理，一年来降低电损1.2亿千瓦时。

在电梯上装上传感器，当电梯发生故障时，无需乘客报警，电梯管理部门会借助网络在第一时间得到信息，以最快的速度去现场处理故障。重庆市已有1200部连接到电梯的运行智能管理系统，效果很好。

互联网和物联网的结合，将会带来许多意想不到的效果。其最显著的特点，是使各种物品在生产、流通、消费的各个过程都具备智能，直至使智能遍及整个生态系统，这不仅可以提高管理的效率，更提高了物品和自然资源使用的效率。

1.1.4 物联网与EPC的关系

提到物联网就必然要与EPC和射频识别这两个概念联系在一起，我们做一个简单的比较。

先说EPC。EPC的英文就是Electronic Product Code，直接翻译过来就是电子产品代码，在中文中容易产生误解。在2003年12月我国第一届PEC联席会议上确认，将EPC翻译成“产品电子代码”。它的特点是强调适用于对每一件物品都进行编码的通用的编码方案，这种编码方案仅仅涉及对物品的标识，不涉及物品的任何特性。每一件物品的EPC代码在物联网中所起的作用就是相当于一个索引。关于EPC编码理论以及如何实施EPC，将是本书的重点内容。

再说物联网。对物联网的理解是在不断深入的过程中。我们最开始的理解是把任何东西都搬到物联网上，通过EPC的概念，相当于在物联网上为每一件产品建立了从生到死的档案。物联网的特点是什么呢？是基于互联网的平台，能够查询全球范围内每一件物品信息的网络平台，物联网的索引就是 EPC 代码。物联网有这么几个组成部分，一个是编码、标识的功能，一个是中间件、管理的功能，还有一个 ONS 是寻址的功能，还有 EPCIS，存储的功能。

最后说说 RFID。作为 EPC 这个概念能不能付诸实施，最底层靠的就是 RFID 系统，它的基本组成部分就包括电子标签和阅读器，从理论上来说，这个 EPC 代码可以用射频识别的方式来实现，也可以不用射频识别的方式来实现，它是一个代码，选择射频识别的方式作为一种载体。EPC 标签就是一种电子标签，或者把它称为射频标签。从概念上来说，EPC 相当于物联网的内核，EPC 代码通过物联网进行电子数据交换，EPC 代码通过 RFID 标签作为载体，随着实物在现实社会中流通。通过物联网会产生巨大的社会效益和经济效益，任何东西都在物联网上，每个物品都有唯一的 EPC 代码，这样就可以通过物联网查到其档案的情况，防伪的问题和一系列的问题都得到了解决。

RFID 技术并不是唯一为 EPC 和物联网服务的，是先有的 RFID 技术。RFID 技术可以追溯出 50 年的发展历史。EPC 则可以追溯到 1998 年。物联网工作的一个基本模型可以通过案例这样描述：我们将 EPC 标签（RFID）放到一本书上，这本书通过阅读器把 EPC 标签里面的信息采集进来，阅读器和计算机网络连接起来，通过中间件送到物联网中，存到 EPCIS 服务器中，再通过一个中间件就可以实现我们对一件物品的其他信息的查询。我们在采集一件物品信息的时候，可以把采集的地点作为相关信息，同时采集进来。

在网联网中，物体和物体“沟通”，也需要一个标准。“物联网不是科技狂想，而是又一场科技革命！”有专家预言，“未来 10 年内，顶多十几年的时间，物联网一定会像现在互联网一样高度普及。”物联网现在还有一些瓶颈问题亟待解决，其中之一就是技术标准。标准就好比一种交流规则，如同说话的通用语言，如果标准不一样，物体和物体间沟通不起来，物联网的建设就会面临巨大的困难。目前欧美等国家都想尽早推出自己的标准。谁定了国际标准，谁就掌握了市场主动，可以向全世界推销符合标准的技术设备。温家宝总理指示，“我国在传感网发展中，要早一点谋划未来，早一点攻破核心技术”。

物联网的标准体系一定要达到全球通用。目前，已经在制定 EPC 编码标准，要考虑将许多已在实施应用的编码都归纳在一起，兼容起来，所以这已经不是简简单单的一个编码的问题，而是一个编码体系的问题。这也是本书的重点。

当我们有了明确的目标和实现目标的现实方法，我们就会发现物联网离我们并不遥远了。EPC 为我们提供了一个非常合理的平台，它并不是摒弃当前的标准，而是充分考虑如何将当前应用的编码方法与标准整合进去。

从一维条码到 EPC 将会是一个较长的过程，是一个逐步过渡和逐步实现的过程。在这个过程中，我们可以根据现有的技术条件和社会经济条件，结合被管理的 EPC 实体对象的具体情况，结合它的使用特点来选择合适的信息载体。譬如，单件物品如果本身价值不高的，采用二维码标识；对较贵重物品或需同时识读的物品则采用射频技术和二维码同时标识；货运单元或多个目标需要同时识读的，就采用可远距离识读的电子标签等。我们需要做的是对它们编码的规则进行规范和统一。

当前应对金融危机，一定要以信息化技术提升工业化水平，在金融危机以后，全球经济复苏，不要拉大与西方先进国家的差距，而是要缩小甚至赶上西方先进国家，因此，现在信息化和工业化融合越来越重要。将已经有的物流和生产力等各种要素依靠计算机和电子信息技术进行优化组合，在原有基础上投入更少，成本更低，效益更好，这将是金融危机后，引领经济发展的一个制高点。

美国政府为了面对金融危机，也许是为了追求“双保险”的效果，美国新科总统奥巴马一口气提出了两项新技术——新能源和“物联网”。奥巴马总统就职后，在他和工商领袖举行的圆桌会议上，还提出了“智慧地球”的概念，其中包括美国要形成智慧型基础设施“物联网”，被美国人认为是振兴经济、确立竞争优势的关键战略，奥巴马政府对此给予积极回应。

所谓“智慧地球”计划，就是通过物联网让全球都变得智能化。而物联网一旦普及开来，无数的日常生活用品需要加装更加小巧智能的传感器，或者直接升级换代，给市场带来的商机“大得难以估量”。

1.2　智慧地球

在世界不断“缩小”和“扁平化”的大环境下，IBM 于 2009 年开始在全球高调分享其“智慧地球”概念。

根据 IBM 商业价值研究院发布的研究报告《智慧地球赢在中国》，“智慧地球”是 IBM 对于如何运用先进的信息技术构建这个新的世界运行模型的一个愿景。“智慧地球”从一个总体产业或社会生态系统出发，针对该产业或社会领域的长远目标，调动该生态系统中的各个角色以创新的方法作出更大、更有效的贡献，充分发挥先进信息技术的潜力以促进整个生态系统的互动，以此推动整个产业和整个公共服务领域的变革，形成新的世界运行模型。在这种新型关系中，每个个体和组织都可以自由地、精确地、及时地贡献和获取信息以及专业知识，从而对彼此的行为施加正面的影响，达成智慧运行的宏观效果。

IBM 的“智慧地球”涵盖的行业和领域极为广泛，目前已有的报道涉及了能源、交通、食品、基础设施、零售系统、智能（决策系统）、金融和保险系统、电信、石油和天然气、医疗、城市、水系统、公共安全、建筑、铁路、日常工作、产品、教育、政府管理、电力、货币、物流、气候系统等二十多个方面。但是，可以预见，IBM 的“智慧地球”所涵盖的领域是动态变化的，必将随着各国的实际需求的发展，而相应“智慧”地扩展。

其实，上述不少行业和领域的“智慧”提出甚至实施已久，只是现在被统一放在了 IBM 最近提出的“智慧地球”这个框架下面，比如电力行业的“智能电网”、食品行业的基于 RFID 技术的食品跟踪解决方案、“智慧地球”的基础架构之一的“物联网”等。

《纽约时报》对此发表一篇题为《I. B. M. Has Tech Answer for Woes of Economy》的报道，指出，拥有或者说能够产生某个具体行业和领域的“智慧”的厂商，除了 IBM 以外，在技术领域，还有思科、微软、惠普、甲骨文、SAP、埃森哲等，但是，只有 IBM 拥有解决上述所有行业和领域挑战的硬件、软件、服务和科研人员。同时，IBM 的“智慧地球”，这种囊括多方面且粗线条的标签，也有利于激发大众的讨论和想象。

1.2.1 “智慧地球”与物联网的关系

智慧地球意味着更透彻的感知（Instrumented），更全面的互联互通（Interconnected）和更深入的智能化（Intelligent）。更透彻地感知，需要数以亿计的 RFID 标签用以标识以及同样数以亿计的传感器用于感知。更全面的互联互通，则是让数以万亿计的事物紧密相连——汽车、家用电器、相机、道路、管道，甚至医药品和家畜——进而形成了所谓的“物联网”，同时三网融合将实现“无所不在的连接”（pervasive connectivity）。更深入的智能化则提供了无比强大且可扩展的计算能力。其实，互联网和“物联网”结合起来就是“智慧地球”。所以，物联网和无所不在的计算能力（ubiquitous computing）可以看作是“智慧地球”的核心技术所在。这二者使得人类历史上第一次出现了几乎任何东西都可以实现数字化和互联的现实，也使得“智慧地球”成为可能。

1.2.2 “智慧地球”在美国

《纽约时报》的《I. B. M. Has Tech Answer for Woes of Economy》提到，IBM 的总裁兼首席执行官彭明盛（Samuel J. Palmisano）于 2008 年 11 月 6 日在纽约召开的美国国会对外关系会议上号召全球公共和私人投资进入所谓的“智慧的基础设施”领域，包括电网、交通系统、食品分销、水资源存储和医疗卫生等，也就是一项以技术为核心的经济复苏计划。

据《华尔街日报》中文版文章《IBM 鼓吹大举投资 IT 业可创造就业》报道，彭明盛于 2008 年 12 月向奥巴马政府过渡团队建议称，若政府在扩大宽带接入、健康档案电脑化以及改进电网方面投资 300 亿美元，将有望为美国创造超过 90 万个工作岗位。该报告是 IBM 应奥巴马的顾问于 2009 年 11 月份邀请而提交的一份关于科技投资对就业增长影响的分析报告。计算得出的新增工作岗位中大部分来自于所谓的“网络效应”。例如，在宽带投资创造的工作岗位中，有一半以上出现在此项投资推进的新兴服务所带来的经济活动中。

奥巴马政府于 2008 年 12 月 6 日公布了经济复苏计划五大内容，即大规模地改造联邦政府办公设施，提高其节能水平；大规模地投资公路、桥梁等基础设施建设；大规模地升级学校硬件设施，安装节能系统，创造 21 世纪的示范学校；在美国各地推广普及先进的宽带，提高少年儿童的网络应用；改进美国医院的设施；还有他希望这项计划能化解当前经济危机、提高就业率，同时增强美国的国际竞争力。

可以看出，奥巴马政府接受了 IBM 团队与华盛顿的智囊机构信息技术创新基金会在 2008 年 11 月提出的有关医疗信息技术和宽带网络的建议。

2009 年 1 月 28 日，彭明盛和美国其他商业领袖参加了白宫的圆桌会议，与奥巴马一起探讨美国经济发展问题。期间，彭明盛发表一个简短的演讲，提到了当前的世界变得更平更小，但是世界变得“更智慧（smarter）”，世人则有所争议。他还提到，科技已嵌入到包括从水资源到能源存储等周围的一切事物乃至全球商务供应链的流程和系统中去了。他还提到，世界未来发展的基础需要一个“更智慧的”基础设施。最后，他还表示支持总统奥巴马在医疗信息技术、智能电网以及教育和宽带领域的投入承诺，认为这些举措既有利于美国当前短期的就业增长，也有助于数十年后中长期的就业机会的创造。

之后，奥巴马政府又公布了“智能电网”相关的经济复苏计划。

美国的经济复苏，不可能选择金融业为主体的危机产业；已经通过国际分工形成的消费品生产也难以由美国自己独揽；大量的清洁能源产业集群能够造就一个超过二三十万亿美元价值的大产业拉动美国经济的再次崛起，它不但涉及所有美国人的利益，也关乎美国的发展方向。能源产业就是美国这个内需和创新结合的最佳结合部，它既可以解决内需置换，也可以促进创新出口。因此，创造一个超越互联网革命的新能源产业革命，并以此拉动美国和全球经济的转型，就成为奥巴马政府改革的力量来源和重大机遇。

如果说美国要以全球化的手段制造当代世界价值最大化的产业，可以说昨天是 IT 产业，今天就是能源产业。美国能源新政是美国全球战略力量的重组，将把美国从现在的经济、环境和国家安全危机中解脱出来，同时通过建立清洁的能源结构将彻底改造美国的生产方式和生活方式，使美国再次主导全球经济的制高点。奥巴马经济改革计划也被称为美国复兴和再投资计划，其中的能源体系变革将比十年前的 IT 革命更为重大、深远，是 21 世纪人类最大规模的经济、社会和环境的总体革命。

目前美国联邦政府正通过消费和减免税收的方式向美国经济提供 1 万亿美元的救助。新能源经济将在其中充当先头部队，并在未来三年内实现替代能源产量翻一番，同时还将建设智能电网，从而进一步确保经济稳定，并促进绿色能源发展。

此外，奥巴马总统在演讲中说道：“为了真正推动清洁能源经济的建设，我们将在未来三年内将替代能源产量翻一番。我们将对 75% 的建筑物进行现代化改造，并提高两百万户美国家庭能源使用效率，从而为消费者和纳税人节省数十亿美元的能源支出。”这里就涉及给 200 万家庭用户安装智能电表——形成了实际上的传感器网络，也就是所谓的“物联网”。

1.2.3 “智慧地球”与中国

进一步，在当前的全球经济形势下，世界各国纷纷推出经济刺激计划来推动就业，发展本国经济。IBM 这个几乎无所不包且还在不断膨胀的“智慧地球”的概念必然有若干“智慧的”解决方案与各国的经济刺激计划相适应，并可以为各国考虑应用。

也就是说，IBM的“智慧地球”可以在一定程度上支持各国的经济发展，无论是应对目前的短期目标，还是支持中长期的目标发展。

IBM研究报告《智慧地球赢在中国》中提到的，“智慧地球”可以与中国经济六大领域——电力、医疗、城市统辖和管理、交通运输、供应链和银行业，发生对应，帮助中国在相应的领域应对当前的短期挑战和实现长期发展目标。

我们认为“智慧地球”在中国应该与我国当前的实际情况和产业结构情况相结合。我国的经济，尤其是就业岗位的提供，目前仍然以第二产业的中低端为主。所以，我们需要考虑“智慧地球”尚未提到的“智慧的制造业”来满足我们的产业发展，进而最大化我们的国家利益。

所以，中国在建设“智慧的制造业”的同时，也应考虑为产业升级做准备，即从最低端的制造环节，向产业链的更高环节扩展。这样就需要“智慧的食品”、“智慧的仓储”、“智慧的物流”、“智慧的分销系统”、“智慧的零售系统”等的实施。而物联网以及标识体系，作为上述“智慧的”系列解决方案的基础，同样显得很重要。

此外，中国特色的“智慧的农业”也是一个值得发展的方向。

同时，“智慧的中国”的系列解决方案，应该考虑拉动我国自己的经济发展，借机进一步壮大我国相关行业或者领域的企业。

1.2.4 “智慧地球”对我国的影响

“智慧地球”的基础之一就是物联网，涉及“物”的互联互通。而互联互通就涉及互联网。

长久以来，互联网的控制权一直存有争论。国家的信息安全隐忧是自互联网诞生便已存在的。在互联网领域，美国拥有极大的话语权，因为它原本就是美国军事研究的成果。目前全世界共有13台根域名服务器（DNS），其中美国10台、欧洲2台、日本1台，由美国商务部投资设立的准独立公司ICANN进行管理，即使Verisign这样的顶级域名运营商也要受制于它。在层级式的域名解析体系下，网络请求最终仍需到达根服务器。中国尚没有DNS，但已有两台根镜像服务器，分别由国际互联网协会ISC和瑞典国家互联网交换中心建立，由一家美国的商业公司再设立一台根镜像服务器，安全隐忧并不会比过去更大。

“智慧地球”对我国影响巨大，具体的行业的解决方案应该“更智慧化”，所以相应的决策由对应的行业来加以考虑。

【思考题】

1. 简述物联网的最新发展。
2. 简述智慧地球及其对我国的影响。

第二章 EPC基础

【学习目标】

1. 理解 EPC 的含义和构成。
2. 理解 EPC 系统的特征和工作流程。
3. 了解 EPC 在国内外的发展现状。

2.1 EPC 的定义

EPC 系统是在计算机互联网的基础上，利用射频识别（RFID）、无线数据通信等技术，构造的一个覆盖世界上万事万物的实物互联网，旨在提高现代物流、供应链管理水平，降低成本，被誉为是一项具有革命性意义的现代物流信息管理新技术。

EPC 概念的提出源于射频识别技术和计算机网络技术的发展。射频识别技术的优点在于可以以无接触的方式实现远距离、多标签甚至在快速移动的状态下进行自动识别。计算机网络技术的发展，尤其是互联网技术的发展使得全球信息传递的即时性得到了基本保证。在此基础上，人们开始将这两项技术结合起来应用于物品标识和供应链的自动追踪管理，由此诞生了 EPC。

人们设想为世界上的每一件物品都赋予一个唯一的编号，EPC 标签即是这一编号的载体。当 EPC 标签贴在物品上或内嵌在物品中的时候，即将该物品与 EPC 标签中的唯一编号（标准说法是“产品电子代码”或“EPC 代码”）建立起了一对一的对应关系。

EPC 标签从本质上来说是一个电子标签，通过射频识别系统的电子标签识读器可以实现对 EPC 标签内存信息的读取。识读器获取的 EPC 标签信息送入互联网 EPC 体系中的 EPCIS 后，即实现了对物品信息的采集和追踪。进一步利用 EPC 体系中的网络中间件等，可实现对所采集的 EPC 标签信息的利用。

可以预想：未来的每一件物品上都安装了 EPC 标签，在物品经过的所有路径上都安装了 EPC 标签识读器，识读器获取的 EPC 标签信息源源不断地汇入互联网 EPC 系统的 EPCIS 中。

（1）EPC 标签无所不在，数量巨大，一次赋予物品，伴随物品终生；

（2）EPC 标签识读器广泛分布，但数量远少于 EPC 标签，主要进行数据采集；

（3）EPC 标签与识读器遵循尽可能统一的国际标准，以最大限度地满足兼容性和低成本要求；

……

2.2 EPC 的产生

2.2.1 条码

20 世纪 70 年代开始大规模应用的商品条码（Bar Code for Commodity）现在已经深入到日常生活的每个角落，以商品条码为核心的 EAN · UCC 全球统一标识系统，已成为全球通用的商务语言。目前已有 140 多个国家和地区的 120 多万家企业和公司加入了 EAN · UCC 系统，上千万种商品应用了条码标识。EAN · UCC 系统在全球的推广加快了全球流通领域信息化、现代物流及电子商务的发展进程，提升了整个供应链的效率，为全球经济及信息化的发展起到了举足轻重的推动作用。

商品条码的编码体系是对每一种商品项目的唯一编码，信息编码的载体是条码，随着市场的发展，传统的商品条码逐渐显示出来一些不足之处。

首先，从 EAN · UCC 系统编码体系的角度来讲，主要以全球贸易项目代码（GTIN）体系为主。而 GTIN 体系是对一族产品和服务，即所谓的“贸易项目”，在买卖、运输、仓储、零售与贸易运输结算过程中提供唯一标识。虽然 GTIN 标准在产品识别领域得到了广泛应用，却无法做到对单个商品的全球唯一标识。而新一代的 EPC 编码则因为编码容量的极度扩展，能够从根本上革命性地解决这一问题。

其次，虽然条码技术是 EAN · UCC 系统的主要数据载体技术，并已成为识别产品的主要手段，但条码技术存在如下缺点：

（1）条码是可视的数据载体。识读器必须“看见”条码才能读取它，必须将识读器对准条码才有效。相反，无线电频率识别并不需要可视传输技术，RFID 标签只要在识读器的读取范围内就能进行数据识读。

（2）如果印有条码的横条被撕裂、污损或脱落，就无法扫描这些商品。而 RFID 标签只要与识读器保持在既定的识读距离之内，就能进行数据识读。

（3）现实生活中对某些商品进行唯一的标识越来越重要，如食品、危险品和贵重物品的追溯。由于条码主要是识别制造商和产品类别，而不是具体的单个商品。相同牛奶纸盒上的条码到处都一样，辨别哪盒牛奶先过有效期比较困难。

随着网络技术和信息技术的飞速发展以及射频技术的日趋成熟，EPC 系统的产生为供应链提供了前所未有的、近乎完美的解决方案。

2.2.2 射频识别

射频识别技术（RFID）是 20 世纪中叶进入实用阶段的一种非接触式自动识别技术，其基本原理是利用射频信号及其空间耦合和传输特性，实现对静止或移动物体的自动识别。射频识别的信息载体是射频标签，其形式有卡、纽扣、标签等多种类型。射频标签贴在产品或安装在产品或物品上，由射频识读器读取存储于标签中的数据。RFID 可以用来追踪和管理几乎所有物理对象。因此，越来越多的零售商和制造商都在关心和支持这项技术的发展与应用。

采用 RFID 最大的好处是可以对企业的供应链进行高效管理，以有效地降低成本。因此对于供应链管理应用而言，射频技术是一项非常适合的技术，但由于标准不统一等原因，该技术在市场中并未得到大规模的应用，因此，为了获得期望的效果，用户迫切要求开放标准。

2.2.3 EPC

针对 RFID 技术的优势及其可能给供应链管理带来的效益，国际物品编码协会 EAN 和 UCC 早在 1996 年就开始与国际标准组织 ISO 协同合作，陆续开发了无线接口通讯等相关标准，自此，RFID 的开发、生产及产品销售乃至系统应用有了可遵循的标准，对于 RFID 制造者及系统方案提供商而言也是一个重要的技术标准。

1999 年麻省理工学院成立 Auto-ID Center，致力于自动识别技术的开发和研究。Auto-ID Center 在美国统一代码委员会（UCC）的支持下，将 RFID 技术与 Internet 网结合，提出了产品电子代码（EPC）概念。国际物品编码协会与美国统一代码委员会将全球统一标识编码体系植入 EPC 概念当中，从而使 EPC 纳入全球统一标识系统。世界著名研究性大学——英国剑桥大学、澳大利亚的阿德雷德大学、日本 Keio 大学、瑞士的圣加仑大学、上海复旦大学、韩国信息通讯大学相继加入并参与 EPC 的研发工作。该项工作还得到了可口可乐、吉列、强生、辉瑞、宝洁、联合利华、UPS、沃尔玛等 100 多家国际大公司的支持，其研究成果已在一些公司中试用，如宝洁公司、TESCO 等。

2003 年 11 月 1 日，国际物品编码协会（EAN/UCC）正式接管了 EPC 在全球的推广应用工作，成立了 EPCglobal，负责管理和实施全球的 EPC 工作。EPCglobal 授权 EAN/UCC 在各国的编码组织成员负责本国的 EPC 工作，各国编码组织的主要职责是管理 EPC 注册和标准化工作，在当地推广 EPC 系统和提供技术支持以及培训 EPC 系统用户。在我国，EPCglobal 授权中国物品编码中心作为唯一代表负责我国 EPC 系统的注册管理、维护及推广应用工作。同时，EPCglobal 于 2003 年 11 月 1 日将 Auto-ID 中心更名为 Auto-ID Lab，为 EPCglobal 提供技术支持。

EPCglobal 的成立为 EPC 系统在全球的推广应用提供了有力的组织保障。EPCglobal 旨在改变整个世界，搭建一个可以自动识别任何地方、任何事物的开放性的全球网络。即 EPC 系统，可以形象地称为"物联网"。在物联网的构想中，RFID 标签中存储的 EPC 代码，通过无线数据通信网络把它们自动采集到中央信息系统，实现对物品的识别。进而通过开放的计算机网络实现信息交换和共享，实现对物品的透明化管理。

2.3 EPC 系统的构成

EPC 系统是一个先进的、综合的、复杂的系统，其最终目标是为每一单品建立全球的、开放的标识标准。它由全球产品电子代码（EPC）体系、射频识别系统及信息网络系统三部分组成，如图 2-1 和表 2-1 所示。

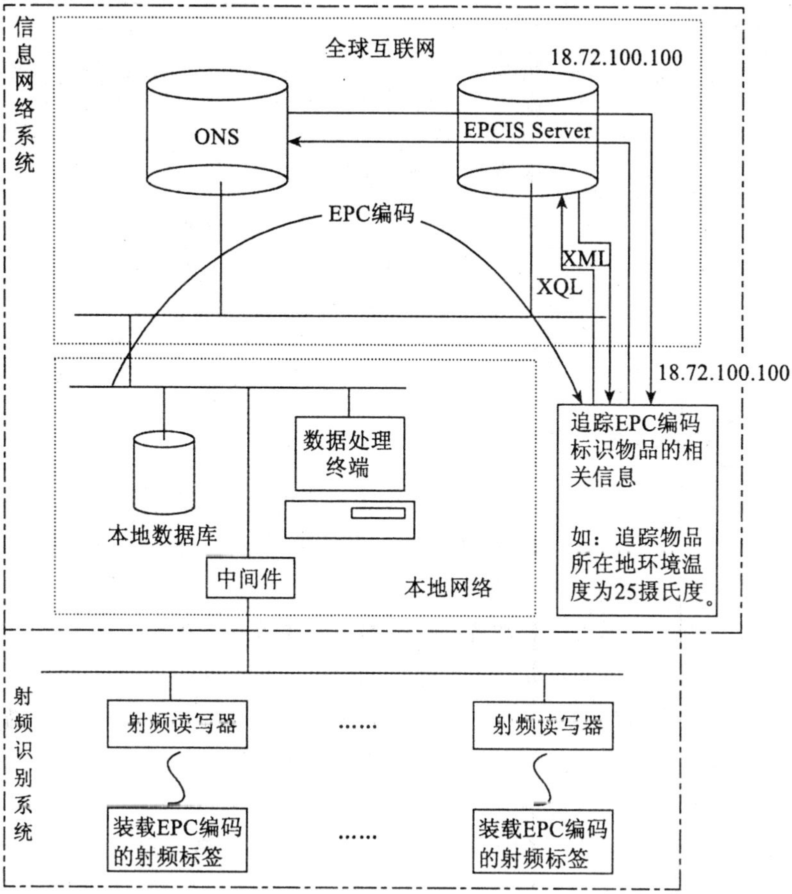

图 2-1　EPC 系统的构成

表 2-1　**EPC 系统的构成**

系统构成	名　称	注　释
EPC 的编码体系	EPC 编码标准	识别目标的特定代码
射频识别系统	EPC 标签	贴在物品之上或者内嵌在物品之中
	识读器	识读 EPC 标签

续表

系统构成	名　称	注　释
信息网络系统	EPC 中间件	EPC 系统的软件支持系统
	对象名称解析服务（Object Naming Service，ONS）	进行物品解析
	EPC 信息服务（EPCIS）	提供产品相关信息接口，采用可扩展标记语言（XML）进行信息描述

2.3.1 EPC 编码体系

全球产品电子代码 EPC 编码体系是新一代的与 GTIN 兼容的编码标准，它是全球统一标识系统的拓展和延伸，是全球统一标识系统的重要组成部分，是 EPC 系统的核心与关键。

EPC 代码是由标头、管理者代码、对象分类代码、序列号等数据字段组成的一组数字。具体结构如表 2-2 所示，具有以下特性：

①科学性：结构明确，易于使用、维护。

②兼容性：兼容了其他贸易流通过程的标识代码。

③全面性：可在贸易结算、单品跟踪等各环节全面应用。

④合理性：由 GS1、各国编码组织（我国是中国物品编码中心）、标识物品的管理者分段管理、共同维护、统一应用，具有合理性。

⑤国际性：不以具体国家、企业为核心，编码标准全球协调一致，具有国际性。

⑥无歧视性：编码采用全数字形式，不受地方色彩、语言、经济水平、政治观点的限制，是无歧视性的编码。

表 2-2　**EPC 编码结构**

96 位 EPC 代码	标头	管理者代码	对象分类代码	序列号
	8	28	24	36

EPC 编码标准与目前广泛应用的 EAN · UCC 编码标准是兼容的，GTIN 是 EPC 编码结构中的重要组成部分，目前广泛使用的 GTIN、SSCC、GLN、GRAI 等都可以顺利转换到 EPC 中去。最初由于成本的原因，EPC 采用 64 位编码结构，当前最常用的 EPC 编码标准采用的是 96 位数据结构。

2.3.2　EPC 射频识别系统

EPC 射频识别系统是实现 EPC 代码自动采集的功能模块，由射频标签和射频识读器组成。射频标签是产品电子代码（EPC）的载体，附着于可跟踪的物品上，在全球流通。射频识读器与信息系统相连，读取标签中的 EPC 代码并将其输入网络信息系统的设备。EPC 系统射频标签与射频识读器之间利用无线感应方式进行信息交换。具有以下特点：

① 非接触识别；

② 可以识别快速移动物品；

③ 可同时识别多个物品等。

EPC 射频识别系统为数据采集最大限度地降低了人工干预，实现了完全自动化，是“物联网”形成的重要环节。

1. EPC 标签

EPC 标签是产品电子代码的信息载体，主要由天线和芯片组成。

EPC 标签中存储的唯一信息是 96 位或者 64 位产品电子代码。为了降低成本，EPC 标签通常是被动式射频标签。

EPC 标签根据其功能级别的不同分为 5 类，目前广泛开展的 EPC 应用中使用的是 Class1 Gen2。

2. 识读器

识读器（又称读写器）是用来识别 EPC 标签的电子装置，与信息系统相连实现数据的交换。识读器使用多种方式与 EPC 标签交换信息，近距离读取被动标签最常用的方法是电感耦合方式。只要靠近，盘绕识读器的天线与盘绕标签的天线之间就形成了一个磁场。标签就利用这个磁场发送电磁波给识读器，返回的电磁波被转换为数据信息，也就是标签中包含的 EPC 代码。

识读器的基本任务就是激活标签，与标签建立通信并且在应用软件的标签之间传送数据。EPC 识读器和网络之间不需要 PC 作为过渡，所有的识读器之间的数据交换直接可以通过一个对等的网络服务器进行。

识读器的软件提供了网络连接能力，包括 web 设置、动态更新、TCP/IP

识读器界面、内建兼容 SQL 的数据库引擎。

当前 EPC 系统尚处于测试阶段，EPC 识读器技术也还在发展完善之中。Auto-ID Labs 提出的 EPC 识读器工作频率为 860～960MHz。

2.3.3 EPC 信息网络系统

EPC 信息网络系统由本地网络和全球互联网组成，是实现信息管理、信息流通的功能模块。EPC 系统的信息网络系统是在全球互联网的基础上，通过 EPC 中间件以及对象名称解析服务（ONS）和可扩展标记语言（XML）实现全球“实物互联”。

1. EPC 中间件

EPC 中间件是加工和处理来自识读器的所有信息和事件流的软件，是连接识读器和企业应用程序的纽带，主要任务是在将数据送往企业应用程序之前进行标签数据校对、识读器协调、数据传送、数据存储和任务管理。

2. 对象名称解析服务（ONS）

对象名称解析服务（ONS）是一个自动的网络服务系统，类似于域名解析服务（DNS），ONS 给 EPC 中间件指明了存储产品的有关信息的服务器。

ONS 服务是联系 EPC 中间件和后台 EPCIS 服务器的网络枢纽，并且 ONS 设计与架构都以因特网域名解析服务 DNS 为基础，因此，可以使整个 EPC 网络以因特网为依托，迅速架构并顺利延伸到世界各地。

3. 可扩展标记语言（XML）

XML（Extensible Markup Language）即可扩展标记语言，它与 HTML 一样，都是 SGML（Standard Generalized Markup Language，标准通用标记语言）。XML 是 Internet 环境中跨平台的，依赖于内容的技术，是当前处理结构化文档信息的有力工具。XML 是一种简单的数据存储语言，使用一系列简单的标记描述数据，XML 已经成为数据交换的公共语言。

在 EPC 系统中，XML 用于描述有关产品、过程和环境信息，供工业和商业中的软件开发、数据存储和分析工具之用。它将提供一种动态的环境，使与物体相关的静态的、暂时的、动态的和统计加工过的数据可以互相交换。

EPC 系统使用 XML 的目标是为物理实体的远程监控和环境监控提供一种简单、通用的描述语言。可广泛应用在存货跟踪、自动处理事务、供应链管理、机器控制和物对物通讯等方面。

XML 文件的数据将被存储在一个数据服务器上，企业需要配置一个专用的计算机，为其他计算机提供需要的文件。数据服务器将由制造商维护，并且储存这个制造商生产的所有商品的信息文件。在最新的 EPC 规范中，这个数据服务器被称作 EPCIS（EPC Information Service）服务器。

4. EPC 信息服务（EPCIS）

EPCIS 是 EPC 网络中重要的一部分，利用单一标准的采集和分享信息的方式，为 EPC 数据提供一套标准的接口，各个行业和组织可以灵活应用。EPCIS 标准构架在全球互联网的基础上，支持强大的商业用例和客户利益，例如包装箱追踪、产品鉴定、促销管理、行李追踪等。

EPCIS 针对中间件传递的数据进行 EPCIS 标准的转换，通过认证或授权等安全方式与企业内的其他系统或外部系统进行数据交换，符合权限的请求方也可以通过 ONS 的定位向目标 EPCIS 进行查询。所以，能否构建真正开环的 EPC 网络，实现各厂商的 EPC 系统的互联互通，EPCIS 起决定性作用。

具体来讲，EPCIS 标准主要定义了一个数据模型和两个接口。EPCIS 数据模型用一个标准的方法来表示实体对象的可视信息，涵盖了对象的 EPC 代码、时间、商业步骤、状态、识读点、交易信息和其他相关附加信息（可概括为“何物”、“何地”、“何时”、“何因”）。随着现实中实体对象状态、位置等属性的改变（称为“事件”），EPCIS 事件采集接口负责生成如上模型所述的对象信息。EPCIS 查询接口为内部系统和外部系统提供了向数据库查询有关实体 EPC 相关信息的方法。

EPCIS 服务器通过发送 XML 文件与其他计算机或信息系统交换商品的信息文件。

2.4　EPC 系统的特点

EPC 系统以其独特的构想和技术特点赢得了广泛的关注。其特点如下：

1. 开放性

EPC 系统采用全球最大的公用 Internet 网络系统，避免了系统的复杂性，大大降低了系统的成本，并有利于系统的增值。梅特卡夫（Metcalfe）定律表明，一个网络开放的结构体系远比复杂的多重结构更有价值。

2. 通用性

EPC 系统可以识别十分广泛的实体对象。EPC 系统网络是建立在 Internet网络系统上，并且可以与 Internet 网络所有可能的组成部分协同工作，具有独立平台，且在不同地区、不同国家的射频识别技术标准不同的情况下具有通用性。

3. 可扩展性

EPC 系统是一个灵活的、开放的、可持续发展的体系，可在不替换原有体系的情况下就可以做到系统升级。

EPC 系统是一个全球系统，供应链各个环节、各个节点、各个方面都可受益，但对低价值的产品来说，要考虑 EPC 系统引起的附加成本。目前，全球正在通过 EPC 本身技术的进步，进一步降低成本，同时通过系统的整体改进使供应链管理得到更好的应用，提高效益，以降低或抵消附加成本。

2.5 EPC 系统的工作流程

在由 EPC 标签、识读器、EPC 中间件、Internet、ONS 服务器、EPCIS 服务器以及众多数据库组成的实物互联网中，识读器读出的 EPC 代码只是一个信息参考（指针），由这个信息参考从 Internet 找到 IP 地址并获取该地址中存放的相关的物品信息，并采用分布式的 EPC 中间件处理由识读器读取的一连串 EPC 信息。由于在标签上只有一个 EPC 代码，计算机需要知道与该 EPC 匹配的其他信息，这就需要 ONS 来提供一种自动化的网络数据库服务，EPC 中间件将 EPC 传给 ONS，ONS 指示 EPC 中间件到一个保存着产品文件的 EPCIS 服务器查找，该产品文件可由 EPC 中间件复制，因而文件中的产品信息就能传到供应链上，EPC 系统的工作流程如图 2-2 所示。

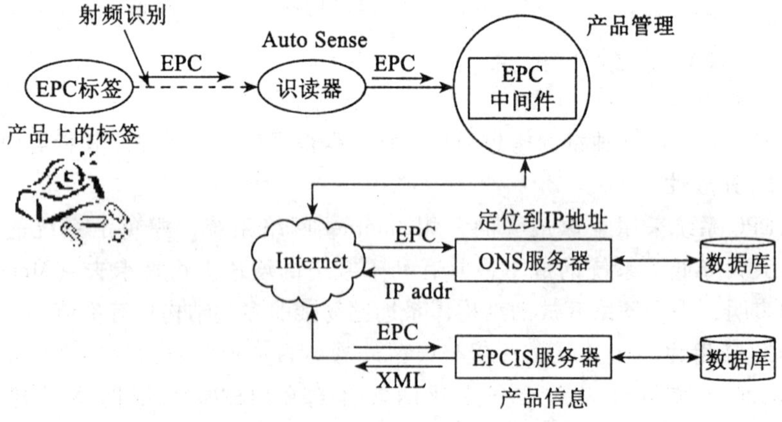

图 2-2　EPC 系统工作流程示意图

2.6　EPC 在国内外发展状况

2.6.1　国外的 EPC 发展状况

目前，在全球共有 1000 多家终端用户和系统集成商进行 EPC 系统的研究和测试，他们一起合作，整合 EPC 系统的产品标识，建立 EPC 实施方案。EPC 系统的研发，可以说是如火如荼。

为了配合 EPC 的推广，各国纷纷制订本国的 EPC 相关规范标准以及实施计划。

美国物流与技术相关企业应用物联网的理念建立了 EPC 物联网的应用模型，大力开展 EPC 相关的技术、标准、应用、测试等方面的研究，在 EPC 的相关知识产权和隐私安全问题方面做了大量的工作，为 EPC 的发展奠定了坚实的基础，在 EPC 系统的应用中处于全球领先地位。

在产品开发方面，针对 EPC 物联网的特点，美国许多大公司参加到其应用研究和试点中来，TI、Intel 等美国集成电路厂商都在 RFID 领域投入巨资进行芯片开发。Symbol 等已经研发出可以同时阅读条形码和 RFID 的扫描器。IBM、Microsoft 在积极开发支持 RFID 应用的软件和系统。美国著名信息服务公司 VeriSign 提供 ONS 解析服务和软件方案，目前已从实验室过渡到实际应用中。

在应用方面，沃尔玛、百思买、宝洁公司等做了大量试点工作，特别是沃尔玛在其配送中心开展了托盘、包装箱以及单品应用 EPC 标签测试，美国军方物资编码也采用 EPC 的编码体系，用于民用物资和军用物资的配套物流。

在标准方面，美国企业积极参与国际物品编码协会（GS1）组织的标准工作组，解决 EPC 应用中出现的问题，不断改进技术并完善标准技术规范的内容，并以最积极的态度研制符合 EPC 应用标准的产品。

欧洲作为世界工业革命的发源地，在物联网发展上也不甘落后，欧盟提供了 500 亿欧元用于物联网相关技术体系、公共信息安全、标准体系建设、应用试点的研究，在第六框架（FP6）和第七框架（FP7）项目中重点加强物联网技术和标准的研究（欧盟框架计划是为加强欧盟国与国之间的科研合作而专门制订的，是当今世界上最大的官方科技计划之一，具有研究水平高、涉及领域广、投资力度大、参与国家多等特点），取得了一系列成果，制定了关键的技术标准，解决了物联网中识读率、准确性等许多关键问题。

欧盟一直致力于EPC的研究，在为期三年的“BRIDGE”项目中，通过开展一系列技术研发、商业应用和推广活动，为EPC在欧洲的应用推广提供了具有可实际操作的实施工具。

在标准方面，欧洲许多零售巨头如家乐福（Carrefour）、麦德龙（Metro）、乐购（Tesco）、阿霍德（Ahold）共同开展了EPC标准试点应用。特别是麦德龙2003年建立的零售示范店——未来商店，向世人展示了全新物联网模式下的零售销售情境。英国、法国等国家也分别在机场货品分拣、集装箱海关通关等环节开展RFID应用的实验。

日本是最早开展物联网研究的国家之一。在其EPC系统国家发展战略中强调，要进行EPC系统研究，由经济产业省和总务省推广电子标签的普及，将标签价格降至3～5日元。同时，在该战略中也指出要建立EPC系统标准体系，制定相关国家标准，并与ISO和EPCglobal接轨；建立技术产业联盟（由NTT集团、KDDI、索尼、日立、东芝、NEC、丰田汽车、东京电力、日本通运、日本铁道货物、京滨电气铁道公司、三菱-沃尔玛等100家企业组成）；建立行业试点（2003年在家电、图书、服装、食品流通业进行了试点，2004年拓展到10多个应用领域）。2005—2009年间，日本政府出资先后资助了三期EPCglobal物流测试项目，分别在从香港到东京、上海到洛杉矶、东京到阿姆斯特丹的物流运作上验证了EPC标准在国际贸易中的可行性和可靠性，对推动EPC技术在物流行业的应用提供了非常有价值的案例。NEC、NTT、索尼等公司也积极投入EPC全球标准的研发，并研制出基于EPC标准的软硬件产品。

在开放流通流域，韩国政府高度重视EPC网络相关技术的研发，设立了“IT839计划”，重点加强对EPC标签技术的研发，三星电子在服装、物流等领域开展了大量的EPC试点工作，韩国机场将大规模采用35万枚EPC Gen2标签对行李进行追踪。

目前，EPCglobal的整套规范的制定已基本完成，这套规范规定了建立EPCglobal网络所必需的组件。

2.6.2 国内的EPC发展状况

我国政府高度关注物联网的发展状况，也非常重视物联网的基础研究。在国家物流产业振兴规划中特别提出要开展物联网的前期研究。国家863项目设立了RFID专项，支持RFID这种物品与信息网连接技术的研究；频率主管部门规划了我国RFID应用频段，规范RFID的应用；众多高校、研究机构、行业、企业卓有成效地开展了物联网信息采集和网络交换等基础、支撑技术研究；产业部门积极引导，不少企业研发了自主产权的 RFID 标签芯片和产品。小范围的 RFID 技术应用项目也在积极展开。

但我国对 EPC 的研究基本上是从空白开始的，已有的技术积累也不高，相关标准还处于规划阶段，产业链还比较薄弱，在技术上还处于劣势，相关技术人才还相对匮乏。但是，我国也有一些机构如中国物品编码中心、AIM CHINA、Auto-ID 中国实验室等在 EPC 相关技术的研发方面做了大量的工作，已经取得了一些初步的成果。

中国物品编码中心早在 1996 年就开始了 EPC 系统关键技术——射频识别技术的研究。1999 年，中国物品编码中心完成了原国家技术监督局的科研项目“新兴射频识别技术研究”，制定了射频识别技术规范。2002 年，中国物品编码中心开始积极跟踪国际 EPC 的发展动态，2003 年完成了“EPC 产品电子代码”课题的研究，出版了包括国内第一本物联网专著《EPC 与物联网》在内的大量书籍。

2003 年 12 月 23 日，由国家标准化管理委员会主办、中国物品编码中心牵头，全国物流信息管理标准化技术委员会承办的第一届中国 EPC 联席会在北京举行。此次会议，统一了 EPC 产品电子代码和物联网的概念，协调了各方的关系，将 EPC 技术纳入标准化、规范化的管理，为 EPC 在我国的快速、有序的发展奠定了坚实的基础。

2004 年 1 月，中国物品编码中心取得了国际物品编码协会的唯一授权，2004 年 4 月 22 日，EPCglobal China 在北京成立，其主要职责是：负责统一管理、统一注册、统一赋码和统一组织实施我国的 EPC 系统推广应用工作及 EPC 标准化研究工作，保障了我国 EPC 事业整体的有效推进，保证了我国 EPC 的标准化和编码、管理方面的统一。

2006 年，在国家标准化管理委员会的领导下，中国物品编码中心和科技部、信息产业部、商务部、国信办、清华大学、复旦大学等相关部委的领导和专家到日本、韩国考察，实地了解国际上对 EPC 系统的研究状况，掌握第一手资料，对 EPC 系统的未来发展趋势达成了共识。并在 2006—2009 年接连参与了 EPCglobal 物流试点项目和欧盟 BRIDGE（构建全球环境的无线射频识别系统）项目。

2007 年开始，在国家科技部科技支撑计划的支持下，中国物品编码中心开展了“物品识别网络标准体系研究”，提出了多系统兼容的物品识别网络（物联网）构架及标准体系。承担了科技部 863 课题“RFID 标准研究与制定”项目。

我国企业和科研单位开发出了一批具有国际水平的 EPC 相关产品。上海坤锐电子研制出了基于该公司完全自主设计芯片的 EPC C1 Gen2 射频标签，深圳远望谷和先施科技等企业推出了一系列 EPC 标签、识读器和解决方案，很多产品已经打入国际市场。以复旦大学 Auto-ID 实验室为代表的一批科研单位陆续开展了 EPC 知识、技术和系统方面的研究和开发工作。

目前，由于种种原因，EPC 在中国的应用还不广泛，我国 EPC 应用的市场环境还处在初期的培育阶段，但是一些具有前瞻性的企业，如海尔、唯冠科技等，已经在其生产和物流过程中试验应用 EPC 标签，并获得很好的收益。

【思考题】

1. 条码技术和 EPC 技术的优劣势各是什么？
2. 为什么条码技术是 EPC 技术不可或缺的基础？
3. 简述 EPC 系统的信息网络系统的组成。
4. 简述 EPC 系统的工作流程。
5. 简述我国 EPC 的发展历程。

第三章 EPC 编码体系

【学习目标】

1. 了解 EPC 标准和全球统一标识系统。
2. 掌握 EPC 编码体系。
3. 了解 EPC 编码策略和设计思想。
4. 掌握 EPC 编码转换方法。

3.1 EPC 标准

3.1.1 EPCglobal 标准

EPCglobal 标准是全球中立、开放的标准，由各行各业、EPCglobal 研究工作组的服务对象用户共同制定。EPCglobal 标准由 EPCglobal 管理委员会批准和发布并推广实施。

1. EPC 标签数据转换（TDT）标准

本标准是关于 EPC 标签数据标准规范的可机读版本，可以用来确认 EPC 格式以及不同级别数据表示间的转换。此标准描述了如何解释可机读版本，并包括了可机读标准最终说明文件的结构和原理细节，并提供了在自动转换或验证软件中如何使用该标准的指南。

2. EPC 标签数据（TDS）标准

本标准规定 EPC 体系下通用识别符（GID）、全球贸易项目代码（GTIN）、系列货运集装箱代码（SSCC）、全球位置编码（GLN）、全球可回收资产代码（GRAI）、全球个别资产代码（GIAI）的代码结构和编码方法。

3. Class1 Generation 2 UHF 空中接口协议标准——“Gen2”

这通常被称为 Gen2 标准。本标准规定在 860～960 兆赫频率范围内操作的无源反射散射、应答器优先沟通（ITF）、RFID 系统的物理和逻辑要求。RFID 系统由应答器（也叫识读器）和标签组成。

4. 识读器协议（RP）标准

识读器协议标准是一个接口标准，详细说明了在一台具备读写标签能力的设备和应用软件之间的交互作用。

5. 低层识读器协议（LLRP）标准

EPCglobal 于 2007 年 4 月 24 日宣布低层识读器协议（LLRP）标准的发布。低层识读器协议的使用使得识读器发挥最佳性能，以生成丰富、准确、可操作的数据和事件。低层识读器协议标准将进一步培育识读器互通性并为技术提供商提供基础以扩展其提供具体行业需求的能力。

6. 识读器管理（RM）标准

当前无线协议的识读器管理标（V1.0.1 版本），通过管理软件来控制符合 EPCglobal 要求的 RFID 识读器的运行状况。此标准是对 EPCglobal 识读器协议规范 1.1 版本的补充。另外，它定义了 EPCglobal SNMP RFID MIB。

7. 识读器发现配置安装协议（DCI）标准

本标准规定了 RFID 识读器及访问控制机和其工作网络间的接口，便于用户配置和优化识读器网络。

8. 应用级事件（ALE）标准

本标准规定客户可以获取来自各渠道、经过过滤形成的统一 EPC 接口，增加了完全支持 Gen2 特点的 TID、用户存储器、锁定等功能，并可以降低从识读器到应用程序的数据量，将应用程序从设备细节中分离出来，在多种应用之间共享数据，当供应商需求变化时可升级拓展，采用标准 XML/网络服务技术容易集成。

9. 产品电子代码信息服务（EPCIS）标准

产品电子代码信息服务（EPCIS）标准，为资产、产品和服务在全球的移动、定位和部署带来前所未有的可见度，标志着 EPC 发展的又一里程碑。EPCIS 为产品和服务生命周期的每个阶段提供可靠、安全的数据交换。

10. 对象名称服务（ONS）标准

对象名称服务标准规定了如何使用域名系统定位与一个指定 EPC 中 SG-TIN 部分相关的命令元数据和服务。此标准的目标读者为有意在实际应用中实施对象名称服务解决方案系统的开发商。

11. 谱系标准

谱系标准及其相关附件对供应链中制药参与方使用的电子谱系文档的维护和交流定义了架构。该架构的使用符合成文的谱系法律。

12. EPCglobal 认证标准

为了在确保可靠使用的同时，保证广泛的互操作性和快速部署，EPC-global 认证标准定义了实体在 EPCglobal 网络内，X. 509 证书签发及使用的概况。其中定义的内容是基于互联网工程特别工作组（IETF）的关键公共基础设施（PKIX）工作组制定的两个 Internet 标准，这两个标准在多种现有环境中已经成功实施、部署和测试。

EPCglobal 规范最先由美国麻省理工学院自动识别中心提出，此后成为 EPCglobal 组织向全世界推广实施 EPC 和 RFID 技术的基础。主要有以下规范：

（1）1900MHz Class0 射频（RF）识别标签规范。本文件规定 900MHz Class0 操作的通信接口和协议，包括在该波段通信的射频和标签要求、操作算法。

（2）13. 56MHz ISM 波段 Class1 射频（RF）识别标签接口规范。本规范规定 13. 56 MHz Class1 操作的通信接口和协议，包括在该波段内通信的射频和标签要求。

（3）860 ~ 930MHz Class1 射频（RF）识别标签射频和逻辑通信接口规范。本规范规定 860 ~ 930MHz Class1 操作的通信接口和协议，包括在该波段通信的射频和标签要求。

（4）EPCglobal 体系结构框架。本规范规定和描述了 EPCglobal 体系结构框架。《EPCglobal 体系结构框架》概述了硬件、软件、数据界面、EPCglobal及其核心服务标准，这些标准相互关联，目的是通过使用 EPC 提高供应链的效率。

3. 1. 2　EPCglobal Gen2 标准

1. EPCglobal Gen2 标准简介

EPCglobal Class1 Gen2 标准（以下简称 Gen2）是 RFID 技术、互联网和 EPC 组成的 EPCglobal 网络的基础。EPCglobal 于 2004 年 12 月批准 Gen2 空中接口协议为硬件标准，仅过了 18 个月，该协议作为 C 类超高频 RFID 标准经 ISO 核准并入 ISO/IEC18000—6 修订标准 1。

Gen2 标准最初由 60 多家世界顶级技术公司制定，规定了满足由终端用户设定的性能标准的核心性能。Gen2 标准是制定推动新的 RFID 硬件产品开发的标准接口和协议的一项基础要素，从而在供应链内提供准确的、有效的信息可见度。

Gen2 标准的获批对于 RFID 技术的应用和推广具有非常重要的意义，它为在供应链应用中使用的超高频 RFID 提供了全球统一的标准，给物流行业带来了革命性的变革，推动了供应链管理和物流管理向智能化方向发展。表 3-1 列出了 Gen2 的特点与性能。

表 3-1 **Gen2 的特点与性能**

需求	Gen2 的特点
无线电管理条例	符合欧洲、北美和亚洲等地区规定
存储器存取控制	32 位存取口令，存储器锁定
快速识读速度	>1000 个标签/秒
密集型识读器操作	密集型识读器操作模式
“灭活”安全	32 位“灭活”口令
存储器写入能力	>7 个标签/秒的写入速度
位掩码过滤	灵活选择命令
可选用户存储器	厂家可选
低成本	可从多个供应商采购
行业认证计划	EPCglobal 认证
认证产品	2005 年第二季度开始认证

2. Gen2 标准的优点

Gen2 标准的制定单位及其标准基础决定了其与第一代标准相比具有无可比拟的优越性，这一新标准具有全面的框架结构和较强的功能，能够在高密度识读器的环境中工作，符合全球一致性规定，标签读取正确率较高，读取速度较快，安全性和隐私功能都有所加强。它克服了 EPCglobal 以前 Class0 和 Class1 的很多限制。

详细来讲，UHF Gen2 协议标准的优点主要如下：

（1）开放的标准。EPCglobal 批准的 UHF Gen2 标准对 EPCglobal 成员和签订了 EPCglobal IP 协议的单位免收使用许可费，允许这些厂商着手生产基于该标准的产品，如标签和识读器。这意味着更多的技术提供商可以据此标准在不交纳专利授权费的情况下生产符合供应商、制造商和终端用户需要的产品，也减少了终端用户部署 RFID 系统的费用，可以吸引更多的用户采用

RFID 技术。同时，人们也可以从多种渠道获得标签，进一步促进了标签价格的降低。目前，符合标准的产品已经上市。

（2）尺寸小、存储容量大、有口令保护。芯片尺寸只有原来产品的一半到三分之一，从而进一步扩大了其使用范围，满足了多种应用场合的需要，例如芯片可以更容易地缝在衣服的接缝里，夹在纸板中间，成形在塑料或橡胶内，整合在顾客的包装设计中。最近，日立欧洲公司已研制出尺寸仅有 0.3mm 见方的小标签，薄得就像人的头发丝一样，能很容易地嵌入钞票的内部。嵌入钞票内部的标签可以记录下钞票流通过程中的历史信息，这样就为政府和执法机构提供了一种逐一跟踪“钱”的每笔交易的一种手段。

标签的存储能力也增加了，Gen2 标签在芯片中有 96 字节（或者更多）的存储空间，为了更好地保护存储在标签和相应数据库中的数据，在公开（Unconceal）、解锁（Unlock）和灭活（Kill）指令中都设置了专门的口令，使得标签不能随意被公开、解锁和灭活。标签具有了更好的安全加密功能，保证了在识读器读取信息的过程中不会把数据扩散出去。

（3）保证了各厂商产品的兼容性。各国在使用无线频段、信息位数和应用领域等都存在差异。由于标准的不统一，导致了产品不能互相兼容，给 RFID 的大范围应用带来一些困难。

EPCglobal 规定了 EPC 标准采用 UHF 频段，即 860 ~ 960MHz。UHF Gen2 协议标准的推出，保证了不同生产商的设备之间将具有良好的兼容性，也保证了 EPCglobal 网络系统中的不同组件（包括硬件部分）之间的协调工作。UHF Gen2 协议设计的工作频段分布比较广泛，这一优点提高了 UHF 的频率调制性能，减少了与其他无线电设备的干扰问题，也解决了 RFID 在不同国家不同频谱的问题。

（4）设置了“灭活”指令（Kill）。新标准使人们具有了控制标签的权力，即人们可以使用 kill 指令使标签自行永久失效以保护隐私。如果不想使用某种产品或是发现安全隐私问题，就可以使用灭活指令（kill）停止芯片的功能，有效地防止芯片被非法读取，提高了数据的安全性能，减轻了人们对隐私问题的担忧。被灭活的标签在任何情况下都会保持被灭活的状态，不会产生应答。

（5）良好的识读性。除以上列举的 4 点外，基于 Gen2 标准的识读器还具有较高的读取率和识读速度的优点。与第一代识读器相比，识读速度要快 5 ~ 10 倍。基于新标准的识读器每秒可读 1500 个标签，这使得通过应用 RFID 标签可以实现高速自动化作业。识读器还具有很好的标签识读性能，在批量标签扫描时避免重复识读，而且当标签延后进入识读区域，仍然能被识读，这是第一代标准所不能做到的。

另外，同 Gen0 和 Gen1 相比，Gen2 还提供了更多的功能。比如说，它可以在配送中心高密度的识读器环境下工作。不仅如此，Gen2 还可以允许用户对同一个标签进行多次读写（Gen0 只允许进行识读操作，Gen1 允许多次识读，但只能写一次，即 WORM）。

由于 EPCglobal Gen2 协议标准具有以上这些优越性，再加上免收使用许可费的政策，这无疑会有利于 RFID 技术在全球的推广应用，有利于吸引更多的生产商研究利用这项技术提高其商业运作效率。同时，这一全球统一标准的采用还可以减少测试和发生错误的次数，这必将会为大型零售商和其供货商带来可观效益。

相信 EPCglobal Gen2 协议作为全球统一的新标准一定会加速 RFID 技术的开发和在全球的广泛应用，给全球带来巨大的经济效益和社会效益。

3.2 GS1 全球统一标识系统

3.2.1 GS1 概述

国际物品编码协会（GS1），致力于推广全球通用的、开放的、跨行业的供应链管理标准——GS1 全球统一标识系统。

20 世纪中叶，计算机的产生与应用，大大提高了管理与信息化水平，而信息的录入成为最大的“瓶颈”。于是，各种各样以自动数据输入为目的的自动识别技术的研究和应用迅速展开，其中条码是研究最早、技术发展最为成熟、应用最为广泛的一种。20 世纪 50 年代后，美国便不断出现有关条码技术应用的相关报道，如：美国铁路车辆采用条码标识；布莱西公司研制的条码用于库存管理等，但这些应用基本上是局限在封闭系统内的单一应用。直到 1973 年，美国统一代码委员会（Uniform Code Council，简称 UCC）统一建立了北美的产品代码，选定了 IBM 公司的条码作为产品代码的自动识别符号，即 UPC 码（Universal Product Code），并把它们应用于食品零售的自动扫描结算过程，才真正形成了区域性开放的条码应用系统。UPC 码的应用，不仅大大加快了北美地区的食品流通，同时也对全球的商品流通领域产生深远的影响。

1974 年，欧洲十二国（英国、法国、丹麦、挪威、比利时、芬兰、意大利、奥地利、瑞士、荷兰、瑞典及当时的联邦德国）的制造商和销售商代表联合成立欧洲条码系统筹备委员会，旨在研究建立欧洲的统一商品编码。并于1977年2月正式成立欧洲物品编码协会（European Article Numbering Association），简称EAN，负责研究、管理该编码体系。历经四年的艰苦努力，终于开发出兼容UPC码的欧洲物品编码系统（European Article Numbering System）即EAN码。

随后，以条码识读为基础的POS自动销售在欧美兴起，并迅速向全世界其他地区展开，欧洲物品编码协会的成员国（地区）也从欧洲区域扩展到除北美之外的世界各大洲，EAN作为区域性组织已无法满足管理与发展的需要。1981年，在欧洲物品编码协会的基础上成立了国际物品编码协会（Article Numbering Association，International），仍简称EAN，以全球统一的商品编码体系为核心，以条码自动识别方法为技术支撑的全球物品标识系统基本形成。

随着贸易全球化的发展，EAN与UCC两大组织也从技术合作最终走向联合。最初零售端的条码扫描应用也随着EAN与UCC两大组织不断合作与融合，发展成为全球供应链及电子商务过程统一应用的全球物品标识系统，即EAN·UCC系统。1989年，EAN与UCC签署合作协议（也称EAN/UCC联盟I），合作内容除包括当EAN成员国（地区）企业产品销往北美地区时，由该国（地区）的EAN编码组织负责为企业办理申请UCC成员手续外，还有多项统一应用的技术开发合作，如共同开发了UCC/EAN-128条码，用于对物流单元的标识等。但是，这种单项的技术、应用合作，无法适应全球经济一体化的需要，1997年7月，EAN与UCC签署了新的合作协议（又称EAN/UCC联盟II），宣告了两大组织进一步的联合行动——所有EAN成员国（地区）的企业申请UPC代码都要经过当地EAN组织，并同时成为EAN·UCC成员。2002年11月，UCC正式加入EAN，并宣布从2005年1月1日起，EAN码也能在北美地区正常使用，且美国、加拿大新的条码用户将采用EAN条码标识商品。这标志着国际物品编码协会真正成为全球化的编码组织，并将合并后的EAN International更名为GS1。

EAN·UCC系统形成后，以全球化、系统化、标准化的观点，对已在应用中形成的全球物品标识体系进行了统一规划，使其更加科学、规范、实用，并逐步建立了一整套国际通行的跨行业的产品、物流单元、资产、位置和服务的标识体系及供应链管理、电子商务相关的技术与应用标准。

EAN·UCC系统是应市场需求应运而生的。它以提高整个供应链的效率，简化电子商务过程，为产品与服务增值为目的，积极采用先进技术，快速反映市场需求，是真正的“全球商务语言”。

中国物品编码中心（ANCC）成立于1988年，由国务院授权统一组织、协调、管理全国的条码工作。1991年，代表中国加入国际物品编码协会，是目前全世界140个国家（地区）编码组织之一，负责在我国推广应用EAN·UCC系统。依据EAN·UCC系统规则，编码中心经过二十多年的工作摸索与探索，研究制定了一套适合我国国情的、技术上与国际接轨的产品与服务标识系统——ANCC全球统一标识系统，简称“ANCC系统”。

3.2.2 条码技术

1. 条码概述

条码是将线条与空白按照一定的编码规则组合起来的符号，用以代表一定的字母、数字等资料。在进行辨识的时候，用条码阅读机扫描，得到一组反射光信号，此信号经光电转换后变为一组与线条、空白相对应的电子讯号，经解码后还原为相应的文字、数字，再传入电脑。条码辨识技术已相当成熟，其读取的错误率约为百万分之一，首读率大于98%，是一种可靠性高、输入快速、准确性高、成本低、应用面广的资料自动收集技术。

世界上约有225种以上的一维条码，每种一维条码都有自己的一套编码规格，规定每个字母（可能是文字或数字）是由几个线条（Bar）及几个空白（Space）组成，以及字母的排列。一般较流行的一维条码有39码、EAN码、UPC码、128码，以及专门用于书刊管理的ISBN、ISSN等。

2. 条码的历史

条码最早出现在20世纪40年代，但得到实际应用和发展还是在20世纪70年代左右。现在世界上的各个国家和地区都已普遍使用条码技术，而且它正在快速向世界各地推广，其应用领域越来越广泛，并逐步渗透到许多技术领域。早在20世纪40年代，美国的乔·伍德兰德（Joe Wood Land）和伯尼·西尔沃（Berny Silver）两位工程师就开始研究用代码表示食品项目及相应的自动识别设备，于1949年获得了美国专利。

如图3-1所示，该图案很像微型射箭靶，被叫做“公牛眼”代码。靶式的同心圆是由圆条和空绘成圆环形。在原理上，“公牛眼 ”代码与后来的条码很相近，遗憾的是当时的工艺和商品经济还没有能力印制出这种码。然而，10年后乔·伍德兰德作为IBM公司的工程师成为北美统一代码UPC码的奠基人。以吉拉德·费伊塞尔（Girard Fessel）为代表的几名发明家，于1959年申请了一项专利，描述了数字0～9中每个数字可由七段平行条组

图 3-1 “公牛眼”代码

成。但是这种码使机器难以识读，使人读起来也不方便。不过这一构想的确促进了后来条形码的产生与发展。不久，E. F. 布宁克（E. F. Brinker）申请了另一项专利，该专利是将条码标识在有轨电车上。20 世纪 60 年代西尔沃尼亚（Sylvania）发明的一个系统，被北美铁路系统采纳。这两项可以说是条形码技术最早期的应用。

从 20 世纪 80 年代初，人们围绕提高条码符号的信息密度，开展了多项研究。128 码和 93 码就是其中的研究成果。128 码于 1981 年被推荐使用，而 93 码于 1982 年使用。这两种码的优点是条码符号密度比 39 码高出近 30%。随着条码技术的发展，条形码码制种类不断增加，因而标准化问题显得很突出。为此先后制定了军用标准 1189、交插 25 码、39 码和库德巴码 ANSI 标准 MH10. 8M 等。同时一些行业也开始建立行业标准，以适应发展需要。此后，戴维·阿利尔又研制出 49 码，这是一种非传统的条码符号，它比以往的条形码符号具有更高的密度（即二维条码的雏形）。接着特德·威廉斯（Ted Williams）推出 16K 码，这是一种适用于激光扫描的码制。到 1990 年年底为止，共有 40 多种条形码码制，相应的自动识别设备和印刷技术也得到了长足的发展。

从20世纪80年代中期开始，我国一些高等院校、科研部门及一些出口企业，把条形码技术的研究和推广应用逐步提到议事日程。一些行业如图书、邮电、物资管理部门和外贸部门已开始使用条形码技术。

在经济全球化、信息网络化、生活国际化、文化国土化的资讯社会到来之时，起源于20世纪40年代、研究于20世纪60年代、应用于20世纪70年代、普及于20世纪80年代的条码与条码技术，及各种应用系统，引起世界流通领域里的大变革正风靡世界 。条码作为一种可印制的计算机语言、未来学家称之为“计算机文化”。20世纪90年代的国际流通领域将条码誉为商品进入国际计算机市场的“身份证”，使全世界对它刮目相看。印刷在商品外包装上的条码，像一条条经济信息纽带将世界各地的生产制造商、出口商、批发商、零售商和顾客有机地联系在一起。这一条条纽带，一经与EDI系统相联，便形成多项、多元的信息网，各种商品的相关信息犹如投入了一个无形的永不停息的自动导向传送机构，流向世界各地，活跃在世界商品流通领域。

3. 条码的种类

条码按照不同的分类方法，不同的编码规则可以分成许多种，现在已知的世界上正在使用的条码就有250种之多。条码的分类方法有许多种，主要依据条码的编码结构和条码的性质来决定。例如：按条码的长度来分，可分为定长和非定长条码；按排列方式分，可分为连续型和非连续型条码；从校验方式分，又可分为自校验型和非自校验型条码等。

条码可分为一维条码和二维条码。一维条码是通常我们所说的传统条码。一维条码按照应用可分为商品条码和物流条码。商品条码包括EAN码和UPC码，物流条码包括128码、ITF码、39码、库德巴码等。二维条码根据构成原理，结构形状的差异，可分为两大类型：一类是行排式二维条码（2D stacked bar code）；另一类是矩阵式二维条码（2D matrix bar code）。

4. 二维条码

二维条码技术是在一维条码无法满足实际应用需求的前提下产生的。由于受信息容量的限制，一维条码通常是对物品的标识，而不是对物品的描述。所谓对物品的标识，就是给某物品分配一个代码，代码以条码的形式标识在物品上，用来标识该物品以便自动扫描设备的识读，代码或一维条码本身不表示该产品的描述性信息。

因此，在通用商品条码的应用系统中，对商品信息，如生产日期、价格等的描述必须依赖数据库的支持。在没有预先建立商品数据库或不便联网的地方，一维条码表示汉字和图像信息几乎是不可能的，即使可以表示，也显得十分不便且效率很低。

随着现代高新技术的发展，迫切需要用条码在有限的几何空间内表示更多的信息，以满足千变万化的信息表示的需要。

国外对二维条码技术的研究始于 20 世纪 80 年代末。在二维条码符号表示技术研究方面，已研制出多种码制，常见的有 PDF417，QR Code，Code 49，Code 16K，Code One 等。这些二维条码的密度都比传统的一维条码有了较大的提高，如 PDF417 的信息密度是一维条码 Code39 的 20 多倍。在二维条码标准化研究方面，国际自动识别制造商协会（AIM）、美国标准化协会（ANSI）已完成了 PDF417，QR Code，Code 49，Code 16K，Code One 等码制的符号标准。新成立的国际标准化组织——国际电工委员会第一联合委员会的第三十一分委员会，即条码自动识别技术委员会（ISO/IEC/JTC1/SC31），已制定了 QR Code 的国际标准（ISO/IEC 18004：2000《自动识别与数据采集技术　条码符号技术规范——QR 码》，起草了 PDF417，Code 16K，Data Matrix，Maxi Code 等二维条码的 ISO/IEC 标准草案。在二维条码设备开发研制、生产方面，美国、日本等国的设备制造商生产的识读设备、符号生成设备，已广泛应用于各类二维条码应用系统。二维条码作为一种全新的信息存储、传递和识别技术，自诞生之日起就得到了世界上许多国家的关注。美国、德国、日本、墨西哥、埃及、哥伦比亚、巴林、新加坡、菲律宾、南非、加拿大等国，不仅已将二维条码技术应用于公安、外交、军事等部门对各类证件的管理，而且也将二维条码应用于海关、税务等部门对各类报表和票据的管理，商业、交通运输等部门对商品及货物运输的管理，邮政部门对邮政包裹的管理，工业生产领域对工业生产线的自动化管理。

我国对二维条码技术的研究开始于 1993 年。中国物品编码中心对几种常用的二维条码 PDF417，QR Code，Data Matrix，Maxi Code，Code 49，Code 16K，Code One 的技术规范进行了翻译和跟踪研究。随着我国市场经济的不断完善和信息技术的迅速发展，国内对二维条码这一新技术的需求与日俱增。

中国物品编码中心在原国家质量技术监督局和国家有关部门的大力支持下，对二维条码技术的研究不断深入。在消化国外相关技术资料的基础上，制定了两个二维条码的国家标准：GB/T 17172—1997《四一七条码》，GB/T 18284—2000《快速响应矩阵码》。为使二维条码技术能够在我国的证照管理领域得到应用，在国外应用软件平台的基础上，中心开发了人像照片和指纹数据压缩软件。二维条码技术已在我国的汽车行业自动化生产线、医疗急救服务卡、涉外专利案件收费、珠宝玉石饰品管理及银行汇票上得到了应用；1999 年 3 月在北京举行的全国人大第九届三次全体会议和全国政协第九届三次会议期间，在随行人员证件、记者证、旁听证上成功地应用了二维条码技术，引起了与会代表和新闻界的极大关注；我国香港特别行政区已将二维条码应用在特别行政区的护照上。

2008 年 2 月，中国物品编码中心研制的我国第一个拥有自主知识产权的二维条码国家标准——GB/T 21049《汉信码》正式实施，并向国际自动识别制造商协会（AIM Global）提交了汉信码国际标准草案，目前已经成为 AIM Global 的标准项目。中国物品编码中心获得汉信码 5 项国家专利，开发了汉信码生成控件、通用识读引擎等，组织研制在线式汉信码设备及可识读汉信码手机，建立应用示范系统，促进汉信码在物流、仓储、移动商务中的广泛应用，目前，汉信码在北京新生儿疾病筛查中应用，取得良好的社会效益。

二维条码通常分为以下二种类型：

（1）行排式二维条码。行排式二维条码（又称：堆积式二维条码或层排式二维条码），其编码原理是建立在一维条码基础之上，按需要堆积成二行或多行。它在编码设计、校验原理、识读方式等方面继承了一维条码的一些特点，识读设备与条码印刷与一维条码技术兼容。但由于行数的增加，需要对行进行判定，其译码算法与软件也不完全相同于一维条码。有代表性的行排式二维条码有 PDF417、Code49、Code 16K 等。

（2）矩阵式二维条码。矩阵式二维条码（棋盘式二维条码）是在一个矩形空间通过黑、白像素在矩阵中的不同分布进行编码。在矩阵相应元素位置上，用点（方点、圆点或其他形状）的出现表示二进制“1”，点的不出现表示二进制的“0”，点的排列组合确定了矩阵式二维条码所代表的意义。矩阵式二维条码是建立在计算机图像处理技术、组合编码原理等基础上的一种新型图形符号自动识读处理码制。具有代表性的矩阵式二维条码有：QR Code 、Data Matrix、Maxi Code、Code One 等。

在目前几十种二维条码中，常用的码制有：PDF417，Data Matrix，Maxi Code，QR Code，Code 49，Code 16K，Code One 等，除了这些常见的二维条码之外，还有汉信码、Vericode 条码、CP 条码、Codablock F 条码、田字码、Ultracode 条码，Aztec 条码。

如图3-2所示是几种较常见的二维条码。

图3-2 几种常见的二维条码

3.2.3 射频技术

1. 射频技术概述

RFID是射频识别技术的英文（Radio Frequency Identification）的缩写。射频识别技术是20世纪90年代开始兴起的一种自动识别技术。该技术在世界范围内正被广泛应用，而在我国起步较晚，与先进国家相比存在很大的差距。2004年1月份，全球最大零售商沃尔玛公司向供应商发出最后通牒，要求从2006年1月1日开始，所有出口到美国的商品集装箱托盘都必须使用电子标签（后因故延缓），而我国射频识别技术处在初级阶段，研究和发展射频识别技术及其应用刻不容缓，任务紧迫。

我国射频识别技术拥有广阔的发展前景和巨大的市场潜力。相对于条码技术而言，射频识别技术的发展和应用的推广将是我国自动识别行业的一场技术革命。

射频识别技术是一项利用射频信号通过空间耦合（交变磁场或电磁场）实现无接触资讯传递并通过所传递的资讯达到识别目的的技术。

射频识别系统通常由电子标签（射频标签）和阅读器组成。电子标签记忆体有一定格式的电子数据，常以此作为待识别物品的标识性资讯。应用中将电子标签附着在待识别物品上，作为待识别物品的电子标记。阅读器与电子标签可按约定的通信协议互传资讯，通常的情况是由阅读器向电子标签发送命令，电子标签根据收到的阅读器的命令，将记忆体的标识性数据回传给阅读器。这种通信是在无接触方式下，利用交变磁场或电磁场的空间耦合及射频信号调制与解调技术实现的。

电子标签具有各种各样的形状，但不是任意形状都能满足阅读距离及工作频率的要求，必须根据系统的工作原理，即磁场耦合（变压器原理）还是电磁场耦合（雷达原理），设计合适的天线外形及尺寸。电子标签通常由标签天线（或线圈）及标签晶片组成，如图3-3所示。标签晶片即相当于一个具有无线收发功能再加存储功能的单片系统。从纯技术的角度来说，射频识别技术的核心在电子标签，阅读器是根据电子标签的设计而设计的。虽然，在射频识别系统中电子标签的价格远比阅读器低，但通常情况下，在应用中电子标签的数量是很大的，尤其是物流应用中，电子标签可能是海量并且是一次性使用的，而阅读器的数量则相对要少得多。

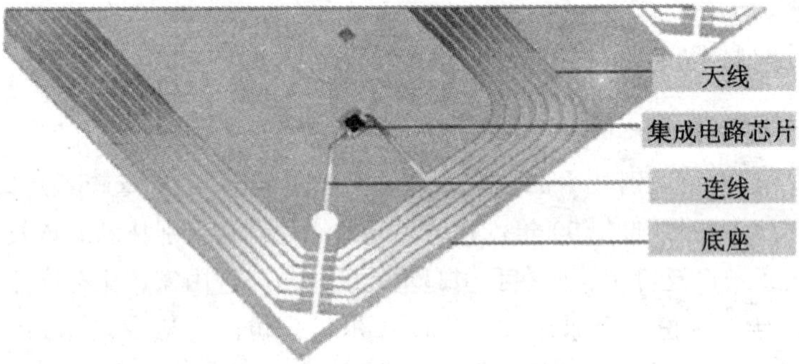

图3-3　电子标签的组成

实际应用中，电子标签除了具有数据存储量、数据传输速率、工作频率、多标签识读特征等电学参数之外，还根据其内部是否需要加装电池及电池供电的作用而将电子标签分为无源标签（passive）、半无源标签（semi-passive）和有源标签（active）三种类型。无源标签没有内装电池，在阅读器的阅读范围之外时，标签处于无源状态，在阅读器的阅读范围之内时标签从阅读器发出的射频能量中提取其工作所需的电能。半无源标签内装有电池，但电池仅对标签内要求供电维持数据的电路或标签晶片工作所需的电压作辅助支援，标签电路本身耗电很少。标签未进入工作状态前，一直处于休眠状态，相当于无源标签。标签进入阅读器的阅读范围时，受到阅读器发出的射频能量的激励，进入工作状态时，用于传输通信的射频能量与无源标签一样源自阅读器。有源标签的工作电源完全由内部电池供给，同时标签电池的能量供应也部分地转换为标签与阅读器通信所需的射频能量。

射频识别系统的另一主要性能指标是阅读距离，也称为作用距离，它表示在最远为多远的距离上，阅读器能够可靠地与电子标签交换资讯，即阅读器能读取标签中的数据。实际系统中这一指标相差很大，取决于标签及阅读器系统的设计、成本的要求、应用的需求等，范围为0~100m。典型的情况是，在低频125kHz、13.56MHz频点上一般均采用无源标签，作用距离在10~30cm,个别有到1.5m的系统。在高频UHF频段，无源标签的作用距离可达到3~10m。更高频段的系统一般均采用有源标签。采用有源标签的系统有达到作用距离至100m左右的报道。

2. 射频技术主要应用领域

射频识别技术以其独特的优势，逐渐被广泛应用于工业自动化、商业自动化和交通运输控制管理等领域。随着大型集成电路技术的进步以及生产规模的不断扩大，射频识别产品的成本将不断降低，其应用将越来越广泛。表3-2列举了射频识别技术几个典型的应用。

表3-2　　**射频识别技术的典型应用**

典型应用领域	具体应用
车辆自动识别管理	铁路车号自动识别是射频识别技术最普遍的应用。
高速公路收费及智能交通系统	高速公路自动收费系统是射频识别技术最成功的应用之一，它充分体现了非接触识别的优势。在车辆高速通过收费站的同时完成缴费，解决了交通的瓶颈问题，提高了车行速度，避免拥堵，提高了收费结算效率。
货物的跟踪、管理及监控	射频识别技术为货物的跟踪、管理及监控提供了便捷、准确、自动化的手段。以射频识别技术为核心的集装箱自动识别，成为全球范围最大的货物跟踪管理应用。

续表

典型应用领域	具体应用
仓储、配送等物流环节	射频识别技术目前在仓储、配送等物流环节已有许多成功的应用。随着射频识别技术在开放的物流环节统一标准的研究开发，物流业将成为射频识别技术最大的受益行业。
电子钱包、电子票证	射频识别卡是射频识别技术的一个主要应用。射频识别卡的功能相当于电子钱包，实现非现金结算。目前主要应用在交通方面。
生产线产品加工过程自动控制	主要应用在大型工厂的自动化流水作业线上，实现自动控制、监视，提高生产效率，节约成本。
动物跟踪和管理	射频识别技术可用于动物跟踪。在大型养殖场，可通过采用射频识别技术建立饲养档案、预防接种档案等，达到高效、自动化管理牲畜的目的，同时为食品安全提供了保障。射频识别技术还可用于信鸽比赛、赛马识别等，以准确测定到达时间。

射频识别技术还应用在以下行业中：

（1）物流。物流过程中的货物追踪、信息自动采集、仓储应用、港口应用、邮政、快递。

（2）零售。商品的销售数据实时统计、补货、防盗。

（3）制造业。生产数据的实时监控、质量追踪、自动化生产。

（4）服装业。自动化生产、仓储管理、品牌管理、单品管理、渠道管理。

（5）医疗。医疗器械管理、病人身份识别、婴儿防盗。

（6）身份识别。电子护照、身份证、学生证等各种电子证件。

（7）防伪。贵重物品（烟、酒、药品）的防伪、票证的防伪等。

（8）资产管理。各类资产（贵重的或数量大相似性高的或危险品等）。

（9）交通。高速不停车收费、出租车管理、公交车枢纽管理、铁路机车识别等。

（10）食品。水果、蔬菜、生鲜、食品等保鲜度管理。

（11）动物识别。驯养动物、畜牧牲口、宠物等识别管理。

(12) 图书馆。书店、图书馆、出版社等应用。

(13) 汽车。制造、防盗、定位、车钥匙。

(14) 航空。制造、旅客机票、行李包裹追踪。

(15) 军事。弹药、枪支、物资、人员、卡车等识别与追踪。

(16) 其他。

3.2.4 EDI与ebXML

1. EDI概述

EDI，即Electronic Data Interchange的缩写，中文是“电子数据交换”。通俗地讲，EDI（电子数据交换）是按照协议，对具有一定结构性标准的经济信息，经过电子数据通信网络，在商业贸易伙伴的电子计算机系统之间进行交换和自动处理。

贸易信息系统已于20世纪80年代后期建成，它是指电子商务、EDI国际贸易方式及网络贸易全球的技术条件，而EDI则开创了世界范围内实现商业文件标准化、电了自动处理和交换的新型贸易方式，使国际贸易业务能够按照国际统一的标准和程序进行处理。EDI网络贸易突破了时空限制，使长期以来难以从事贸易的行业获得了解放，取得了“可贸易”的物质条件。21世纪的电子商务，其作用并不亚于200年前的工业革命。

随着世界经济一体化的发展，在经历了相当长的时间之后，对外贸易及与其相关的行业的发展已经日趋完善，国际贸易由原来的货物买卖发展到单据买卖，以CIF价格成交条件完成的进出口合同，被人们称为凭单买卖的“象征性交货”。国际贸易的单据化特点也为在进出口行业率先采用EDI技术奠定了基础。因此，目前对外贸易行业是开展EDI技术最好的一个领域。

2. ebXML概述

20多年前，电子商务的想法诞生，通过链接在一起的计算机系统，数据能从一个系统传送到其他系统，从而不再使用纸介质文件来交换商业数据。这个概念就是EDI（Electronic Data Interchange，电子数据交换）的原型。EDI的出现大大提高了商业运作效率，虽然全世界的前10000家公司中98%以上都在使用EDI，但全世界其他公司中却仅有5%是EDI的用户。这是为什么呢？这是因为EDI虽然很有效，但启动费用很高。

近一段时间以来，人们一直在寻找EDI的替代方案，希望能够找到一种使全球不同规模的公司都能受益的简单、便宜的交换标准商务文档的方法。在这样的背景下ebXML应运而生了。

ebXML（电子商务 XML）是使用扩展标记语言（XML）来对商业数据交换进行标准化的一项方案。在其他的许多目的当中，ebXML 可能包含或代替我们熟悉的电子数据交换标准（EDI）。ebXML 被设计用来使全球的任意规模、任意位置的企业的电子市场，能够安全放心地通过基于 XML 的消息的交换来进行商业交易。它是联合国贸易促进与电子商务组织（UN/CEFACT）和结构化信息标准促进组织（OASIS）执行的联合项目。它的成员包括 75 个公司，其中包括全球主要的 IT 商家和贸易协会。

由于 ebXML 依赖于因特网现存的标准，例如 HTTP、TCP/IP、MIME、SMTP、FTP、UML 和 XML，它可以在任意的计算平台上执行和实现。对现存的标准的使用使得 ebXML 具有了相对便宜和容易使用的优点。

官方的 ebXML 网站公布的白皮书解释说这项提案是在三个基本的概念上建立的：

（1）提供一个基础的底层组织以保证数据通信的协同工作能力；

（2）提供一个语义框架以保证商业的协同工作能力；

（3）提供一个可以允许企业之间找到彼此的机制，同意变为贸易伙伴并且彼此管理业务。

ebXML 规范的最初版本于 2001 年 5 月发布。它的目标是使任何规模的商家能够和任何人开展电子商务。在现阶段，ebXML 是一套文档，包含若干完善的原型，但是有许多企业现在正在建造支持它的系统。

ebXML 是联合国贸易简化和电子商务促进中心（UN/CEFACT）及推进结构化信息标准组织（OASIS）于 1999 年 11 月成立的工作组。多年来，全球一百多个国家，两千多个组织的 EDI、XML 专家、企业、行业组织、软件服务商等约 5000 人参与了 ebXML 标准的制订工作。ebXML 的远景是提供一套国际上一致认可的、由通用的 XML 语法和结构化文件组成的技术规范，使电子商务简单易操作并且无所不在、最大限度地使用 XML、便于跨行业的 B2B、B2C 商务交易，促进全球贸易。

ebXML 与其他电子商务标准的最大不同之处在于，它不针对某一具体的行业。ebXML 是一个跨行业的电子商务架构。该架构提供了各行业建立电子商务交易的方法学。直接整合商务流程，ebXML 电子商务的关键是商务，而不是电子。

ebXML 标准技术规范为电子商务定义了一个基础架构，通过这个架构，可以建立协调一致的、有极强互操作能力的电子商务的服务和组件，在全球电子商务市场中无缝集成。同时标准技术规范提供了实现这一架构的七项机制：

（1）商务流程信息模型标准机制；

（2）注册与存储商务流程信息模型机制，用来实现共享和重用；

（3）发现交易伙伴相关信息机制，包括商务流程、商务服务接口、商务信息、消息交换传输及安全；

（4）注册和存储上述相关信息，供交易伙伴彼此发现、检索相关信息的机制；

（5）合作协议协定配置（CPA）机制；

（6）消息服务协定机制；

（7）把商务流程与约定描述于消息服务的机制。

ebXML技术规范完全同W3C XML技术规范保持一致，为ebXML贸易伙伴内部应用及相互之间提供互操作性，为已认可的电子数据交换标准和正制定的XML商务标准提供转换的方法，使互操作性和效益最大化，未来提交至一个国际认可的标准组织作为国际标准发布。

3. ebXML的任务

由于XML本身不具备使其适应商务世界需求的所有工具，所以希望通过ebXML实现：

（1）使电子商务简单、容易，并且无所不在；

（2）最大限度地使用XML；

（3）为B2B和B2C提供一个同样的开放标准以进行跨行业的商务交易；

（4）将各种XML商务词汇的结构和内容一起放进一个单一的规范；

（5）提供一条从当前EDI标准和XML词汇表移植的途径；

（6）鼓励行业在一个共同的长期目标下致力于直接的或短期的目标；

（7）用ebXML进行电子商务活动，避免要求最终用户投资于专有软件或强制使用专业系统；

（8）保持最低成本；

（9）支持多种书面语言并容纳国内、国际贸易的通用规则。

3.3　EPC编码体系

3.3.1　EPC编码原则

1. 唯一性

EPC提供对实体对象的全球唯一标识，一个EPC代码只标识一个实体对象。为了确保实体对象的唯一标识的实现，EPCglobal 采取了以下措施：

（1）足够的编码容量。EPC 编码冗余度如表 3-3 所示。从世界人口总数（大约 60 亿人）到大米总粒数（粗略估计 1 亿亿粒），EPC 有足够大的地址空间来标识所有这些对象。

表 3-3　**EPC 编码冗余度**

比特数	唯一编码数	对象
23	6.0×10^{6}/年	汽车
29	5.6×10^{8} 使用中	计算机
33	6.0×10^{9}	人口
34	2.0×10^{10}/年	剃须刀刀片
54	1.3×10^{16}/年	大米粒数

（2）组织保证。必须保证 EPC 编码分配的唯一性并寻求解决编码冲突的方法，EPCglobal 通过全球各国编码组织来负责分配各国的 EPC 代码，建立相应的管理制度。

（3）使用周期。对一般实体对象，使用周期和实体对象的生命周期一致。对特殊的产品，EPC 代码的使用周期是永久的。

2. 简单性

EPC 的编码既简单又能同时提供实体对象的唯一标识。

以往的编码方案，很少能被全球各国各行业广泛采用，原因之一是编码的复杂性导致不适用。

3. 可扩展性

EPC 编码留有备用空间，具有可扩展性。

EPC 地址空间是可发展的，具有足够的冗余，确保了 EPC 系统的升级和可持续发展。

4. 保密性与安全性

EPC 编码与安全和加密技术相结合，具有高度的保密性和安全性。

保密性和安全性是配置高效网络的首要问题之一。安全的传输、存储和实现是 EPC 能否被广泛采用的基础。

3.3.2　EPC 编码结构

EPC 代码是新一代的与 EAN/UPC 码兼容的新的编码标准，在 EPC 系统中 EPC 编码与现行 GTIN 相结合，因而 EPC 并不是取代现行的条码标准，而是由现行的条码标准逐渐过渡到 EPC 标准或者是在未来的供应链中 EPC 和 EAN · UCC 系统共存。EPC 中码段的分配是由 EAN · UCC 管理的。在我国，EAN · UCC 系统中 GTIN 编码是由中国物品编码中心负责分配和管理。同样，EPC 服务也已启动来满足国内企业使用 EPC 的需求。

EPC 代码是由一个标头加上另外三段数据（依次为域名管理者、对象分类、序列号）组成的一组数字。其中标头标识 EPC 的类型，它使得 EPC 随后的码段可以有不同的长度；域名管理是描述与此 EPC 相关的生产厂商的信息，例如“可口可乐公司”；对象分类记录产品精确类型的信息，例如：“美国生产的 330ml 罐装减肥可乐（可口可乐的一种新产品）”；序列号唯一标识货品，它会精确地告诉我们所说的究竟是哪一罐 330ml 罐装减肥可乐。

3.3.3　EPC 编码类型

目前，EPC 代码有 64 位（bit）、96 位（bit）等结构。为了保证所有物品都有一个 EPC 代码并使其载体——标签成本尽可能降低，建议采用 96 位，这样其数目可以为 2.68 亿个公司提供唯一标识，每个生产厂商可以有 1600 万个对象种类并且每个对象种类可以有 680 亿个序列号，这对未来世界所有产品已经够用了。在 EPC 最初推出的时候，鉴于当时不用那么多序列号，所以只采用 64 位 EPC，这样可以降低标签成本。EPC 编码结构还在不断发展完善。

3.4　EPC 编码策略

产品电子代码（EPC™）是通过无线射频识别（RFID）标签和其他方式来普遍识别物理对象的识别方案。而其中的核心——EPC 编码将是新一代的与 EAN · UCC 编码兼容的新的编码标准，在 EPC 系统中 EPC 编码与现行 GTIN 相结合，因而 EPC 并不是取代现行的条码标准，而是由现行的条码标准逐渐过渡到 EPC 标准或者是在未来的供应链中与 EPC 和 EAN · UCC 系统共存。EPC 是存储在射频标签中的主要信息（对于某些 EPC 标签来说是唯一信息）且得到 UCC 和国际 EAN 两个国际标准的主要监督机构的支持。目前，其还与其他国家、国际的贸易组织和标准机构进行合作。

EPC 的目标是提供对物理世界对象的唯一标识。它通过计算机网络来标识和访问单个物体，就如同在互联网中使用 IP 地址来标识、组织和通信一样。下面将具体分析这种物品命名方案的各个方面，并介绍 EPC 的设计策略。

1. 唯一标识（Unique Identification）

与当前广泛使用的 EAN · UCC 代码不同的是，EPC 提供对物理对象的唯一标识。换句话说，一个 EPC 编码分配给一个且仅一个物品使用。这种情况产生的直接结果是：

首先，必须有足够的 EPC 编码来满足过去、现在和将来对物品标识的需要。从世界人口总数（大约 60 亿）到大米总粒数（粗略估计 1 亿亿粒），EPC 有足够大的地址空间来标识所有这些对象。

其次，必须保证 EPC 编码分配的唯一性并寻求解决编码冲突的方法。这就产生了由谁或什么组织负责 EPC 编码的分配问题。也就是说，由多个管理者分别管理 EPC 空间的一部分。除了组织管理和立法机关的管理，EPC 命名空间的创建和管理可以借助于自动化软件。

最后，还有一个关于 EPC 代码的使用期限和再利用问题。某些组织可能需要不定期地跟踪某一产品，就不能对该产品重新分配 EPC 代码。至少，我们希望在可预见的将来，对特殊的产品，将有一个唯一的永久的标识。

2. 生产商和产品（Manufactures and Products）

UCC 拥有接近 100 万个会员，这些会员中的大多数是较大的公司，其产品往往需要 EAN · UCC 编码。当将那些较小的公司、服务机构和私人企业考虑在内时，会有更多的成员。实际上，目前世界上的公司估计超过 2500 万家。而接下来的 10 年这个数目有望达到 3900 万家。显然需要建立一套标准的与这些预见一致的编码系统。

每个公司都有一系列的产品和服务，需要考虑的一个问题是一个公司具体管理着多少不同类型的产品。虽然有些公司——尤其是服装行业的产品种类达 10 万种之多，但大多数公司产品比较单一。

产品数量的范围变化很大，如表 3-4 所示。值得注意的一点是任何一个组织的产品类型均不超过 10 万种（参考 EAN 成员组织）。此外，需要考虑很多更小的公司，它们不是任何标准组织的成员，这个数目就更小了。

表 3-4 **摘自 MIT—AUTO-ID Center EPC 白皮书**

领 域	中 值	范 围
新兴市场经济领域	37	0 ~ 8500
新兴工业经济领域	217	1 ~ 83400
先进的工业国家	1080	0 ~ 100000

3. 集装箱（Containers）

传统上，货品、集装箱和托盘都要按照不同的编码结构进行编码，例如 SSCC。在 EPC 结构中，企业可以沿袭原有的 SSCC，将其转换为相应格式的 EPC 编码——SSCC-96。容器内的货品记录和货运数据存储在计算机网络中并自动与容器建立联系。

更进一步，运输集装箱的卡车、货车车厢、船舶或仓库也可使用相应的 EPC 编码。图 3-4 是 EPC 层级图，其描绘了物品货运的情形，这个层级图会随着时间的推移而改变。这样，通过记录 EPC 结构以及转换次数，就可以记录产品的出货情况。

当一个满载贴有 EPC 标签的货物的集装箱（集装箱上也有自己的 EPC 标签）通过装有识读器的门时，识读器会读到大量 EPC 标签。识读器必须知道这些 EPC 代码所代表物品的层次才能更有效率地读取。基于以上考虑，EPC 编码中设置了分区值这一可选字段，用于标识物品在物流货运上的层次。

这样通过 EPC 的结构，物品货运的过程随着不同 EPC 代码的组合就记录了下来。

4. 组合装置（Assemblies，Aggregates and Collections）

EPC 除了标识单个对象，还可以标识组合装置等，AUTO-ID 中心建议用 EPC 标识装配件和组合装置及单个货品。这样，就可以采用描述货运数据的方式来描述组合装置。传统上，组合装置被认为是复杂的，连接着很多元器件。实际上，集装箱和组合装置两者之间没有实质的差别。无论哪种情况，集装箱和组合装置的拓扑结构都有如图 3-4 所描绘的层级结构。

除了组合装置和集装箱外，对于那些没有物理联系的实体组成的组合体，例如，宴会用的礼品包可以分配一个唯一的 EPC 代码。也就是说，拥有不同 EPC 代码的相同物体的集合也要分配一个 EPC 代码。

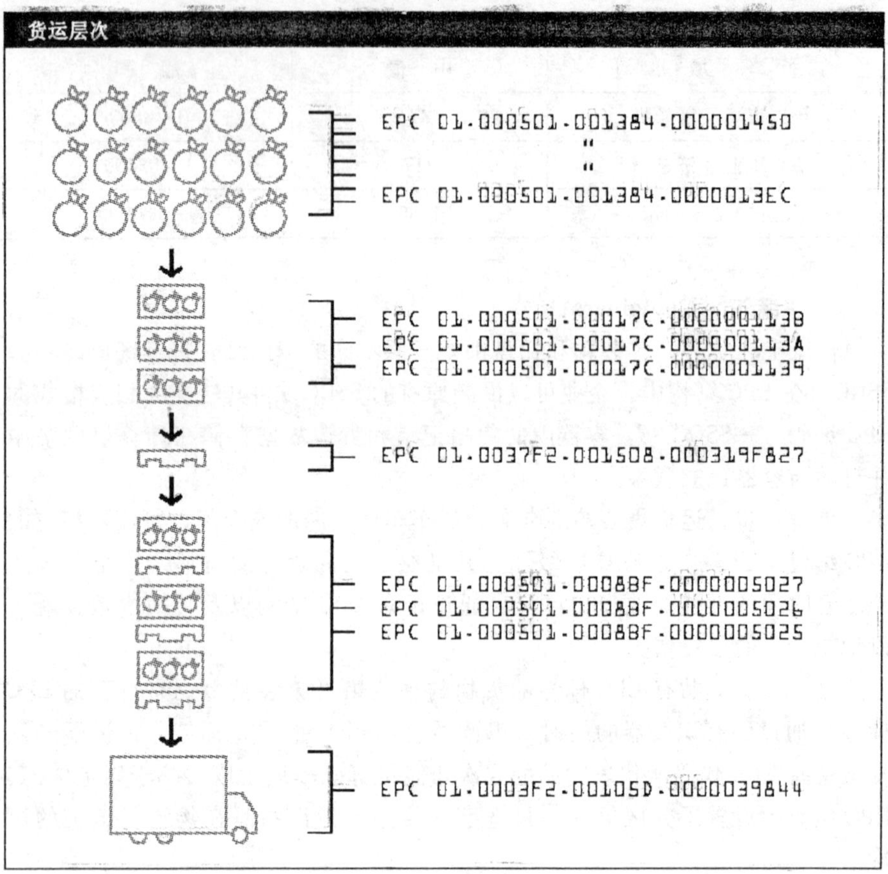

图 3-4　EPC 层级图

由上面讨论可以看出 EPC 代码的总数量会超出物理实体的数目，这就要求设计一个系统防止冗余码的出现。

5. 嵌入信息（Embedded Information）

是否在 EPC 中嵌入信息，一直颇有争议。当前的条码标准，如 UCC/EAN-128 应用标识符（AI）的结构中就包含数据。这些信息可以包括如货品重量、尺寸、有效期、目的地等。

AUTO-ID 中心建议消除或最小化 EPC 编码中嵌入的信息量。其基本思想是利用现有的计算机网络和当前的信息资源来存储数据，这样 EPC 便成了一个信息引用者，拥有最小的信息量，当然也需要和实际要求相平衡，如易于使用、与系统兼容等。

在已出台的标签规范中，Class1 ~ Class6 不仅只含有 EPC 编码，还允许用户编程进行读写自有信息。

无论 EPC 中是否存储信息，EPC 目标都是用它来标识物理对象。根据这一原则，定义 EPC 是唯一标识贸易项的编码方案的一部分。因此在设计中，将着重介绍标识物理对象所需的数据。

6. 分类（Categorization）

将具有相同特征的对象进行分类或分组是智能系统最基本的性能之一，也是减少数据复杂性的主要方法。发展一门有效的分类学是件艰巨的任务，因为它依赖于观察者的观点。

例如：一罐颜料在制造商那里可能被当成库存资产，在运输商那里可能是“可堆叠的容器”，而回收商则可能认为它是有毒废品。在各个领域，分类是具有相同特点物品的集合，而不是物品的固有属性。

因此，产品电子代码中取消或者最小化分类信息。因为分类仍然是重要的行为，主张将这种功能移植到网络上。进一步说就是，采用能够进行基本数据采集和将物品“过滤”为传统产品的高水平软件。

7. 参考信息（Information Reference）

产品电子代码的首要作用是作为网络信息的参考。换句话说，EPC 本质上是在线数据的“指针”。

使用 Internet 的一个普遍参考就是统一资源标识符（URI），它包括以前的统一资源定位符（URL）和统一资源名称（URN）。这些标识符都被域名服务（DNS）翻译为相关的网络协议（IP）地址，这些地址就是网络信息的地址。

同样，AUTO-ID 中心提供的对象名称解析服务（ONS）直接将 EPC 代码翻译成 IP 地址。IP 地址标识的后台就储存了相关的产品信息，然后由 IP 地址标识的主机将发送存储产品的相关信息。ONS 本质上相当于 EPC 编码和网络信息之间的“胶水”。因此编码的结构应能促进主机地址的查找，并且通过对象“黄页”来提高查找效率。

8. 标头（Header）

通过标头使识读器在第一时间判断出 EPC 的类型，便于对后续数据的类型和结构进行解码。因为标头并不携带对象标识过程的信息，也没有嵌入物品信息，已经是最小化的了，故该种做法可以标识编码内部结构并且可以满足未来扩展的需要。

本质上标头代表嵌入其结构中的 EPC 编码的类型，并满足编码的可扩展性的要求。

9. 简单性（Simplicity）

过去曾经设计了很多标准和命名方案，但是很少能被广泛采用。导致这个问题的原因之一是其复杂性，越难的方案就需要越长的研究时间，而且必须与用户的利益权衡。因此 EPC 要尽可能简单并且能够同时提供对象的唯一标识。

10. 人机交互（Human Interaction）

除了简单性，很多编码系统是专为人机交互而设计的。为了便于记忆，很多编码尤其是车牌号码和电话号码包括很少几个分区（通常 7 位或更短），每个分区有很少几个号码。这些编码是专为快速识别和简单采集而设计的。其他一些编码，如 IP 地址是为了分配给机器使用，但其表示法是为了人工识读。虽然不是为了便于记忆，IP 地址使用点号隔开比较容易书写及手动输入。

在 EPC 编码的设计中，直接的人机交互是不重要的。可读性和 EAN · UCC 编码及 IP 地址一样是必要的，但不需要人工采集。因此，EPC 编码应该有一种简单而一致的表示法，较易转录、口述和手工键入。

11. 可扩展性（Extensibility）

发展一种全球性标准的难点之一是预计现在及将来的所有可能的应用。对于将来，没有完美的版本，EPC 编码通过标头留出编码的扩展空间，并能保证对日本的 UID 等其他编码方案的兼容性。

12. 媒介（Media）

EPC 要存储到某些类型的物理媒介上，例如条码、电子存储器或打印的字符。数据通过编码的电磁波进行传输。

对所有的媒介来讲，存储和传输成本与数据量呈正比。因为 EPC 将被广泛采用——在数万亿的贸易项标签中使用，所以媒介必须尽最大可能地降低成本。为此 EPC 必须尽可能地减小尺寸以降低成本和复杂性。

13. 数据传输机制（Data Transmission Mechanisms）

在 EAN · UCC 编码中，作为编码结构的一部分，设一位校验位以保证数据在标签和扫描器之间传输时正确有效。校验位、起始位、终止位和握手协议是数据通信中保证正确有效的常用方法。这些机制随数据传输方法和可靠性的变化而变化。

与其在 EPC 中嵌入数据传输机制，不如在通信协议中对编码进行耦合。所有这些技术都是应用于 EPC 数据的传输过程，而不是它的一部分。依靠这种方法能够将对象标识策略与数据传输方法分离开来。

14. 保密性与安全性（Privacy and Security）

通过同样的方法可以将数据内容从传输方法中分离出来，即根据安全和加密技术对 EPC 定义进行耦合。保密性和安全性是配置高效网络的首要问题之一。安全的传输、存储和实现是 EPC 能否被广泛采用的基础。

15. 批量产品编码（EPC for batch products）

许多工农业产品可以大批量生产，很多时候，我们从经济的角度来看，没必要给批内的每一个产品分配唯一的 EPC 编码，这时候一批产品分配一个 EPC 就可以了，那么该批产品的 EPC 编码对应着该批内的所有对象，也就是说该批内的所有产品的 EPC 编码完全一致。

3.5 EPC 编码实现

3.5.1 编码设计思想

为了更好地理解 EPC 标签数据标准的全部框架，首先要充分理解 EPC 标识符的 3 个层次（如图 3-5 所示），即纯标识层、编码层和物理实现层。

纯标识（Pure Identity）层——标识一个特定的物理或逻辑实体而不依赖于任何具体的编码载体，比如射频标签、条码或数据库等。一个给定的纯标识可能包括许多编码，比如条码、各种标签编码和各种 URI 编码。因此，一个纯标识是标识一个实体的一个抽象的名字或号码。一个纯标识只包括特定实体的唯一标识信息，而不包含其他的内容。

编码（Encoding）层——纯标识和附加信息（比如滤值）一起组成的特定序列。一个给定的纯标识可能存在许多编码，比如条码编码、各种标签编码和各种 URI 编码。编码结构可能除了统一编码之中的附加数据（比如滤值）外，还可能包含其他信息，那么，该编码方案就要指明其包含的附加数据的内容。

编码的物理实现（Physical Realization）层——具体的编码，可以通过某些机器读出。例如，一个特定的射频标签或特定的数据库字段。一个给定的编码可能有多种物理实现。

例如，EAN · UCC 系统定义的 SSCC 就是一个纯标识的例子。一个 SS-CC 编码成 EPC SSCC96 格式就是一编码例子。而这个 96 位编码写到一个

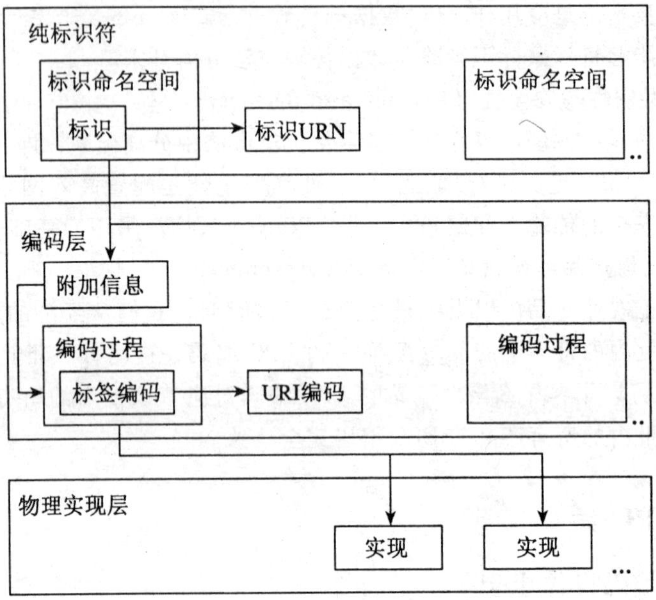

图 3-5　标识命名空间、编码与物理实现

UHF Class1 射频标签里，则是一个物理实现的例子。

一个特定的编码方案可能对使用该编码方案所标识的范围产生潜在的约束。例如，在 64 位 SSCC 编码方案中仅可以对 16384 个厂商来编码。总体来说，每一个编码方案指明了对它所能表示的标识范围有何种约束。

反之，一个特定的编码方案可能包括对于潜在的纯标识类型的无效值，因此需要一个外加的约束条件。例如，EPC-SSCC 96 位编码提供了 24 位二进制编码成 7 位十进制的厂商识别代码。在一个 24 位二进制字段中，可能编码成十进制数字 10000001（因为 $2^{24}=16777216$），比 7 位数字长。因此，它不能表示一个有效的 SSCC。一般情况下，每一个编码方案指出了对于在任何编码字段中所可能出现值的限制。

3.5.2　EPC 编码实现

EPC 标签编码的通用结构是一个比特串，由一个分层次、可变长度的标头以及一系列数字字段组成，如图 3-6 所示，码的总长、结构和功能完全由标头的值决定。

图 3-6　EPC 标签编码的通用结构

1. 标头

如前所述，标头定义了总长，识别类型（功能）和 EPC 标签编码结构。

标头是八位二进制值，值的分配规则已经出台，可能有 63 个可能的值（11111111 保留，以允许使用长度大于 8 位的标头）。EPC 标签数据标准定义的编码方案标头如表 3-5 所示：

表 3-5　**产品电子编码标头分配**

标头值（二进制）	标头值（十六进制）	编码长度（位）	编码方案
0000 0000	00	未定义	未编码标签
0000 0001 0000 001x 0000 01xx	01 02，03 04，05，06，07	未定义	预留作将来使用 预留作将来使用 预留作将来使用
0000 1000	08	64	预留作 64 位 <SSCC-64> 使用
0000 1001	09	64	预留作 64 位 <SGLN-64> 使用
0000 1010	0A	64	预留作 64 位 <GRAI-64> 使用
0000 1011	0B	64	预留作 64 位 <GIAI-64> 使用
0000 1100 至 0000 1111	0C 至 0F		由于 Gen1 的 64 位编码规则，预留作 64 位使用
0001 0000 至 0010 1110	10 至 2E	未定义	预留作将来使用
0010 1111	2F	96	DoD-96
0011 0000	30	96	SGTIN-96
0011 0001	31	96	SSCC-96
0011 0010	32	96	SGLN-96

续表

标头值（二进制）	标头值（十六进制）	编码长度（位）	编码方案
0011 0011	33	96	GRAI-96
0011 0100	34	96	GIAI-96
0011 0101	35	96	GID-96
0011 0110	36	198	SGTIN-198
0011 0111	37	170	GRAI-170
0011 1000	38	202	GIAI-202
0011 1001	39	195	SGLN-195
0011 1010 至 0011 1111	3A 至 3F		预留作将来标头值
0100 0000 至 0111 1111	40 至 4F		预留作 64 位使用
1000 0000 至 1011 1111	80 至 8F	64	预留作 <SGTIN-64>64 位使用（64 个标头值）
1100 0000 至 1100 1101	C0 至 8D		预留作 64 位使用
1100 1110	CE	64	预留作 <DoD-64>64 位使用
1100 1111 至 1111 1110	CF 至 FE		预留作 64 位使用
1111 1111	FF	未定义	预留作将来大于 8 位的标头

2. 通用标识符 GID-96

EPC 标签数据标准的这个版本定义了一种通用的标识类型。通用标识符（GID-96）定义为 96 位的 EPC 代码，它不依赖任何已知的、现有的规范或标识方案。此通用标识符由 3 个字段组成——通用管理者代码、对象分类代码和序列代码。GID 的编码包含第四个字段，标头，保证 EPC 命名空间的唯一性。如表 3-6 所示。

通用管理者代码标识一个组织实体（本质上一个公司、管理者或其他管理者），负责维持后继字段的编号——对象分类代码和序列代码。EPCglobal 分配通用管理者代码给实体，确保每一个通用管理者代码是唯一的。

表 3-6　　　　　　　　　　　**通用标识符（GID-96）**

	标头	通用管理者代码	对象分类代码	序列代码
GID-96	8	28	24	36
	00110101 （二进制值）	268435456 （十进制容量）	16777216 （十进制容量）	68719476736 （十进制容量）

对象分类代码被 EPC 管理实体使用来识别一个物品的种类或“类型”。当然这些对象分类代码，在每一个通用管理者代码之下必须是唯一的。对象分类代码的例子包含消费性包装品（CPG）的库存单元（SKU）或高速公路系统的不同结构，比如交通标志、灯具、桥梁，这些产品的管理实体为一个国家。

最后，序列代码在每一个对象分类代码之内是唯一的。换句话说，管理实体负责为每一个对象分类代码分配唯一的、不重复的序列代码。

3. EAN · UCC 系统标识类型

EPC 标签数据标准定义了 5 种 EPC 标识类型，来自于产品编码的 EAN · UCC系统家族，下面对每一种标识类型进行描述。

EAN · UCC 系统代码具备一个共同的结构，以固定的十进制位进行编码，并加上一个额外的“校验位”组成，校验位由其他位通过算法计算出来。在非校验位里，固定的分为两个域：由 EAN 或 UCC 分配的厂商识别代码作为管理实体代码，剩下的位由管理实体分配（厂商识别代码之外的每部分被 EAN · UCC 系统代码命名不同的名字）。厂商识别代码如果按十进制表示，位数在 6 到 12 之间变化，这依赖于已分配的特定的厂商识别代码。剩下的位数则要做出相反的变化，使得对一种特定的 EAN · UCC 系统代码类型来说，位数的总数固定不变。

EAN · UCC 推荐将 EAN · UCC 系统标识编入条码中，同时也便于相关的数据处理软件使用，规定组成 EAN · UCC 系统代码的十进制位应该永远作为一个单位进行处理，并且不被解析成各个单独的字段。然而，这个建议对 EPC 网络并不适合，把一个代码的一部分分配给管理实体（EAN · UCC 系统类型中的厂商识别代码）的能力，相对于管理实体负责的部分（剩下的部分）而言，对象名解析（·ONS）的机能是非常必要的。此外，我们相信区分厂商识别代码的能力在过滤时以及在其他对 EPC 派生数据安全处理过程中是非常有用的。因此，特定的 EAN · UCC 代码类型的 EPC 编码，具备如下方面特点：

EPC 编码中厂商识别代码和剩下位之间有清楚的划分，每一个单独编码成二进制。因此，需要从一个传统的 EAN · UCC 系统代码的十进制进行转换，并需要有关 EPC 编码厂商识别代码长度方面的知识。

EPC 编码不包括校验位。因此，从 EPC 编码到传统的十进制表示的代码转换需要根据其他的位重新计算校验位。

（1）系列化全球贸易标识代码（SGTIN）

SGTIN（Serialized Global Trade Identification Number）是一种新的标识类型，它基于 EAN · UCC 通用规范中的 EAN · UCC 全球贸易项目代码（GTIN）。一个单独的 GTIN 不符合 EPC 纯标识中的定义，因为它不能唯一标识一个具体的物理对象。GTIN 标识一个特定的对象类，比如一特定产品类或 SKU。

注：所有 SGTIN 表示法支持 14 位 GTIN 格式。这就意味着在 UCC-12 厂商识别代码以 0 开头和 EAN/UCC-13 零指示位，都能够编码并能从一个 EPC 编码中进行精确的说明。EPC 现在不支持 EAN/UCC-8，但是支持 14 位 GTIN 格式。

为了给单个对象创建一个唯一的标志符，GTIN 增加了一个序列代码，管理实体负责分配唯一的序列代码给单个对象分类。GTIN 和唯一序列代码的结合，称为一个序列化 GTIN（SGTIN）。

SGTIN 由以下信息元素组成：

厂商识别代码，由 EAN 或 UCC 分配给管理实体。厂商识别代码在一个 EAN · UCC GTIN 十进制编码内同厂商识别代码位相同。

项目代码，由管理实体分配给一个特定对象分类。EPC 编码中的项目代码是从 GTIN 中获得，通过连接 GTIN 的指示位和项目代码位，看作一个单一整数而得到，如图 3-7 所示。

序列代码，由管理实体分配给一个单个对象。序列代码不是 GTIN 的一部分，但是正式成为 SGTIN 的组成部分。

SGTIN 的 EPC 编码方案允许 EAN · UCC 系统 GTIN 和序列代码直接嵌入 EPC 标签。所有情况下，校验位不进行编码。下面将详细说明关于 SGTIN 的两个编码方案：SGTIN-96（96 位）和 SGTIN-198（198 位）。

1）SGTIN-96

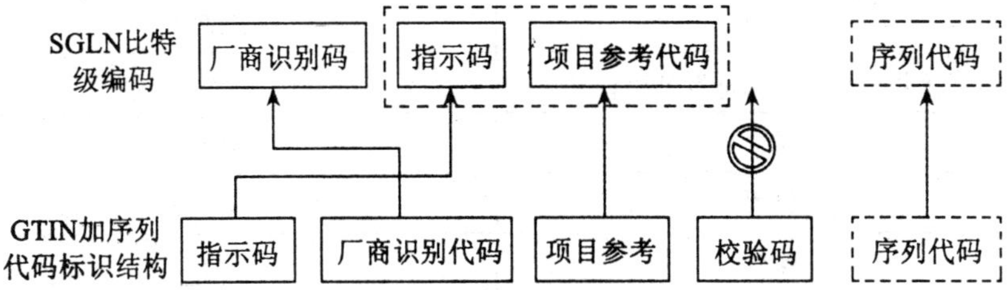

图 3-7　SGTIN 编码方案

除了标头之外，SGTIN-96 还包括 5 个字段：滤值、分区、厂商识别代码、商品项目代码和序列号，如表 3-7 所示。

表 3-7　**SGTIN-96 代码结构**

	标头	滤值	分区	厂商识别代码	商品项目代码	序列号
	8	3	3	20-40	24-4	38
SGTIN-96	00110000（二进制值）	（值参照表 3-8）	（值参照表 3-9）	999999-999999999999（最大十进制范围）*	9999999-9（最大十进制范围）*	274877906943（最大十进制值）

* 厂商识别代码和商品项目代码字段范围根据分区值的不同而变化。

标头 8 位，二进制值为 0011 0000。

滤值用来快速过滤和确定基本物流类型。SGTIN-96 的滤值见表 3-8。

表 3-8　**SGTIN 滤值**

类型	二进制值
所有其他	000
零售消费者贸易项目	001
标准贸易项目组合	010
单一货运/消费者贸易项目	011

续表

类型	二进制值
不在 POS 销售的内部贸易项组合	100
保留	101
保留	110
保留	111

分区指示随后的厂商识别代码和商品项目代码的分开位置，这个结构与 GS1 GTIN 中的结构相匹配。GTIN 厂商识别代码加上商品项目代码（包括指示符在内）共 13 位。其中，厂商识别代码在 6 位到 12 位之间，商品项目代码（包括单一指示符）相应在 7 位到 1 位之间。分区值以及厂商识别代码和商品项目代码两者长度的对应关系见表 3-9。

表 3-9　**SGTIN-96 分区**

分区值	厂商识别代码		指示符和商品项目代码	
	二进制	十进制	二进制	十进制
0	40	12	4	1
1	37	11	7	2
2	34	10	10	3
3	30	9	14	4
4	27	8	17	5
5	24	7	20	6
6	20	6	24	7

SGTIN-96 厂商识别代码与对应的 GTIN 厂商识别代码相同，以二进制方式表示。

SGTIN-96 商品项目代码与 GTIN 商品项目代码之间存在对应关系：连接 GTIN 的指示符和商品项目代码，将二者组合看作一个整数，编码成二进制作为 SGTIN-96 的商品项目代码字段。把指示符放在商品项目代码的最左侧可用位置。GTIN 商品项目代码中以“零”开头是非常重要的。例如，

00235 同 235 是不同的。如果指示符为 1，GTIN 商品项目代码为 00235，那么 SGTIN-96 商品项目代码为 100235。

序列号为一个数字。这个数字应在 GS1 系统规定的序列号有效值范围内，且序列号只能为整数。

2）SGTIN-198

除了标头之外，SGTIN-198 同样还包括滤值、分区、厂商识别代码、商品项目代码和序列号 5 个字段。但其标头和序列号与 SGTIN-96 不同，如表 3-10 所示。

表 3-10　**SGTIN-198 代码结构**

	标头	滤值	分区	厂商识别代码	商品项目代码	序列号
SGTIN-198	8	3	3	20-40	24-4	140
	00110110（二进制值）	（值参照表 3-8）	（值参照表 3-9）	999999-999999999999（最大十进制范围）*	9999999-9（最大十进制范围）*	最大 20 个字符

* 厂商识别代码和商品项目代码字段范围根据分区值的不同而变化。

标头 8 位，二进制值为 0011 0110。

SGTIN-198 滤值和 SGTIN-96 滤值相同，见表 3-8。

SGTIN-198 分区和 SGTIN-96 分区相同，见表 3-9。

SGTIN-198 厂商识别代码和商品项目代码关系与 SGTIN-96 相同。

序列号由字符组成。SGTIN-198 编码中序列号允许最多 20 个字符，支持以 UCC /EAN-128 条码为载体的应用标识符 AI（21）的全体范围，见表 3-11。

表 3-11　**唯一图形字符的分配**

图形符号	名称	编码表示	图形符号	名称	编码表示
!	感叹号	2/1	M	拉丁大写字母 M	4/13
"	双引号	2/2	N	拉丁大写字母 N	4/14
%	百分号	2/5	O	拉丁大写字母 O	4/15

续表

图形符号	名称	编码表示	图形符号	名称	编码表示
&	和	2/6	P	拉丁大写字母 P	5/0
‘	撇号	2/7	Q	拉丁大写字母 Q	5/1
(	左圆括号	2/8	R	拉丁大写字母 R	5/2
)	右圆括号	2/9	S	拉丁大写字母 S	5/3
*	星号	2/10	T	拉丁大写字母 T	5/4
+	正号	2/11	U	拉丁大写字母 U	5/5
,	逗号	2/12	V	拉丁大写字母 V	5/6
_	负号	2/13	W	拉丁大写字母 W	5/7
.	句点	2/14	X	拉丁大写字母 X	5/8
/	斜线	2/15	Y	拉丁大写字母 Y	5/9
0	数字 0	3/0	Z	拉丁大写字母 Z	5/10
1	数字 1	3/1	_	下横线	5/15
2	数字 2	3/2	a	拉丁小写字母 a	6/1
3	数字 3	3/3	b	拉丁小写字母 b	6/2
4	数字 4	3/4	c	拉丁小写字母 c	6/3
5	数字 5	3/5	d	拉丁小写字母 d	6/4
6	数字 6	3/6	e	拉丁小写字母 e	6/5
7	数字 7	3/7	f	拉丁小写字母 f	6/6
8	数字 8	3/8	g	拉丁小写字母 g	6/7
9	数字 9	3/9	h	拉丁小写字母 h	6/8
:	冒号	3/10	i	拉丁小写字母 i	6/9
;	分号	3/11	j	拉丁小写字母 j	6/10
<	小于记号	3/12	k	拉丁小写字母 k	6/11
=	等号	3/13	l	拉丁小写字母 l	6/12
>	大于记号	3/14	m	拉丁小写字母 m	6/13
?	问号	3/15	n	拉丁小写字母 n	6/14

续表

图形符号	名称	编码表示	图形符号	名称	编码表示
A	拉丁大写字母 A	4/1	o	拉丁小写字母 o	6/15
B	拉丁大写字母 B	4/2	p	拉丁小写字母 p	7/0
C	拉丁大写字母 C	4/3	q	拉丁小写字母 q	7/1
D	拉丁大写字母 D	4/4	r	拉丁小写字母 r	7/2
E	拉丁大写字母 E	4/5	s	拉丁小写字母 s	7/3
F	拉丁大写字母 F	4/6	t	拉丁小写字母 t	7/4
G	拉丁大写字母 G	4/7	u	拉丁小写字母 u	7/5
H	拉丁大写字母 H	4/8	v	拉丁小写字母 v	7/6
I	拉丁大写字母 I	4/9	w	拉丁小写字母 w	7/7
J	拉丁大写字母 J	4/10	x	拉丁小写字母 x	7/8
K	拉丁大写字母 K	4/11	y	拉丁小写字母 y	7/9
L	拉丁大写字母 L	4/12	z	拉丁小写字母 z	7/10

（2）系列货运包装箱代码（SSCC）

SSCC 在 EAN · UCC 通用规范中给出了定义。与 GTIN 不同的是，SSCC 的设计本身已经分配给个体对象，因此不需要任何附加字段来作为一个 EPC 纯标识。

SSCC 由以下信息元素组成：

厂商识别代码，由 EAN 或 UCC 分配给一个管理实体。厂商识别代码同 EAN · UCC 的 SSCC 十进制编码中的厂商识别代码相同。

序列代码，由管理实体分配给明确的货运单元。EPC 编码的序列代码从 SSCC 中获取——通过连接 SSCC 的扩展位和序列代码位组成一个唯一的整数，如图 3-8 所示。

SSCC 的 EPC 编码方案允许 EAN · UCC 系统的 SSCC 代码直接嵌入到 EPC 标签中。在所有情况下，校验位不进行编码。

SSCC-96，除了标头之外，SSCC-96 还包括 4 个字段：滤值、分区、厂商识别代码和序列号。如表 3-12 所示。

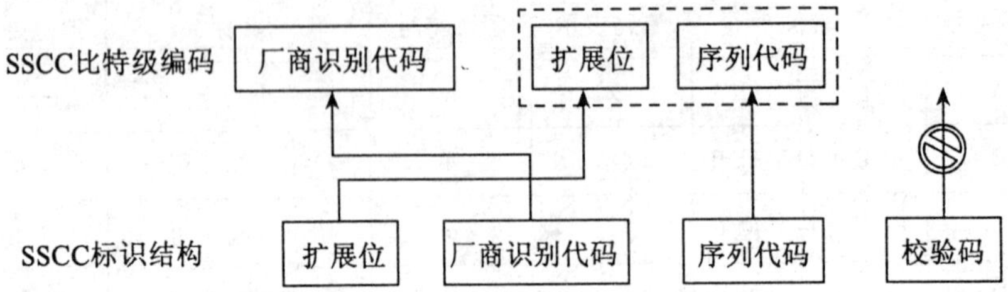

图 3-8　SSCC 编码方案

表 3-12　**SSCC-96 代码结构**

	标头	滤值	分区	厂商识别代码	序列号	未分配
	8	3	3	20-40	38-18	24
SSCC-96	00110001（二进制值）	（值参照表 3-13）	（值参照表 3-14）	999999-99999999999（最大十进制范围）*	9999999999-99999（最大十进制范围）*	〔未使用〕

* 厂商识别代码和序列号字段最大十进制范围根据分区字段内容的不同而变化。

标头 8 位，二进制值为 0011 0001。

滤值用来快速过滤和确定基本物流单元类型，SSCC-96 的滤值见表 3-13。

表 3-13　**SSCC 滤值**

类型	二进制值
所有其他	000
未定义	001
物流/货运单元	010
保留	011
保留	100
保留	101
保留	110
保留	111

分区指示随后的厂商识别代码和序列号分开位置。这个结构与商品条码 SSCC 的结构相匹配。在 SSCC-96 代码结构中，厂商识别代码在 6 到 12 位之间变化，序列号在 11 到 5 位之间变化。表 3-14 给出了分区字段值及相关的厂商识别代码长度和序列号长度。

表 3-14　**SSCC-96 分区**

分区值（P）	厂商识别代码		序列号和扩展位	
	二进制（M）	十进制（L）	二进制（N）	十进制
0	40	12	18	5
1	37	11	21	6
2	34	10	24	7
3	30	9	28	8
4	27	8	31	9
5	24	7	35	10
6	20	6	38	11

SSCC-96 的厂商识别代码是对商品条码 SSCC 厂商识别代码的逐位编码。

SSCC-96 的序列号由 SSCC 的序列号和扩展位组成。扩展位同序列号字段通过以下方式结合：扩展位放在 SSCC 序列号最左边的可用位置上，若 SSCC 序列号以零开头，仍需保留。由表 3-12 可见，SSCC-96 的序列号（不包括前置的一个扩展位）的数值范围在厂商识别代码为 12 位时的 9999 到厂商识别代码为 6 位的 9999999999 之间。

未分配字段没有使用，用零填充。

（3）系列化全球位置码（SGLN）

GLN 在 EAN · UCC 通用规范中给出了定义。一个 GLN 能够标识一个不连续的、唯一的物理位置，比如一个码头门口或一个仓库箱位，或标识一个集合物理位置比如一个完整的仓库。此外，一个 GLN 能够代表一个逻辑实体，比如一个执行某个业务功能（例如：下订单）的“机构”。

正因为上述这些不同，EPC GLN 考虑仅仅采用 GLN 的物理位置标识。

SGLN 由以下信息元素组成：

厂商识别代码，由 EAN 或 UCC 分配给管理实体。厂商识别代码同 EAN · UCC GLN 十进制编码中的厂商识别代码相同。

位置参考代码，由管理实体唯一分配给一个集合的或具体的物理位置。

扩展代码，由管理实体分配给一个个体的唯一地址。

SGLN 编码方案，如图 3-9 所示，允许在 EPC 标签上将 EAN · UCC 系统 GLN 直接嵌入其中，不对校验位进行编码，目前制定了 SGLN-96（96 位）和 SGLN-195（195 位）两种编码方案。

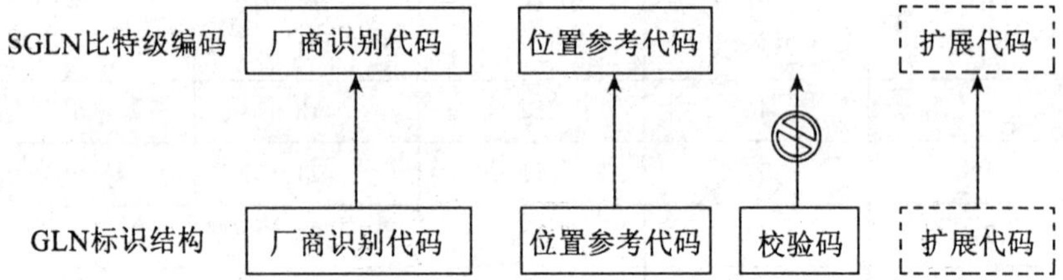

图 3-9　SGLN 编码方案

1）SGLN-96

除了标头之外，SGLN-96 还包括 5 个字段：滤值、分区、厂商识别代码、位置参考代码、扩展代码，如表 3-15 所示。

表 3-15　**SGLN-96 代码结构**

	标头	滤值	分区	厂商识别代码	位置参考代码	扩展代码
SGLN-96	8	3	3	20-40	21-1	41
	00110010 二进制值）	（值参照表 3-16）	（值参照表 3-17）	999999-999999999999（最大十进制范围）*	999999-0（最大十进制范围）*	999999999999（最大十进制范围）

* 厂商识别代码和位置参考代码字段范围根据分区值的不同而变化。

注：扩展代码最小值为 1，预留值为 0。

标头 8 位，二进制值为 0011 0010。

滤值用来快速过滤和确定基本位置类型。SGLN-96 的滤值见表 3-16。

表 3-16　　**SGLN 滤值**

类型	二进制值
所有其他	000
保留	001
保留	010
保留	011
保留	100
保留	101
保留	110
保留	111

分区指示随后的厂商识别代码和位置参考代码分开位置，这个结构与商品条码 GLN 中的结构相匹配。在 GLN 结构中，厂商识别代码加上位置参考代码共 12 位。SGLN-96 中，厂商识别代码在 6 位到 12 位之间，位置参考代码相应在 6 位到 0 位之间。分区值与厂商识别代码和位置参考代码二者长度的对应关系见表 3-17。

表 3-17　　**SGLN-96 分区**

分区值（P）	厂商识别代码		位置参考代码	
	二进制（M）	十进制（L）	二进制（N）	十进制
0	40	12	1	0
1	37	11	4	1
2	34	10	7	2
3	30	9	11	3
4	27	8	14	4
5	24	7	17	5
6	20	6	21	6

SGLN-96 厂商识别代码与对应的商品条码 GLN 厂商识别代码相同，以二进制方式表示。

如果存在 SGLN -96 位置参考代码，那么与商品条码 GLN 位置参考代码相同，以二进制方式表示。

扩展代码为一个序列号，可以是表 3-15 中规定范围内的整数值，或者是使用应用标识符 AI（254）的 GLN，此时 AI（254）的扩展代码应为数字。如果不使用扩展代码，这个值被设置为二进制 0 0000 0000 0000 0000 0000 0000 0000 0000 0000 0000。

2）SGLN-195

除了标头之外，SGLN-195 还包括 5 个字段：滤值、分区、厂商识别代码、位置参考代码、扩展代码，但其标头和扩展代码与 SGLN-96 不同，如表 3-18 所示。

表 3-18　**SGLN-195 代码结构**

	标头	滤值	分区	厂商识别代码	位置参考代码	扩展代码
SGLN-195	8	3	3	20-40	21-1	140
	00111001（二进制值）	（值参照表 3-16）	（值参照表 3-17）	999999-999999999999（最大十进制范围）*	9999999-0（最大十进制范围）*	最多 20 个字符

* 厂商识别代码和位置参考代码字段范围根据分区值的不同而变化。

标头 8 位，二进制值为 0011 1001。

SGLN-195 滤值和 SGLN-96 滤值相同，见表 3-16。

SGLN-195 分区和 SGLN-96 分区相同，见表 3-17。

SGLN-195 厂商识别代码和位置参考代码与 SGLN-96 相同。

扩展代码为一个序列号，如果不使用扩展代码，这个值被设置为二进制 0110000 和其后 133 个 0。SGLN-195 编码中序列号允许最多 20 个字符，支持 UCC/EAN-128 条码表示的应用标识符 AI（254）的全体范围，见表 3-11。

（4）全球可回收资产标识符（GRAI）

全球可回收资产标识符（GRAI）在 EAN · UCC 通用规范中给出了定义。与 GTIN 不同的是，GRAI 已经是为单品分配的，因此不需要任何附加字段便可用做 EPC 纯标识。

全球可回收资产标识符包含如下信息元素：

厂商识别代码，由 EAN 或 UCC 分配给一个管理实体，该厂商识别代码与 EAN · UCC GRAI 十进制代码中的厂商识别代码相同。

资产类型，是由管理实体分配给资产的某个特定类型的。

序列号，由管理实体分配给单个对象。EPC 表示法只能用于描述 EAN · UCC 通用规范中所规定的序列代码子集。特别地，只有那些具有一个或多个数字、非零开头的序列代码可以使用。

如图 3-10 所示，EPC 对 GRAI 的编码方案允许在 EPC 标签上将 EAN · UCC 系统 GRAI 直接嵌入其中。EPCglobal 制定了 GRAI-96 和 GRAI-170 两种编码方案。

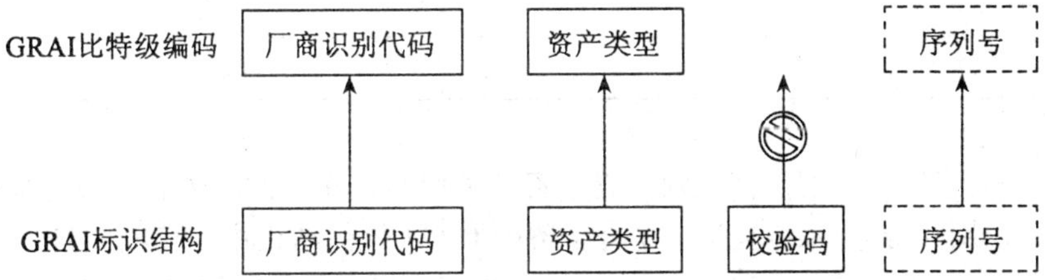

图 3-10　GRAI 编码方案

1）GRAI-96

除了标头之外，GRAI-96 还包括 5 个字段：滤值、分区、厂商识别代码、资产类型代码和序列号，如表 3-19 所示。

表 3-19　**GRAI-96 代码结构**

	标头	滤值	分区	厂商识别代码	资产类型代码	序列号
GRAI-96	8	3	3	20-40	24-4	38
	00110011（二进制值）	（值参照表 3-20）	（值参照表 3-21）	999999-999999999999（最大十进制范围）*	9999999-9（最大十进制范围）*	274877906943（最大十进制值）

* 厂商识别代码和资产类型代码字段范围根据分区值的不同而变化。

标头 8 位，二进制值为 0011 0011。

滤值用来快速过滤和确定基本资产类型。GRAI-96 的滤值见表 3-20。

表 3-20　**GRAI 滤值**

类型	二进制值
所有其他	000
保留	001
保留	010
保留	011
保留	100
保留	101
保留	110
保留	111

分区指示随后的厂商识别代码和资产类型的分开位置，这个结构与商品条码 GRAI 中的结构相匹配。在商品条码 GRAI 代码结构中，厂商识别代码加上资产类型代码共 12 位。这里，厂商识别代码在 6 位到 12 位之间，资产类型代码相应在 6 位到 0 位之间。分区值与厂商识别代码和资产类型代码二者长度之间的对应关系见表 3-21。

表 3-21　**GRAI-96 分区**

分区值（P）	厂商识别代码		资产类型代码	
	二进制（M）	十进制（L）	二进制（N）	十进制
0	40	12	4	0
1	37	11	7	1
2	34	10	10	2
3	30	9	14	3
4	27	8	17	4
5	24	7	20	5
6	20	6	24	6

GRAI-96厂商识别代码与对应的商品条码GRAI厂商识别代码相同，以二进制方式表示。

GRAI-96资产类型代码与商品条码GRAI资产类型代码相同，以二进制方式表示。

序列号为一个数字。这个数字应在表3-19规定的序列号有效值范围内，且序列号只能为整数，不能以零开头。

2）GRAI-170

除了标头之外，GRAI-96还包括5个字段：滤值、分区、厂商识别代码、资产类型和序列号，但其标头和序列号与GRAI-96不同，如表3-22所示。

表3-22　**GRAI-170代码结构**

	标头	滤值	分区	厂商识别代码	资产类型代码	序列号
GRAI-170	8	3	3	20-40	24-4	112
	00110111（二进制值）	（值参照表3-20）	（值参照表3-21）	999999-999999999999（最大十进制范围）*	9999999-9（最大十进制范围）*	最多16个字符

* 厂商识别代码和资产类型代码字段范围根据分区值的不同而变化。

标头8位，二进制值为0011 0111。

GRAI-170滤值和GRAI-96滤值相同，见表3-20。

GRAI-170分区和GRAI-96分区相同，见表3-21。

GRAI-170厂商识别代码和资产类型代码与GRAI-96相同。

（5）全球单个资产标识符（GIAI）

GIAI（Global Individual Asset Identifier）即全球单个资产标识符，在EAN · UCC通用规范中给出规定。与GTIN不同的是，GIAI原来就设计为用于单品，因此不需要任何附加字段用于EPC的纯标识。

GIAI由下面的信息元素组成：

厂商识别代码，由EAN · UCC分配给公司实体，该厂商识别代码与EAN · UCC GIAI十进制代码中的厂商识别代码数字相同。

单个资产参考代码，是由管理实体唯一地分配给某个具体资产的。EPC表示法只能用于描述EAN · UCC通用规范中规定的单个资产参考代码。需要特别指出的是，只能是那些具有一个或多个数字、非零开头的单个资产项目代码可以使用。

GIAI 编码方案如图 3-11 所示。

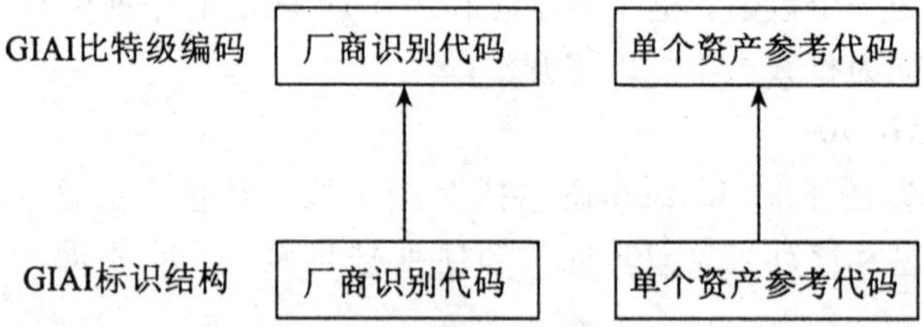

图 3-11　GIAI 编码方案

EPC 编码方案中规定了 GIAI-96 和 GIAI-202 两种编码，允许直接将符合 EAN · UCC 系统标准的 GIAI 代码直接嵌入 EPC 标签。

1）GIAI-96

除了标头之外，GIAI-96 还包括 4 个字段：滤值、分区、厂商识别代码、单个资产参考代码，如表 3-23 所示。

表 3-23　**GIAI-96 代码结构**

	标头	滤值	分区	厂商识别代码	单个资产参考代码
GRAI-96	8	3	3	20-40	62-42
	00110100（二进制值）	（值参照表 3-24）	（值参照表 3-25）	999999-999999999999（最大十进制范围）*	4611686018427387903-4398046511103（最大十进制范围）*

* 厂商识别代码和单个资产参考代码字段范围根据分区值的不同而变化。

标头 8 位，二进制值为 0011 0100。

滤值用来快速过滤和确定基本资产类型。GIAI-96 的滤值见表 3-24。

分区指示随后的厂商识别代码和单个资产参考代码的分开位置，这个结构与商品条码 GIAI 中的结构相匹配。厂商识别代码在 6 位到 12 位之间。分区值与厂商识别代码和资产类型代码二者长度的对应关系见表 3-25。

表 3-24　**GIAI 滤值**

类型	二进制值
所有其他	000
保留	001
保留	010
保留	011
保留	100
保留	101
保留	110
保留	111

GIAI-96 厂商识别代码与对应的商品条码 GIAI 厂商识别代码相同，以二进制方式表示。

单个资产参考代码是每个资产唯一的代码。商品电子编码 GIAI 的单个资产参考代码小于商品条码 GIAI 的单个资产参考代码范围，且只能为数字，不能以零开头。

表 3-25　**GIAI-96 分区**

分区值（P）	厂商识别代码		单个资产参考代码	
	二进制（M）	十进制（L）	二进制（N）	十进制
0	40	12	42	13
1	37	11	45	14
2	34	10	48	15
3	30	9	52	16
4	27	8	55	17
5	24	7	58	18
6	20	6	62	19

2）GIAI-202

除了标头之外，GIAI-202 还包括 4 个字段：滤值、分区、厂商识别代码和单个资产参考代码，如表 3-26 所示。

表 3-26　**GIAI-202 代码结构**

	标头	滤值	分区	厂商识别代码	单个资产参考代码
GRAI-202	8	3	3	20-40	168-148
	00111000（二进制值）	（值参照表 3-24）	（值参照表 3-27）	999999-999999999999（最大十进制范围）*	最多 24 个字符

* 厂商识别代码和单个资产参考代码字段范围根据分区值的不同而变化。

标头 8 位，二进制值为 0011 1000。

滤值用来快速过滤和确定基本资产类型。GIAI-202 的滤值见表 3-24。

分区指示随后的厂商识别代码和单个资产参考代码的分开位置，这个结构与商品条码 GIAI 中的结构相匹配。厂商识别代码在 6 位到 12 位之间，分区值与厂商识别代码和资产类型代码二者长度之间的对应关系见表 3-27。

表 3-27　**GIAI-202 分区**

分区值（P）	厂商识别代码		单个资产参考代码	
	二进制（M）	十进制（L）	二进制（N）	十进制
0	40	12	148	18
1	37	11	151	19
2	34	10	154	20
3	30	9	158	21
4	27	8	161	22
5	24	7	164	23
6	20	6	168	24

GIAI-202 厂商识别代码与对应的商品条码 GIAI 厂商识别代码相同，以二进制方式表示。

单个资产参考代码是单个资产参考代码唯一的代码，由字符组成。GIAI-202 编码中序列号允许最多 24 个字符，支持以 UCC/EAN-128 条码为载体的应用标识符 AI（8004）的全体范围，见表 3-11。

厂商识别代码和单个资产参考代码的总长不能超过 30 个字符。

3.5.3　EPC 编码转换

1. GTIN 向 EPC 的转换

遍布 140 多个国家的 120 多万个成员公司使用 EAN/UCC 编码体系。几十亿货品使用 GTIN 体系的条码，至今已成为历史上最成功的标准之一。因此，在此背景下我们希望将全球接受的 EAN/UCC 识别体系结构整合到新的 EPC 产品电子码中。虽然看起来难度可能比较大，然而事实上这两大体系的整合可能并非如此复杂。GTIN 体系与 EPC 体系的有效兼容性将使“智能化基础设施”更多更快地应用到使用传统条码的行业中来，比如零售业和分销业，同时能够扩展全球标准新的领域，包括健康护理业和制造业。

GTIN 体系结构里制造商编码与产品编码部分将以 EPC 管理者编码和 EPC 对象分类编码的形式保留在 EPC 产品电子代码里。但条码扫描必需的校验值属性将从数据结构中删除。其中，常规 UPC 编码（UCC-12）可以直接转换到 EPC 编码。比如，UCC-12 编码结构的企业编码和货品编码部分分别与 EPC 编码结构的管理编码和对象分类编码部分相吻合。常规的 UPC 编码有五位企业编码，这五位数没有特殊的意义。因此从 UPC 制造商编码到 EPC 管理识别码的转换是简单的——这两部分号码是完全相同的。

另外，EPC 产品电子码尝试缩减其编码结构内在信息和分类的数量。以国家编码来划分公司分类码的形式将被取消。因此与互联网 IP 地址编码中没有国家或地区区别类似，EPC 也将弱化国家间的区别，并且是直接面向全球导向的。

2. SGTIN-96 编码步骤

当进行 SGTIN-96 编码时，假定：

①由数位 $d_1d_2\cdots d_{14}$组成的 GS1 GTIN-14；

②GTIN 厂商识别代码长度 L；

③序列号 S（$0 \leq S < 2^{38}$），或是由字符 $s_1s_2\cdots s_k$ 组成的 UCC/EAN-128 应用标识符 AI（21）；

④滤值 F，这里 $0 \leqslant F < 8$。

编码步骤如下：

①在 SGTIN 分区（表 3-9）的“厂商识别代码”列查找厂商识别代码的长度 L，确定分区值 P、厂商识别代码字段的位数 M、商品项目代码与指示符字段的位数 N。如果在表中没有查找到 L，该 GTIN 就不能编码成 SGTIN-96，取消编码操作。

②通过串联数位 $d_2d_3\cdots d_{(L+1)}$ 并转换该结果为十进制整数 C，确定厂商识别代码。

③通过串联数位 $d_1d_{(L+2)}d_{(L+3)}\cdots d_{13}$ 并转换该结果为十进制整数 I，确定商品项目代码。

④如果序列号是整数 S，且 $0 \leqslant S < 2^{38}$，继续步骤⑤。

如果序列号规定为一个由字符 $s_1s_2\cdots s_k$ 组成的 UCC/EAN-128 应用标识符 AI（21），那么通过串联数位 $s_1s_2\cdots s_k$ 确定序列号：

a. 如果这些字符中有一个不为数字，那么这个序列号不能用 SGTIN-96 进行编码，取消编码操作。

b. 如果 $K > 1$ 且 $s_1 = 0$，那么这个序列号不能用 SGTIN-96 进行编码（因为以零开头是不允许的，序列号是一个零的情况除外），取消编码操作。

c. 上述两种情况之外，转换为十进制整数 S。如果 $S \geqslant 2^{38}$，那么这个序列号不能用 SGTIN-96 进行编码，取消编码操作。

⑤通过从最高有效位到最低有效位串联以下字段确定 SGTIN-96 二进制最终编码：标头 0011 0000（8 位）、滤值 F（3 位）、分区值 P（3 位）、厂商识别代码 C（M 位）、商品项目代码 I（N 位）、序列号 S（38 位）。

注：M 与 N 的和是 44。

3. SGTIN-96 编码实例

举例来说，将 GTIN 1 6901234 00235 8 连同序列代码 8674734 转换为 EPC，步骤如下：

①标头（8 位）0011 0000。

②设置零售消费者贸易项目（3 位），001。

③由于厂商识别代码是 7 位（6901234），分区值是 5，二进制（3 位）表示是 101。

④6901234 转换为 EPC 管理者分区，二进制（24 位）表示为 011010010100110111110010。

⑤首位数字和项目代码确定成 100235，二进制（20 位）表示为

0001100001111000101 1。去掉检验位 8。

⑥将 8674734 转换为序列号，二进制（38 位）表示为 00000000000000100001000101110110101110。

⑦串联以上数位为 96 位 EPC（SGTIN-96）

001100000011010110100101001101111100100001100001111000101100000000
000000100001000101110110101110。

4. 其他的 EPC 编码

目前 EPC 标签数据标准定义了来自于 EAN · UCC 系统的 EPC 标识结构，即由传统的 EAN · UCC 系统转向 EPC 的编码方法。目前 EPC 编码通用长度为 96 位，今后可扩展至更多位。在最新的 EPCglobal 标签数据标准中新增了 SGTIN-198、SGLN-195、GRAI-170、GIAI-202。

需要注意的是：EPC 编码不包括校验位。传统 EAN · UCC 系列代码的校验位在代码转化 EPC 过程中失去作用。

【思考题】

1. EPC 的编码原则是什么？
2. EPC 编码由几部分组成？都有几种类型？
3. 简述 EPC 编码策略。
4. 简述如何实现 GTIN 向 EPC 的转换。

第四章 EPC 射频识别系统

【学习目标】

1. 了解 EPC 与自动识别和射频技术的关系。
2. 掌握 EPC 射频识别系统的组成。
3. 掌握 EPC 标签与识读器的工作原理。
4. 掌握 EPC 系统的建设应用案例。

4.1 EPC 与自动识别技术

商品条码①（Bar Code for Commodity）现在已经深入到日常生活的每个角落，以商品条码为核心的 EAN · UCC 全球统一标识系统，已成为全球通用的商务语言。

EAN · UCC 系统是对全球多行业供应链进行有效管理的一套开放式的国际标准。随着世界经济一体化进程的不断推进以及信息技术的蓬勃发展，世界各国的贸易往来也日益密切。EAN · UCC 系统这一“全球通用的商业语言”，可以帮助实现对产品和服务的唯一标识，简化贸易信息交换过程，改善商务流程，实现对供应链中的物品、资产、位置及服务等的全面跟踪，提高信息处理水平，从而达到降低交易成本，提高供应链效率，最大限度地满足客户需求的目的。

目前已有 140 多个国家和地区的 120 多万家企业和公司加入了 EAN · UCC 系统，上千万种商品应用了条码标识。EAN · UCC 系统在全球的推广加快了全球流通领域信息化、现代物流及电子商务的发展进程，提升了整个供应链的效率，为全球经济及信息化的发展起到了举足轻重的推动作用。

商品条码的编码体系是对每一种商品项目进行编码，信息编码的载体是

① 商品条码的编码原则是每个贸易项目给予一个唯一的编码，即 GTIN。

条码，随着市场的发展，对某些商品进行唯一的标识越来越重要，如食品、危险品和贵重物品的跟踪与追溯。为了更加方便、快速、准确地跟踪单品，随着网络技术和信息技术的飞速发展以及射频技术的日趋成熟，EPC系统适时诞生了。

EPC与条码有着不可分割的渊源，条码推广应用的成就为EPC的推广奠定了坚实的基础。EPC系统的提出，丰富了全球统一标识系统（EAN·UCC系统）。它通过对实体对象的唯一标识，并借助计算机网络系统，完成对单个物体的访问，突破性地实现了EAN/UCC GTIN体系所不能完成的对单品的跟踪和管理任务。EPC系统的产生为供应链提供前所未有的、近乎完美的解决方案。

1. EPC与条码的联系

现行的GTIN条码体系在世界各国已经普遍应用，而且在产品识别与物流领域起到了重要作用，正因为如此，EPC编码体系在技术突破与结构创新的同时，将GTIN的编码结构整合到EPC编码结构中，实现了对GTIN编码的兼容，保证了EAN·UCC系统的连续性。

EPC与条码有一定的对应关系，具体来说，主要是EPC编码与GTIN、EPC编码与SSCC、EPC编码与GLN之间可以通过一定的规则相互进行转换，详细内容见第三章。

从应用上来讲，EPC与条码各有特点，在许多领域可以联合应用，例如EPC系统所应用的RFID技术在提高识读率和迅速发现漏读对象上还比较困难，条码技术可以成为解决这些问题的必要补充；由于EPC推广应用还有一个相对较长的过程，实施ERP管理的企业原有数据库的调整和改变必然有一个过程，因为现有ERP基本上是基于条码技术开发的，信息源发生改变，必然影响整个系统的设计。因此在这些领域就需要条码技术和RFID技术的共存，以便相互弥补。

2. EPC与条码的区别

EPC是连通现实世界与虚拟世界的桥梁，条码在产品识别、商品结算和物流领域起到了重要作用。然而，EPC与条码二者在许多方面还是存在一些重要的差异。

首先，GTIN标准在产品识别领域得到了广泛应用，但是新一代的EPC编码革命性地解决了GTIN无法做到的单个商品识别问题，再加上网络化的背景，因此能在更广泛的领域得到深入的应用。

其次，EAN/UCC条码可以满足销售业的各种需求。但不同领域的应用对条码的数据结构有不同的要求，因此就出现了 EAN/UCC 的多种编码方案（GTIN、SSCC、GLN、GRAI 等），并且不同的编码结构要存储不同的数据信息。然而，EPC 编码结构则适合描述几乎所有的货品，同时通过 IP 地址可以识别网络节点上存有货品信息的计算机。

最后，GTIN 体系无法依赖于网络资源。在许多情况下，GTIN 体系必须在没有任何外部连接甚至没有计算机系统的情况下进行有效的工作。许多外部数据比如价格和保质期等（这些数据对不同的单品来说是不同的）都必须存储在条码结构中，增加了成本与复杂性。EPC 编码中则不包含有关识别货品的具体信息，而只提供指向这些目标信息的有效的网络指针。我们只需要识别拥有这些目标参考信息的组织及其计算机服务器即可。

4.2 EPC 与射频识别技术

射频识别（Radio Frequency Identification，以下简称 RFID）技术是利用射频信号及其空间耦合和传输特性进行的非接触双向通信，实现对静止或移动物体的自动识别，并进行数据交换的一项自动识别技术。20 世纪 90 年代开始应用于物品跟踪等民用领域。RFID 具有识读距离远、识读速度快、不受环境限制、可读写性好、可同时识读多个物品等优点，随着 RFID 技术的不断进步，成本的不断降低，RFID 技术开始进入物流、供应链管理领域。目前 RFID 在汽车、火车等交通监控、高速公路自动收费系统、仓储管理、安全检查、车辆防盗等方面得到应用，从而引起全球各界的广泛关注。

射频识别系统的数据存储在射频标签之中，其能量供应以及与识读器之间的数据交换不是通过电流而是通过磁场或电磁场进行的。射频识别系统包括射频标签和识读器两个部分。射频标签贴在产品或安装在产品或物品上，由射频识读器读取存储于标签中的数据。由于 RFID 可以用来追踪和管理几乎所有物理对象，越来越多零售商和制造商都在关心和支持这项技术的发展与应用。

采用 RFID 最大的好处是可以对企业的供应链进行高效管理，以有效降低成本。因此对于供应链管理应用而言，射频技术是一项非常适合的技术。但由于标准不统一等原因，该技术在市场中并未得到大规模的应用。

EPC 产品电子代码及 EPC 系统的出现，使 RFID 技术向跨地区、跨国界物品识别与跟踪领域的应用迈出了划时代的一步。

EPC 与 RFID 之间关系如图 4-1 所示。EPC 与 RFID 之间有共同点，也有不同之处。从技术上来讲，EPC 系统包括物品编码技术、RFID 技术、无线通信技术、软件技术、互联网技术等多个学科技术，而 RFID 技术只是 EPC 系统的一部分，主要用于 EPC 系统数据存储与数据读写，是实现系统其他技术的必要条件；而对 RFID 技术来说，EPC 系统应用只是 RFID 技术的应用领域之一，EPC 的应用特点，决定了射频标签的价格必须降低到市场可以接受的程度，而且某些标签必须具备一些特殊的功能（如保密功能等）。换句话说，并不是所有的 RFID 射频标签都适合做 EPC 射频标签，只有符合特定频段的低成本射频标签才能应用到 EPC 系统。

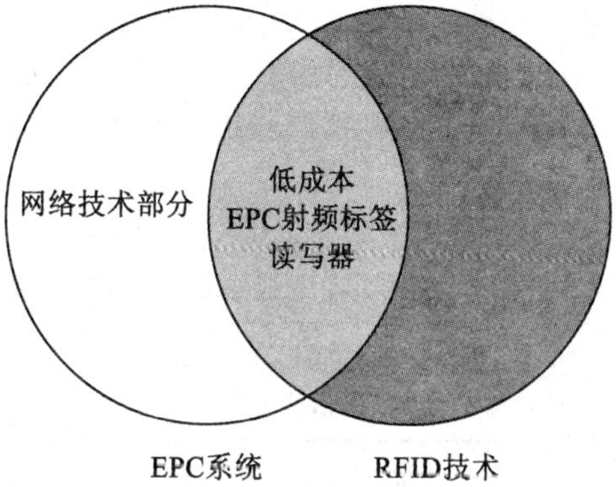

图 4-1 EPC 系统与 RFID 技术之间的关系

成熟的 RFID 技术应用于新生的 EPC 系统，将极大地拓展 RFID 技术的应用领域，给 RFID 技术特别是 RFID 标签市场带来迅猛增长，EPC 给 RFID 世界带来的商机已逐渐显现，同时，随着 2004 年第二代射频标签全球标准的出台，RFID 技术与市场的发展更加规范有序，EPC 系统的推广与应用也真正步入快车道。

4.3 EPC 标签

4.3.1 综述

EPC 概念的提出源于射频识别技术的发展和计算机网络技术的发展，射频识别技术的优点在于可以无接触的方式实现远距离、多标签甚至在快速移动状态下进行自动识别。计算机网络技术的发展，尤其是互联网技术的发展使得全球信息传递的即时性得到了基本保证。在此基础上，人们大胆设想将这两项技术结合起来应用于物品标识和供应链的自动追踪管理，由此诞生了EPC的概念。

1. EPC标签的类型

EPC标签有两个基本特点，第一个特点是EPC代码及附加功能信息的载体；第二个特点是可以随时随地与EPC标签识读器建立起无接触（通常在数米远的距离）的数据通信通道并进行数据交换。

（1）EPC标签的体系构想

EPC概念从产生以来，一直处于快速发展的状态之中，由于涉及的问题众多，至今仍在不断地发展过程中，并逐渐走向试用。技术的发展总是有低级到高级的一个发展过程，在这一过程中，概念先行起到了对技术发展的巨大引导作用。目前有关EPC标签的概念已粗具体系，如图4-2所示。

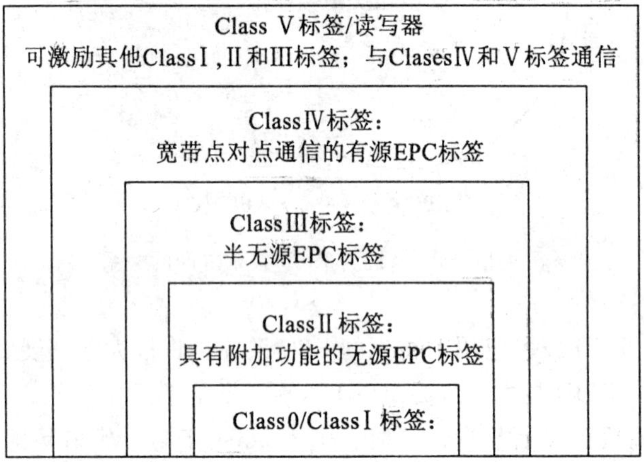

图4-2　EPC标签种类

由图4-2可见，EPC标签的分级有着不同的定位，解决问题的层面也有所不同。具体情况初步分析如下：

① 位于低层的Class0 /ClassI标签的主要作用是标识每一个单件物品，也是当前EPC标签研究的主要内容，其突出的特点在于强调基本的标识作用于海量应用所必需的低价格。此外，Class0基本定位于用户不可更改的只读EPC标签，ClassI基本定位于具有用户改写与保护的WORM（写一次，读多次）型只读EPC标签。

② ClassⅡ标签目前尚无明确的定位和标准。其基本意义是在 Class0 / ClassI 标签的基础上增加一些附加功能。例如，在标签存储内容方面有所扩展，除了目前的 EPC 代码（64 位、96 位）之外，增加一些供用户随时改写的内容。用户改写内容可以由密码控制。基于 ClassⅡ标签的无源特点，标签的读取距离、价格仍将保持与 Class0 /ClassI 类 EPC 标签基本等同的档位上。

③ ClassⅢ标签目前尚无明确的定位和标准。基于其半无源的特点，以及包容 ClassⅡ标签的定位，可以预计，其功能于 ClassⅡ标签等同或略有扩充，而其读写距离将比 Class0/ClassI、ClassⅡ有一定的提高，相应的价格也会有所提高，应用面也会有所缩减。更多的情况下，会将其应用于物品价值较高的标识应用中。

④ClassⅣ标签目前尚无明确的定位和标准。从图 4-2 中给出的基本特点"宽带点对点有源 EPC 标签"来看，ClassⅣ标签的功能和作用已经与移动通信的移动台有一定的可比性。其阅读距离、多标签识读等特点已经发生质的改变，标签将会具有初步的智能特征。其应用面也将限制在一定的范围，价格定位也会有更大的空间。

⑤ClassⅤ标签/识读器目前尚无明确的定位和标准。从图 4-2 中给出的基本特点"可激励其他 ClassI，ClassⅡ和 ClassⅢ标签；与 ClassⅣ和 ClassⅤ标签通信"来看，在该层次，标签与识读器已经等同，标签即是识读器，识读器即是标签。

（2）当前 EPC 标签的种类

当前 EPC 标签仍然定位于 Class0 /ClassI，有关 EPC 标签的标准也集中在该层次进行，这种状况反映了 EPC 技术的发展仍然处在一个初级阶段。

EPC 标签的工作频率是 EPC 标签的一项重要参数，也是 EPC 标签在全球所面临的众多问题中最为重要的一个问题。各国各地区无线电频率使用规划的不一致是产生频率使用问题的基本根源。基于多方协调，目前的基本共识情况如下：

① 在低频段采用 HF 频段的 13.56MHz；

② 在高频段采用 UHF 频段的 860～960MHz。

根据对 EPC 标签读写距离的基本要求，UHF 频段的 EPC 标签可以预计将会具有更大的应用空间。

EPC 标签的分类可以有多种方法，主要取决于分类的依据。有根据 EPC 标签遵循标准分类的，有根据 EPC 标签制造商分类的，有根据 EPC 表桥的应用分类的（如：图书标签），有根据 EPC 标签封装及使用情况分类的（如：贴纸、卡等）。本书推荐的分类依据是一个分层的概念，分类顺序依次如下：

① 按频率分类。频率不同，标签与识读器之间的耦合方式不同。基于这一原因，当前的国际标准也在不同的频率段上制定标准。

② 按标准分类。标准不同，一般情况下标签不能相互替换。直接决定着对应的 RFID 系统不兼容。

③ 按封装的多样性分类。标签外型的封装形式会越来越多地决定标签的应用，同时也在很大程度上决定标签的价格。

④ 应用分类。标签的应用是标签的最终目标。从应用分类，也是用户最容易接受的一种方式，但并不一定恰当，原因是用户只对其所采用标签最为熟悉，但不一定了解技术的全貌。

2. EPC 标签的组成

基于 Class0 /ClassI 层次的 EPC 标签，从剖析的角度来说，其基本组成包括以下三个主要部分和一些附加加工措施：

① EPC 标签芯片；

② EPC 标签天线；

③ EPC 标签的封装基板。

其中，EPC 标签芯片是标签的核心单元。从系统的角度来说，EPC 标签芯片本身即是一个片上系统（System on Chip，SoC）。EPC 标签芯片是 EPC 标准及信息存储的载体。EPC 标签天线是 EPC 标签的外部耦合单元。EPC 标签天线与识读器天线构成 EPC 标签和识读器空中耦合的基础。EPC 标签的封装基板是 EPC 标签物理外观的基础，也是 EPC 标签芯片和标签天线的附着基础。

EPC 标签的封装可以分为两个层次，一个层次是 EPC 标签芯片与 EPC 标签天线之间的结合，也称为微封装；另一个层次是 EPC 标签的外封装，也称为包装。

（1）EPC 标签的微封装

以当前技术发展水平来说，标签芯片与天线之间的微封装需要较高的技术含量，加工设备比较昂贵，也是保证标签性能的关键。当前采用的技术主要有两种，一种是线绑（WB：Wire Bind），另一种是倒封装（FC：Flip Chip）。

① 线绑 WB 工艺：是传统的集成电路后封装工艺，可以采用极细的金

线或铝线将标签芯片（Die）上的焊盘（Pad）与标签天线的馈点连接起来。基本特点是，需线绑的引脚数通常只有两个，要求产品加工的数量大，产品的一致性好。

② 倒封装FC工艺：是一个新的后封装工艺，属于芯片尺寸封装（CSP：Chip Size Package）的一种实现方式。基本特点是，在每一个芯片（Die）的焊盘上先生长出相应的凸点（用于实现电连接），再将芯片翻转（使生长出的凸点与标签天线的馈点相对），然后通过倒装焊、各向异性导电胶ACP或各向异性导电带ACF的方式，在加温加压的情况下实现凸点与馈点的电连接。

实现EPC芯片与标签天线的电连接后得到EPC标签的芯材。如果标签天线是印制或腐蚀在薄膜上的，也将其称为片芯（INLAY）。

（2）EPC标签的多样性

EPC标签的多样性在标签的天线设计阶段即已开始，此外历经芯片与天线之间的微组装及外封装，最终得到EPC标签成品。如图4-3和图4-4所示给出了一些EPC标签的样品。其中有卡片状、粘贴状、条带状等。工作频率有UHF频段的标签，也有13.56MHz的标签。标签的多样性由应用需求的多样性决定。

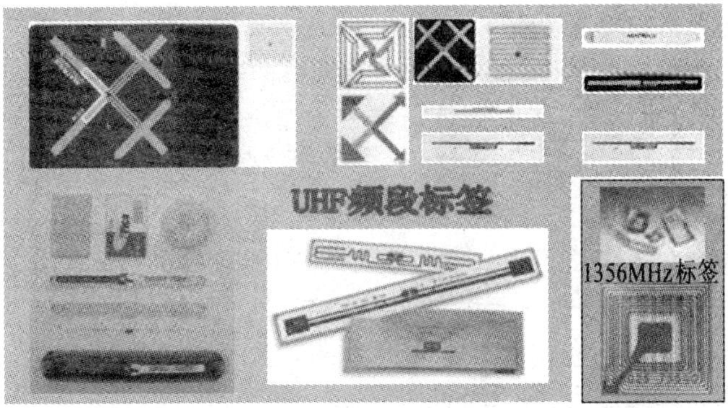

图4-3 EPC标签样品1

从电子标签技术的角度来看，EPC标签技术是关键。与EPC标签相关的两件重要事情，第一件是EPC标签与识读器的空中通信接口标准；第二件是EPC标签芯片（EPC标签芯片是一个片上系统）。

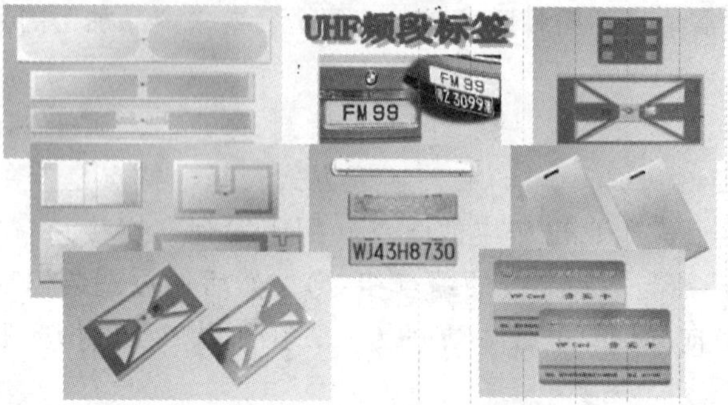

图 4-4　EPC 标签样品 2

3. EPC 标签的标准

有关 EPC 标签技术标准的讨论至今仍是 EPC 技术中最热门的话题。当前讨论的范围仍然处在如图 4-1 所示中的 Class0/ClassI 层次。EPC 标签技术标准所要解决的主要问题有：

①EPC 标签存储信息的定义；

②EPC 标签内部状态转换及多标签读取的碰撞算法；

③EPC 标签与 EPC 标签识读器之间的空中通信接口协议；

④标签灭活命令 KILL；

⑤EPC 标签与 EPC 标签识读器半双工数据通信中采用的校验方法。

其中，以"EPC 标签与 EPC 标签识读器之间的空中通信接口协议"为核心。

目前，已有的 EPC 标签的技术标准有 HF Class0，UHF Class0 和 UHF Class Ⅰ。在此，人们将更多的期望放在了 UHF 频段的技术标准之上，这也是由 UHF 频段的 RFID 技术的特点所决定的。现有的 EPC 标签有以美国 Matrics公司为代表的 UHF Class0 和以美国 ALIEN 公司为代表的 UHF ClassI，并已开始展开一些应用及应用试验。

UHF ClassI Generation 2（简称为 C1Gen2）的出台，大大提高和完善了 RFID 技术。

4.3.2　Class0 协议概要

1. Class0 协议在 RFID(Radio Frequency Identification)标准体系中的位置

RFID 系统目前规定了"UHF（UltraHigh Frequency）频带型，Class

Ⅰ”、“UHF频带型，Class0”、“HF频带型，ClassⅠ”三种类型。UHF频带指900MHz频带，而HF频带指13.56MHz频带。“Class”显示是否可以擦写的分类，ClassⅠ指可以擦写数据的无线系统，而Class0则指不能擦写，只能用于读取数据的无线系统。EPCglobal最早制定的RFID标准Generation1包括了以上提到的Class0和ClassⅠ两大标准。这两类标准定义了这样的一类标签功能：它们都带有不可更改的，或者说只可以进行一次写操作的EPC代码。尽管在EPCglobal的标准系统中，Class0和ClassⅠ定义的标签功能大致上是相互等价的，但是这两类标准是用不同的硬件技术来实现的：Class0的标签是在厂方制造的时候就被一次性编入程序了，这样可以保证每个标签的ID的唯一性；ClassⅠ的标签可以在出厂后被用户进行一次性编程，这样使得用户使用标签时可以较为灵活。且Class0和ClassⅠ采用了不同的通信协议。因而这两种标签在实际应用上是互不兼容的。

2004年4月20日，13家RFID及其相关技术的供应商向EPCglobal提交了一份UHF频段第二代EPC（Electronic Product Code）协议规范提案。EPCglobal的目标是制定UHF频段的统一协议，以取代目前使用的先前由AutoID中心制定的Class0和ClassⅠ协议，使RFID标签在全球畅通无阻。

2. 900 MHz射频识别标签Class0协议简介

（1）协议目的

Class0是在符合国际标准的前提下，为在超高频段下工作的低成本识别标签提供必要的或可选的协议标准。对射频识别标签来说，它十分重要的一点就是包含了一个用来进行物品识别的EPC代码，一个循环冗余检查码和一个自毁码。对识别功能来说仅需用到前两者，若是涉及标签的破坏，则要用到这三个因素。

（2）多标签读取系统

1）多标签读取系统示例

如图4-5所示，是一个多标签读取系统的示例：

右边是无源标签，即内部没有能量提供。中间是阅读器，包含一个发射器和一个接收器。发射器用于产生查询信号并为标签提供能量和信息；接收器用来接收标签发回来的回答信号并解码这个信号；左边的控制器用来控制阅读器和标签之间的读取过程。

2）标签所需具有的功能

①能被工厂进行EPC编码，包括24位的kill密码等其他数据；

②能被阅读器正确读取数据；

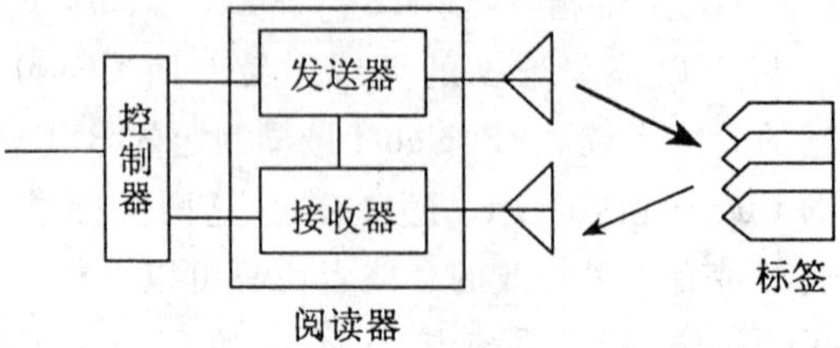

图 4-5　多标签读取系统

③能在一群相关的标签里面通过协商被阅读器挑选出来；

④能单独地被破坏。

（3）多标签读取系统的实现方法

Class0 协议提出了一种基于“阅读器先行”的二叉树扫描防碰撞算法，“阅读器先行”指的是标签在被阅读器要求返还信息之前标签不会先发出任何信息。“无碰撞”是指几个标签同时响应一个阅读器的激励却不造成信息的损失。具体实现中阅读器至标签的前向通信是通过一个调幅波 AM 完成的，标签至阅读器的后向通信是通过散射调制机制完成的，利用了两个副载波频段。具体说明如下：（以下所述工作过程都是以每秒 1000 次的识别率能力为基础的，且希望电路复杂度越低越好）

1）阅读器至标签的前向通信

①协议构架：RFID 系统里，阅读器通过接受主机的命令来定位一个标签群，或者读取所有标签的 ID，或者读取一个特定的标签，在这个过程之前或之后，阅读器并不发射任何 RF 能量，这样就能使其他阅读器或其他工作在 900M 的系统工作。标签和阅读器之间的协商分为 3 个部分：起始信号，二叉树搜索，命令通信。

②阅读器至标签数据编码：阅读器至标签的数据链是指从一个阅读器到一个或多个标签的通信通道。阅读器发出的信号是通过 AM 方式调制来完成的，AM 脉冲信号中，脉冲的上升、下降时间、脉冲宽度、调制深度都决定了阅读器至标签数据链路的带宽，同时它们也受到如下一些规则的限制（见表 4-1）。

表 4-1　　**AM 脉冲信号的参数说明**

参数	最小值	最大值	单位
上升（下降）时间	0.3	10	μs
脉冲宽度（*W*）	3	25	μs
调制深度（*D*）	0.2	1	

阅读器发出地信号主要分为快速率基带信号（周期为 12.5μs）和满速率基带信号（周期为 62.5μs）两种，这两种速率的信号均支持 20% 到 100% 的调制深度，20% 调制深度的 RF 波形应用于远距离通信，为标签提供较多的平均功率；100% 调制深度的 RF 波形则较多的用在近距离的通信系统中。

③时钟恢复：信息的通信要求阅读器和标签之间时钟同步，标签产生的时钟信号必有偏差，所以要尽量把它从不精确调整到精确值。这里需要使用一个 8 位的寄存器 SAR，标签即根据此寄存器里面存放的二进制数来调整时钟频率。

④数据恢复：数据校正信号就是一系列的三个脉冲，以告诉标签如何来识别阅读器发过来的信号是 0、1 还是 null。此校正信号必定是跟在 reset 和时钟校正信号以后。如图 4-6 所示。

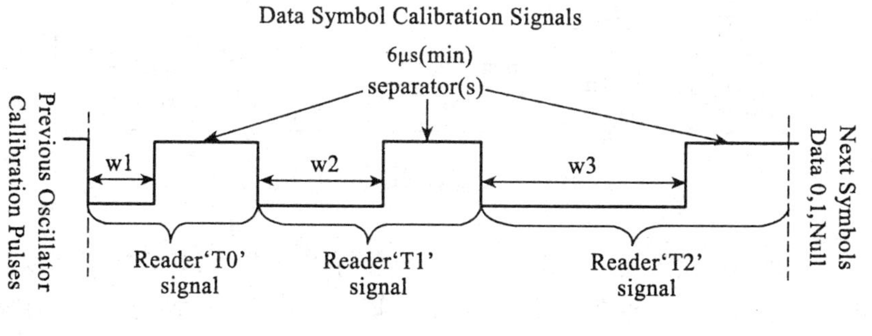

图 4-6　数据校正信号

此三个脉冲是按序连着发的，每一个后面都跟着一个 6μs 的高电平以给标签足够多的时间来锁存。这三个脉冲的时间长度必是逐个递增的，暂且把它们记为 T0，T1，T2，长度分别为 w1，w2，w3。具体的数据恢复说明如下：

w1 是在信号 0，1 的中点，在信号的下降沿开始计数，当计数达到 w1 的时间时，T0 flag 标识建立，若在其建立之前，阅读器发来的数据为高电平，则说明来的信号是 0，反之则为 1 或 null 信号。北美典型的 w1 是 4.5μs。

w2 是在 1 和 null 之间，到达 w2 时间 T1 flag 建立起来了，若数据线电平已经变高，且 T0 已经建立而 T1 还未建立，则为 1；若数据线已经变高，且 T0，T1 都建立了，则为 null 信号。w2 的典型值为 7.75μs。

w3 是定义了一个时间，在此时间标签必须结束向阅读器的返回信息，并准备开始下一个阅读器数据的下降沿。w3 的典型值是 11.5μs。

2）标签至阅读器的后向通信

①应答的产生：标签的应答信号是由 RF 散射调制方式产生的，使用了两个副载波频率。

②返回链路数据编码：返回信号在上升沿以后开始工作，如图 4-7 所示。

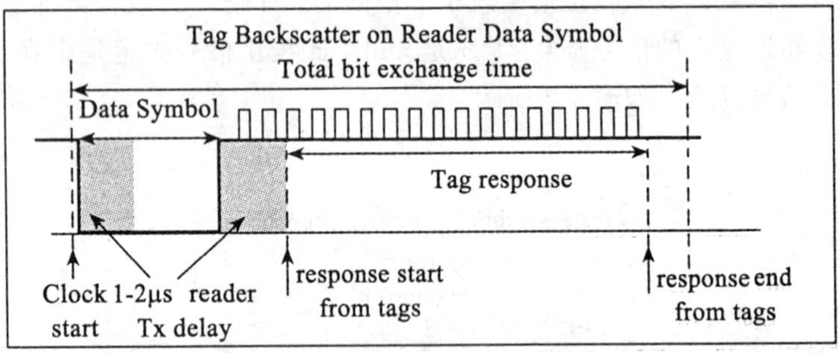

图 4-7　标签发射的反射信号

前一段是阅读器向标签发信号，告诉要寻查 0 或 1，然后这段阅读器的高电平就是接收标签返回信号的时间，所以在上升沿后标签就要开始往阅读器发返回信号，图中阴影表示标签发来的返回信号，直到大于 w3 停止返回为止。注意，若阅读器发回的是 null 信号，标签无需回答。

③双向通信：在时钟校正和数据校正都进行完以后，阅读器至标签和标

签至阅读器的通信通道就完全建立起来了，所有以后的通信都使用阅读器至标签的 3 个标记 0，1，null，以及标签至阅读器的 0，1 信号。

3）防碰撞算法

多标签读取系统的防碰撞算法，会影响到每秒读标签数，Class0 协议将采用优化了的二叉树扫描算法来实现防碰撞。

一个标签群被阅读器读到可以由一个二叉树扫描来代表，如图 4-8 所示。

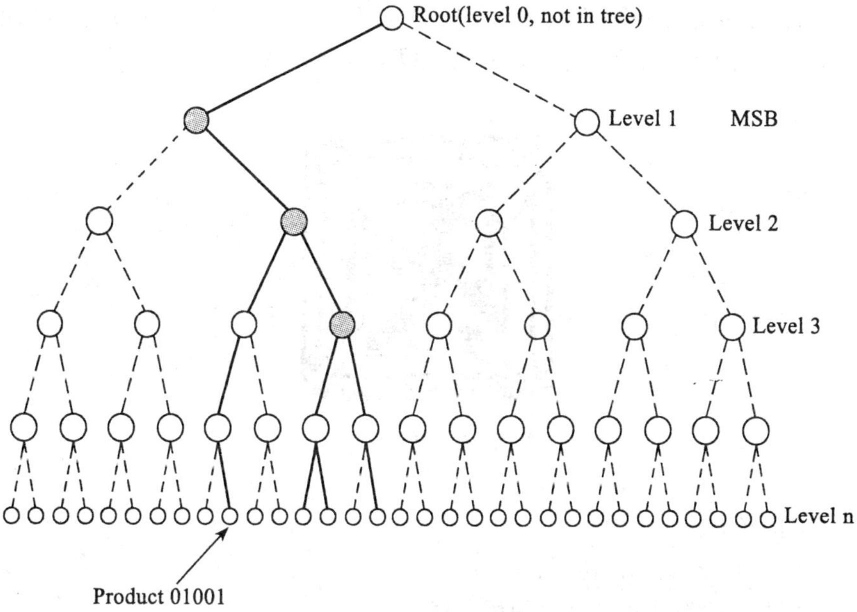

图 4-8　二叉树扫描

从树根即最上方开始向下沿着树枝到达很多的结点，认为最上面的根结点不属于树的一部分，扫描一棵树从树根到树叶就可以完全定义一个 EPC 码，从而树底部每一个结点即树叶就能代表一个具体的物品。把一个 EPC 码的最高位放在和数根相邻的结点上，最低位默认放在树叶的位置，从树根到树叶就是从高位向低位的过程。从图中可知，根据一个特定物品的 EPC 码，能从树中找到一条唯一的路径。

如果包含了 CRC 码，树可以向更低层次扩展，但是任何从一个商品再向下的扩展，扩展的路径中一定不再包含树枝。

这种二叉树标签协商的办法假设仅有一个阅读器和所有的 RFID 标签通信，任何竞争都发生在标签到阅读器的信道里，标签之间的干扰或屏蔽可能发生但几率很小。当使用副载波频率编码时，从标签到阅读器的强信号对弱信号的屏蔽是可以完全避免的。虽然多阅读器操作会在阅读器至标签和标签至阅读器数据通道中都发生堵塞，但合适的阅读器设计以及协议的速度可以减小这些内在固有问题的影响。

3. Class0 标签的应用实例

（1）Matrics 公司生产的 Class0 标签

目前主要是 Matrics 公司采用 Class0 的标准，制造了一系列低成本的电子标签，如图 4-9 所示，这些标签具有以下这些特点：

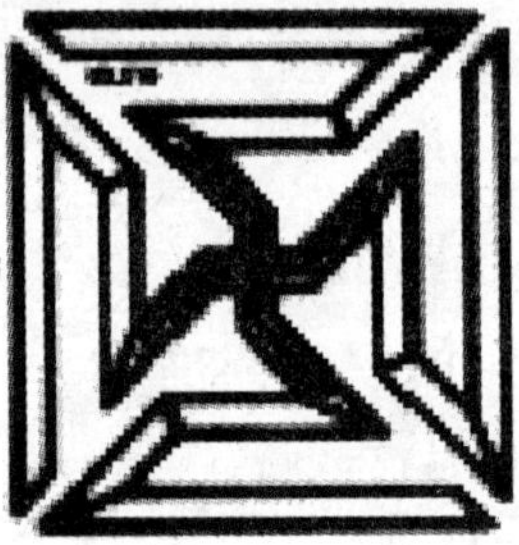

图 4-9　电子标签

①良好的应用性能；

②采用全球通用的协议；

③每秒 1000 个电子标签的读取速度；

④较长的读标签距离（可达到 25ft.）；

⑤较大的存储器空间（96bits + 16bits CRC）；

⑥适用单端或双端天线；

⑦标签形式多样；

⑧高速数据采集时，仍可具有较好的防碰撞性能。

（2）两个应用实例简介

1）国际纸业

国际纸业是全世界知名的纸张制品和包装业生产商，成立于 1898 年，在全国 40 多个城市有分公司。这家公司为了能够更好地满足用户需求，决定要提高公司供应链的效率，从而公司的执行官想到了采用仓库货物追踪的方法。采用了 Matrics 公司的电子标签建立了一条全新的仓库货物追踪系统，取得了以下可喜的成果：

①提高了存货清单的透明度；

②降低了运营成本；

③提高了生产效率；

④减少了所需的存货清单。

2）麦标签伦国际机场

麦标签伦国际机场每天要接待近 70000 名乘客和 460 多次航班，被称为世界上第七大繁忙的机场。近年来，麦标签伦国际机场的客流量每年都翻一倍，为了为顾客提供更安全的环境和更满意的服务，他们采用了 Matrics 公司的电子标签，建立了一个高效，低成本，精确的行李跟踪系统来支持现有的 TSA，可以方便地跟踪所有乘客的行李，也保证了乘客的安全。这一新建立的系统具有以下优点：

①更好地保障了乘客的安全性；

②增加了行李管理的透明度；

③降低了运营成本；

④提高了顾客的满意度。

4.3.3　Class I 协议概要

1. 900 MHz 射频识别标签 Class I 协议简介

（1）协议目的

Class I 是在符合国际标准的前提下，为在超高频段下工作的低成本识别标签提供必要的或可选的协议标准。对射频识别标签来说，它十分重要的一点就是包含了一个用来进行物品识别的 EPC 代码，一个循环冗余检查码和一个自毁码。对识别功能来说仅需用到前两者，若是涉及标签的破坏，则要用到这三个因素。

（2）标签所需具有的功能

A：包括一个唯一标识符，适用于标识符的检错/纠错码，以及作为其唯一数据和信息内容的简短密码，该标识符是 EPC 的有效代表。

B：包括检错/纠错码，就是一个 CRC. 此处对于密码没有限制。

C：能在一群相关的标签里面通过协商被阅读器挑选出来。

D：能单独地被破坏。

（3）Class I 标识符标签内存（ITM）数据内容及结构

如图 4-10 所示为 Class Ⅰ标识符标签内存（ITM）数据内容及结构。

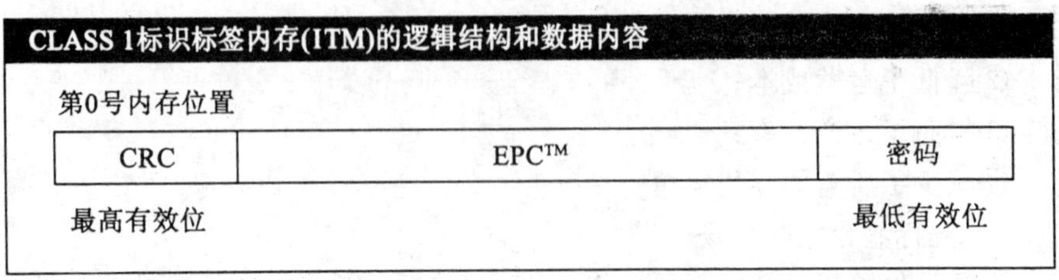

图 4-10　Class1 标识符标签内存（ITM）数据内容及结构

2. 通信链路

（1）阅读器至标签的前向通信

1）阅读器至标签指令通信格式

识读器发出的一个完整指令包括 8 个域和 5 个校验比特。这些域和校验比特具有以下格式：

PREAMBL CLKSYNC SOF CMD P1 PTR P2 LEN P3 VALUE P4 P5 EOF，具体指令划分描述如表 4-2 所示。

表 4-2　**Reader-to-Tag 指令划分描述**

基本命令		
域	比特数	域描述
[PREAMBL]	NA	每个命令以不含来自识读器 RF 传送的一段时期开始，接下来 shi 识读器 CW 传送的一段时期。该域在第 7 节中定义。
[CLKSYNC]	20	每个命令都以一系列 20 比特的二进制零（0）开始，用作标签的时钟同步。标签上的同步电路使用消息的这一部分为读/解码消息以及定时回复识读器建立其板上的时序。
[SOF]	1	帧起始标志。一比特二进制 1。
[CMD]	8	指定正送给标签的命令。
[P1]	1	[CMD] 域数据的奇校验码。

续表

基本命令		
域	比特数	域描述
[PTR]	8 *	标签标志符的位置指针（或位索引）。位索引开始于 MSB（[PRT] 值为 0），并向 LSB 方向移动。小于或等于 254 的 [PRT] 值以 8 比特表示。大于 254 的 [PRT] 值以两个字节表示。其中，紧随 [P1] 的第一字节的值以 16 进制表示为 FF，第二字节的值为指针值减去 254。对于大于 510 的值，这一表示过程可以重复多次。 [PTR] 是标签试图对在 [VALUE] 域指定的值（在下面定义）进行匹配的开始点。
[P2]	1	[PTR] 域数据的奇校验。
[LEN]	8 *	[VALUE] 域发送的数据（在下面定义）的长度。小十或等于 254 的 [LEN] 值以 8 比特表示。大于 254 的 [LEN] 值使用两字节表示；其中，紧随 [P2] 的字节的值以 16 进制表示为 FF，第二字节的值是长度值减去 254。对于大于 510 的值，这一表示过程可以重复多次。[LEN] 的值必须大于 0。
[P3]	1	[LEN] 域数据的奇校验。
[VALUE]	可变	ScrollID，PingID，Quiet，Talk 及 Kill 命令的选择值。这是标签试图与其自身的标志符进行匹配的数据（从 [PTR] 位置到 LSB）。标签将不会匹配扩展到其 ITM 最后 8 比特（对应于 Password 的最后 8 个比特）之内以及之上的任何数值。在 ProgramID 命令中，这是将编程到 ITM 中的值。
[P4]	1	[VALUE] 域数据的奇校验。
[P5]	1	所有检验域的奇校验。
[EOF]	1	帧结束标志符。一比特二进制 1

2）阅读器至标签指令代码

如表 4-3、表 4-4 所示。

表 4-3　**必须指令**

命令名称	命令码 （二进制 msb-lsb）	标签回复
ScrollAllID	0011 0100	ScrollID Reply
ScrollID	0000 0001	ScrollID
PingID	0000 1000	Reply PingID
Quiet	0000 0010	Reply None
Talk	0001 0000	None
Kill	0000 0100	None

表 4-4　**标识符编程指令**

命令名称	命令码 （二进制 msb-lsb）	标签回复
ProgramID	0011 0001	None
VerifyID	0011 1000	VerifyID Reply
LockID	0011 0001*	None
EraseID	0011 0010	None

Class Ⅰ兼容的标签会改变其内部状态或完成反向散射调制作为对本文档所定义的指令的回复。Class Ⅰ兼容标签对没有在此处定义的所有命令码解释为未知指令代码，并且既不会改变其内部状态，也不完成反散射调制。如图 4-11（a）所示。

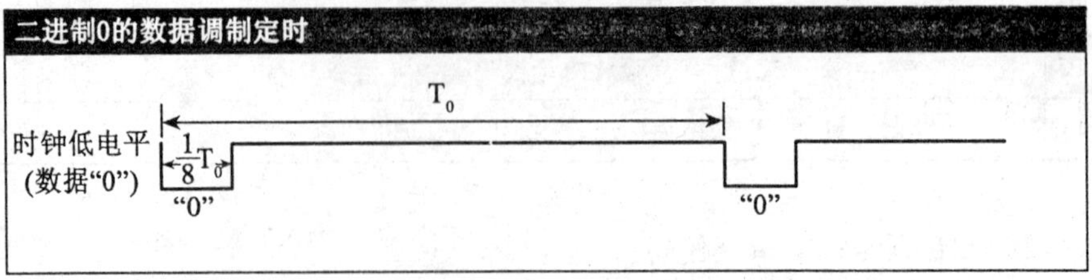

图 4-11（a）　二进制 0 的数据调制定时

3）阅读器至标签指令信号阶段

当 data = “1” 时识读器到标签的数据调制定时，Tdata0，编码为 3/8 * T0 的“宽”调制脉冲宽度。如图 4-11（b）所示。

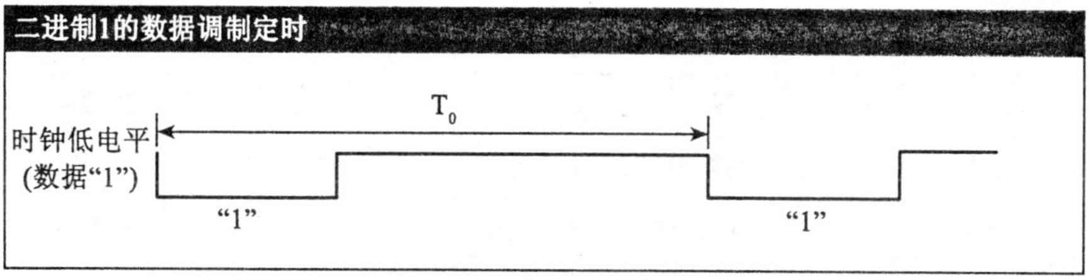

图 4-11（b）　二进制 1 的数据调制定时

（2）阅读器至标签的后向通信

标签借助反向散射调制来对识读器指令进行回复。这种调制遵循一个四间隙制单元编码表。在一个位单元期间，二进制 0 进行 2 次转换；二进制 1 进行 4 次转换。标签到识读器的正常数据率是识读器到标签数据率的两倍。但由于标签晶振的漂移，其数据率可能在 80 比特的响应窗口中变化 25%。数据通常是从 MSB 到 LSB 进行传送。

参数定义见表 4-5、表 4-6、表 4-7。回复的同步信号如图 4-11（c）所示。标签到识读器的位单元编码如图 4-12 所示。

表 4-5　**Tag-to-Reader 参数定义**

Table 1 参数	描　述
T0	主时钟间隔，标签到识读器发送一个比特的时间
Ttagbitcell	标签到识读器位单元间隔
标签数据率	标签到识读器正常数据率，已调制反向散射
TtagscrollDel	从识读器 EOF 到标签 Scroll 回复的回复延时
TtagpingDel	从识读器 EOF 到标签 Ping 回复的回复延时
TtagreplyNom	标签到识读器 88 比特滚动回复的回复持续时间
_Ttagbitcell	88 比特滚动回复中标签到识读器位单元间隔变化，以最后 1 比特为准
TCoast	EOF 到下一次事务间隔的最大持续时间

表 4-6 **Reade -to-Tag 调制参数定义**

Tab for 标签到识读器调制参数	描 述	北美操作值
T0	主时钟间隔	14.25μs
Ttagbitcell	标签到识读器位单元间隔	7.13μs
标签数据率	标签到识读器正常数据率（2/T0）	140.35kbps
TtagscrollDel	从识读器 EOF 到标签 Scroll 回复的回复延时（4 * T0 max）	57.0μs
TtagpingDel	从识读器 EOF 到标签 Ping 回复的回复延时（4 * T0 max）	57.0μs
TtagreplyNom	标签到识读器 88 比特滚动回复的回复持续时间（T0/2 * 88 bits）	627μs
_Ttagbitcell	88 比特滚动回复中最后 1 比特的标签到识读器位单元间隔变化	±25%
TCoast	EOF 到下一次事务间隔的持续时间	20 ms max.

表 4-7 **Reade -to-Tag 调制参数定义（符合欧洲标准）**

Tab for 标签到识读器调制参数	描 述	欧洲操作值
T0	主时钟间隔	66.67μs
Ttagbitcell	标签到识读器位单元间隔	33.33μs
标签数据率	标签到识读器正常数据率（2/T0）	30.00 kbps
TtagscrollDel	从识读器 EOF 到标签 Scroll 回复的回复延时（4 * T0 max）	267μs
TtagpingDel	从识读器 EOF 到标签 Ping 回复的回复延时（4 * T0 max）	267μs
TtagreplyNom	标签到识读器 88 比特滚动回复的回复持续时间（T0/2 * 88 bits）	2.93ms
_Ttagbitcell	88 比特滚动回复中最后 1 比特的标签到识读器位单元间隔变化	±25%
TCoast	EOF 到下一次事务间隔的持续时间	20 ms max.

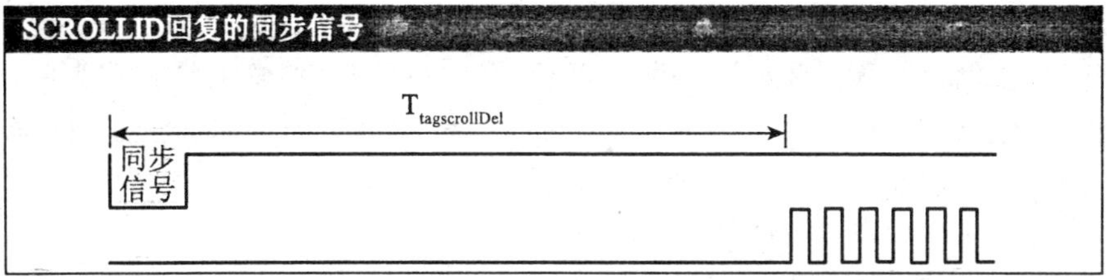

图 4-11（c） ScrollID 回复的同步信号

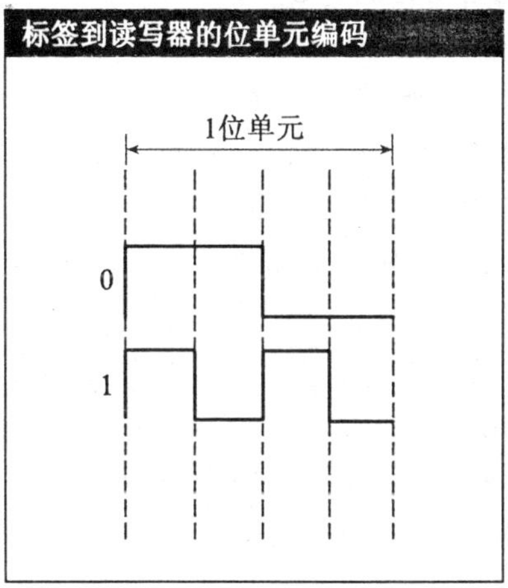

图 4-12 标签到识读器的位单元编码

（3）防碰撞

Class1 防碰撞是通过阅读器至标签的指令选择来实现的。

4.4 EPC 标签识读器

4.4.1 综述

EPC 标签是指遵循 EPC 规则的射频标签，射频标签也称为电子标签或 RFID 标签，电子标签是射频识别（RFID）系统的重要组成部分。同样，EPC 标签识读器是指遵循 EPC 规则的射频识别识读器。

在射频识别技术发展的过程中，标签和识读器都有很多别称。标签常用的别称有：射频标签、电子标签、应答器，以及各种卡，如车号卡等。识读器常用的别称有：阅读器、查询器、通信器、扫描器、读出器、读出装置、读写器、识读机具等。每一种别称或从功能或从借用术语方面对识读器进行了描述。例如，从强调识读器读取电子标签内存信息的角度将其称为阅读器；从强调识读器向电子标签中写入信息的角度将其称为编程器或写入器。综合而言，识读器作为一个总称既包含了对电子标签的阅读功能又包含了向可改写电子标签中写入信息的功能。

根据 EPC 概念的基本要求，EPC 标签识读器的作用可以归结为以下三点：

1. 初始化 EPC 标签内存的信息

EPC 标签包含的基本信息为一个 64 位或 96 位的二进制代码。EPC 标签的初始化即是根据 EPC 编码的具体操作规定，向每一个 EPC 标签中写入 EPC 代码。未经初始化的 EPC 标签内存的信息可以认为是全 0，各标签完全一样，没有区别。EPC 标签中信息存储的物理位置是在 EPC 标签的芯片存储区中，因而 EPC 标签的初始化工作也可以在 EPC 标签芯片生产的后期测试中直接注入 EPC 标签芯片中。

从理论上来说，EPC 标签的初始化只需进行一次即可，但在实际操作中，EPC 标签的初始化可能分成几次完成。例如：在标签芯片生产的后期测试中，即将标签订货的厂家根据其在 EPCglobal 机构中的注册情况而将其的“域名管理”代码注入标签芯片之中，在各生产厂家，根据注册的产品型号可将“对象分类”信息写入 EPC 标签之中，在各型号产品的出厂检验时将产品的序列号写入贴附在产品上的 EPC 标签中。值得注意的是，一旦完整的 EPC 代码写入 EPC 标签，其将是不可更改的。

2. 读取 EPC 标签内存的信息

读取 EPC 标签内存的信息是现实应用中 EPC 标签识读器担当的主要任务。通过 EPC 标签识读器在不同的配置点读取各单件物品上贴附的 EPC 标签中的 EPC 代码信息，实现 EPC 物联网对单件物品标识信息的采集。在此基础上，可实现对物流、供应链以及物品信息查询服务的精确控制与管理。

EPC 标签数据的收集是 EPC 物联网中最为关键的一个技术环节。

3. 使 EPC 标签功能失效

由于 EPC 概念定位于为任何一件商品通过 EPC 标签为其赋予一个全球唯一的代码。当商品售出之后，商品的所有权转移到了消费者手中，消费者有权要求其所购商品不再保持被继续作为商品流向跟踪下去的权力。EPC 标签中特设的“灭活（Kill）”命令即是针对这一需要而设定的。由于 EPC 标签无源设计的基本定位，只有通过识读器向其发出“灭活（Kill）”命令，才能使得 EPC 标签功能失效。

功能失效的 EPC 标签将不再能够被识读器读出其内存的 EPC 代码。

EPC 标签识读器所具有的三个功能也可以分成三个不同名称的设备来实现。根据应用的需求情况，EPC 标签识读器可以做成天线与识读器主机分体式的或一体式的。此外，便携式的阅读器也将会有巨大的市场潜力。

4.4.2　识读器的工作原理

如前所述，EPC 标签识读器是指遵循 EPC 规则的射频识别识读器。鉴于 EPC 目前仍处于概念研究阶段，因而 EPC 标签识读器也处在发展过程之中。从本质上说，EPC 标签识读器是一类射频识别识读器，其遵循的 EPC 规则主要体现在识读器与计算机或互联网的接口上。而这一点在射频识别识读器的开发方面，可归结为一个接口约定的问题，这样我们就可以先抛开所谓的 EPC 规则，而专注于射频识别识读器的研究。

1. 识读器的基本原理

从最基本的原理角度出发，射频识别识读器一般均遵循如图 4-13 所示的基本模式。识读器与电子标签之间必然通过空间信道实现识读器向标签发送命令，标签收到识读器的命令后做出必要的响应，由此实现射频识别。此外，在射频识别应用系统中，一般情况下，通过识读器实现的对标签数据的无接触收集或由识读器向标签中写入的标签信息均要回送到应用系统中或来自应用系统，这就形成了标签识读器与应用系统程序之间的接口 API（Application Program Interface）。一般情况下，要求识读器能够接收来自应用系统的命令，并且根据应用系统的命令或约定的协议做出相应的响应（回送收集到的标签数据等）。

2. 识读器的基本组成模块

识读器本身从电路实现角度来说，又可分为两大部分，即射频信号处理模块（射频通道）和基带信号处理模块，如图 4-13 所示。

射频信号处理模块实现的任务主要有两项，第一项是实现将识读器欲发往标签的命令调制（装载）到识读器发射的载频信号上形成已调发射信号，经由发射天线发送出去。发送出去的已调射频信号经过空间传送（照射）到电子标签上，电子标签对照射到其上的射频信号做出响应，形成返回识读器天线的反射回波信号。射频信号处理模块的第二项任务即是实现将射频标签返回到识读器的回波信号进行必要的加工处理，并从中解调（卸载）提

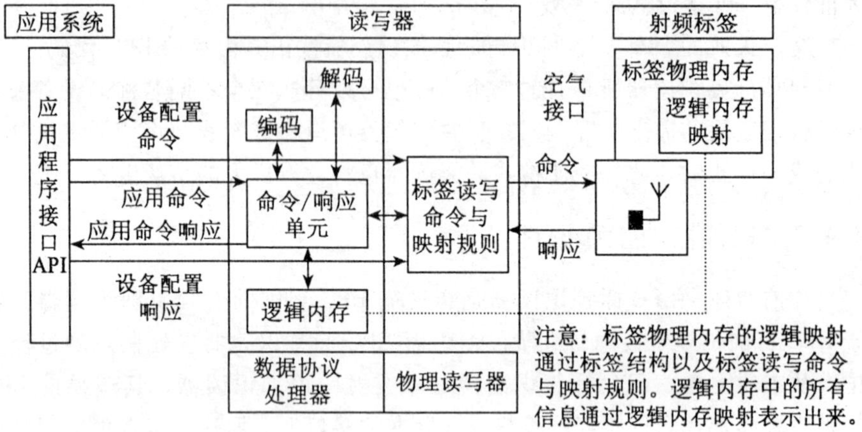

图 4-13　射频识别识读器系统方框图

取出电子标签回送的数据。

基带信号处理模块实现的任务也包含两项，第一项任务是将识读器智能单元（通常为计算机单元 CPU 或 MPU）发出的命令加工（编码）实现为便于调制（装载）到射频信号上的编码调制信号；第二项任务即是实现对经过射频模块解调处理的标签回送数据信号进行必要的处理（包含解码），并将处理后的结果送入识读器的智能单元。

一般情况下，识读器的智能单元也划归基带信号处理模块部分。智能单元从原理上来说，是识读器的控制核心，从实现角度来说，通常采用嵌入式 MPU，并通过编制相应的 MPU 控制程序对收发信号实现智能处理以及实现与后端应用程序之间的 API 接口规范。

一种新的设计思想是基带信号处理模块以一片高性能的数字信号处理器（DSP）为核心，附以必要的附属电路，将基带信号处理模块软件化。随着 DSP 软件版本的升级，可实现识读器对不同协议电子标签的兼容、多标签性能读取的改善等。

EPC 标签识读器的主要特点即体现在识读器智能单元与后端应用程序之间的 API 接口规范上。例如，EPC 标签识读器作为计算机的一个即插即用外部设备，等等。

识读器射频信号处理模块与基带信号处理模块之间的接口主要为调制（装载）/解调（卸载）信号和必要的控制信号。由于接口位于识读器设备的内部，各厂家的约定可能各不相同，在近期内也不可能通过标准对该接口进行约定。在识读器系统的实现中，通常将调制/解调部分划归射频信号处理模块。此外，射频信号处理模块也包括解调之后对回波小信号的必要加工处理（如放大、整形）等。射频信号处理模块的收发分离是采用单天线系统时射频信号处理模块必须处理好的一个关键问题。

4.4.3　识读器的工作模型

射频识别识读器根据应用需求不同、生产厂家不同，从在用的产品来看可归结为多种模式或模型。这些模型原则上均可归入图4-13中的识读器模型中，每种模型各具一些特点。不同的模型之间在具体的识读器设备中可以具有一定的结合。

为了便于对射频识别识读器设备的工作模型进行更为深入的介绍，在下面的介绍中首先将公用的天线问题给予必要的说明，其后将集中说明识读器设备的工作模型。

1. 识读器的天线

不管是何种射频识别识读器均少不了射频信号向空中释放的天线或耦合线圈。也就是说，天线或耦合线圈是电子标签和识读器的空间接口。

根据射频识别系统的基本工作原理，电子标签与识读器之间射频信号经过空间天线的耦合方式分为两种，如图4-14所示，即电感耦合方式（变压器模型）和反向散向耦合方式（雷达模型）。耦合方式是由射频信号的频率以及识读器天线与电子标签之间的距离共同决定的。其中电感耦合模式分别适用于低频射频识别应用与微波射频识别应用。

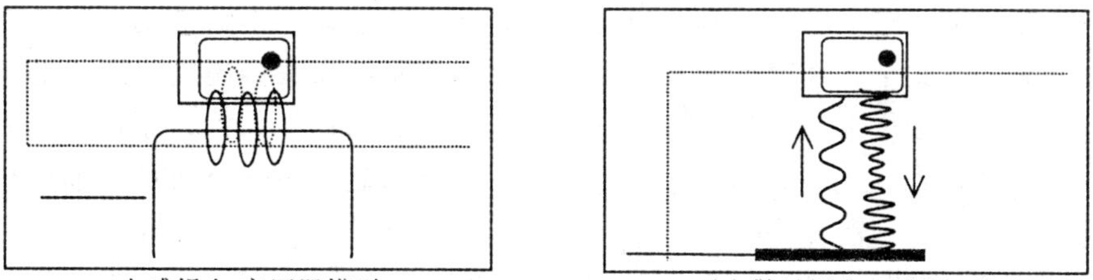

电感耦合(变压器模型)
(a)

反向散射耦合(雷达模型)
(b)

图4-14　识读器与电子标签之间的两种耦合方式

（1）电感耦合

电感耦合方式采用的天线形式均为线圈，如图4-14（a）所示。耦合的实质是识读器天线线圈的交变磁力线穿过电子标签天线的线圈，并在标签天线的线圈中产生感应电压。在耦合的过程中，利用的是识读器天线线圈产生的未辐射出去的交变磁能，相当于天线的辐射近场情况。

识读器到电子标签的命令通过识读器天线线圈（初级线圈）的电压（或负载）变化，馈送到电子标签的天线线圈，并以标签天线线圈（次级线圈）中的感应电压的变化反映出来。反过来，电子标签的发送信息通过加载调制反映到电子标签天线线圈的负载变化之上，进一步将电子标签天线线圈的负载变化反映到识读器的天线线圈之中，体现在反作用的感应电压的变化上。

这种初、次级线圈等效负载的变化体现在识读器发向电子标签的命令信号，同样也体现在电子标签向识读器回送的标签数据信号。

值得注意的是，识读器向电子标签传送命令与标签向识读器回送数据是分时实现的，即半双工工作方式。这是射频识别技术中识读器与射频标签之间交互通信的一个特点。

（2）反向散射耦合

反向散射耦合完整表述为电磁反向散射耦合，识读器天线与电子标签天线是真正意义上的天线（有效地辐射出电磁波），如图4-142（b）所示。耦合的实质是识读器天线辐射出的电磁波照射到电子标签天线后形成反射（如同雷达发现目标一样）回波，反射回波再被识读器天线接收。耦合过程中，利用的是识读器天线辐射出的交变电磁能，相当于天线的辐射远场情况。

识读器到电子标签的命令通过调制识读器辐射出的电磁波的幅度、频率、相位方式来实现。反过来，电子标签信息通过加载调制反射回波的幅度、频率、相位来实现电子标签信息到识读器的回送。从雷达原理角度来说，电子标签（天线）等效于一个雷达目标反射截面积（复数量）的变化随标签数据调制而变化的复数量。当电子标签向识读器方向传送的标签数据采用幅度调制时，等效的雷达目标反射截面积可等效为一个随标签数据调制而变化的实数量。

同样，识读器向电子标签传送命令与标签向识读器回送数据是分时实现的，系统是以半双工方式工作的。

2. 识读器的工作模型

识读器的工作模型没有一个确定的模式，随着技术的发展及应用的需求而不断变化。根据目前市场出现的射频识别识读器的基本情况，考虑到面向 EPC 应用的射频识别识读器的发展方向，将识读器的工作模型作以下简单归纳：

①标准识读器工作模型；

②自带数据库的识读器工作模型；

③OEM 化的识读器工作模型；

④多射频端口（天线）识读器工作模型；

⑤便携式识读器工作模型。

应该指出，这里所做的归纳并不代表当前射频识别技术的全部，只能算是主流应用情况而已。随着 EPC 技术的深入推进，相应的 EPC 标签识读器也可能还会出现新的模型，但从原理上与此处的介绍应当不会出现矛盾，只是形式或特点不同而已，这一点读者应清楚。

（1）标准识读器工作模型

识读器的标准工作模型如图 4-15 所示。由图 4-15 可见，识读器主机包括以下三个模块：射频通道模块、控制处理模块和 I/O 接口模块。

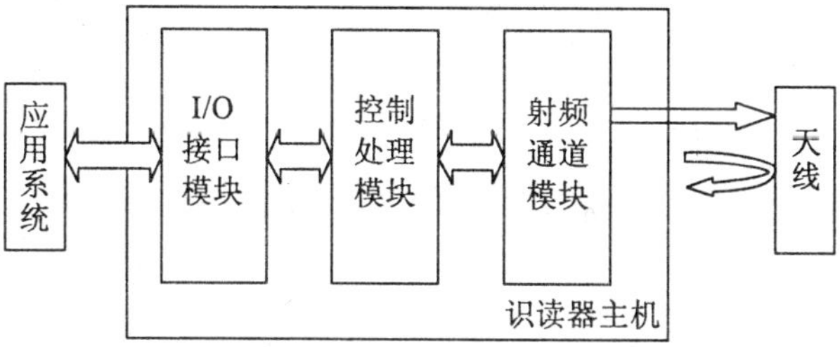

图 4-15　标准识读器的工作模型

1）射频通道模块

射频通道模块是识读器的前端，也是影响系统价格或成本的关键。射频通道模块通常完成控制与处理模块传送来的发送控制命令的执行，向电子标签传送命令的载波调制，以及对回波信号的解调处理，并将处理后的回波基带信号送控制与处理模块。射频通道模块的组成一般包括以下主要内容：

①频率源电路：用于产生识读器载波调制的频率信号；

②调制/解调电路：用于实现基带信号载波发送与接收的调制（装载）与解

调（卸载）；

③功率放大电路：用于实现将发送到天线的射频信号放大到足够的功率电平；

④单天线收发分离电路：用于实现识读器发送与接收射频通道的分离；

⑤信号放大、滤波（陷波）、整形处理电路：用于处理解调后的回波信号；

⑥收发控制电路：用于控制射频功率的输出以及多天线系统的功率分配（时分）。

2）控制与处理模块

控制与处理模块是识读器的智能单元。其主要功能包括实现发送到电子标签命令的波形编码、回波信号的解码、差错控制、读写命令流程控制等。同时也起到发送命令缓存，接收数据缓存的作用。与后端应用程序之间的接口协议的实现，I/O 控制等也由控制与处理模块完成。控制与处理模块的组成一般包括以下主要内容：

①CPU 或 MPU（嵌入式微处理器，即单片机）：智能处理单元，内装嵌入程序；

②CPU 或 MPU 外围接口电路：为 CPU 或 MPU 提供必要的存储区、中断控制器、I/O 信号与 I/O 接口控制信号等；

③信号加工、缓存等处理电路：对发送命令、接收回波信号进行编码、解码、缓冲存储等；

④时钟电路、监视电路：为 CPU/MPU 提供工作时钟以及系统自恢复功能；

⑤其他控制与接口电路：根据系统设定的功能，实现相应的控制与接口预处理等。

3）I/O 接口模块

I/O 接口模块用于实现识读器与外部传感器、控制器以及应用系统主机之间的输入与输出通信。常用的 I/O 接口类别有：

①RS232 串行接口：计算机流行的标准串行通信接口，可实现双向数据传输。优点是标准接口、通用、流行；缺点是传输速度与传输距离受限。

②RS422/485 串行接口：标准串行接口，支持远距离通信，标准传输距离 1200m。采用差分数据传输模式，抗干扰能力较强。通信速度范围与 RS232 相同。

③标准并行打印接口：通常用于为识读器提供外接打印机，输出读写信息的功能；

④以太网接口：提供识读器直接入网接入能力与接口，一般均支持

TCP/IP 协议；

⑤红外线 IR 接口：提供红外线接口，近距离串行红外无线传输，传输速度与标准串口相当；

⑥USB 接口：标准串行接口，短距离、高速传输接口。

（2）自带数据库的识读器工作模型

自带数据库的识读器的工作模型如图 4-16 所示，与图 4-3 所示的标准模型的区别在于增加了一个数据库，其他情况完全相同。

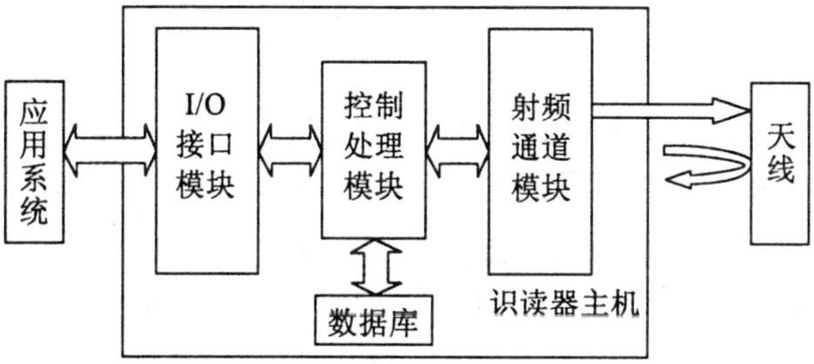

图 4-16　自带数据库的识读器工作模型

图 4-16 中数据库的功能在于可以将一个应用系统中注册过的电子标签（可适当分类）的信息传送到标签识读器自带的数据库中。这样，即使是识读器在脱机（脱离应用系统主机控制）的情况下，依然可以根据数据库中注册标签的类别对出现在识读器天线阅读范围之内的电子标签进行识别，并通过与数据库信息进行比对后，做出适当的响应（如控制开门与否、发出报警信息、对产品进行分类等）。

识读器中自带的数据库包括具有一定规模的存储空间，以及嵌入式数据库管理系统。此外，识读器还具有相当的缓存读取数据的记录空间，以便在脱机状态下记录对标签读写的详细记录。

（3）OEM 化的识读器工作模型

在很多应用需求中，只是将射频识别识读器作为系统设备集成中的一个单元。也就是说，在图 4-15 所示的标准模型中，只需要标准识读器前端的射频模块，而其后端的控制与处理模块和 I/O 接口模块则可大大简化。作为设备而言，甚至不需要独立的机箱。经过简化处理的 OEM 化识读器模块可以作为应用系统设备中的一个嵌入单元。

OEM 化的识读器模型的工作模型如图 4-17 所示。

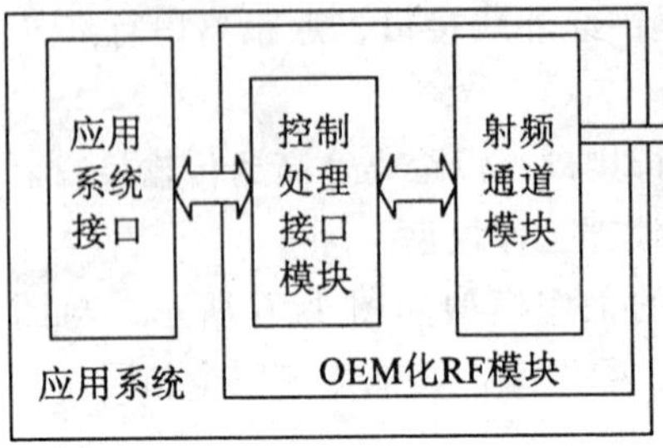

图 4-17　OEM 化的识读器工作模型

（4）多射频端口（天线）识读器工作模型

多射频端口（天线）识读器可以同时外接多个天线（每个射频端口接一个天线），在面向物流与供应链应用中具有重要意义。主要因为，在类似的应用中，多标签同时阅读的需求非常普遍。由于在应用中，面对物流或供应链中多标签的同时读取，每个电子标签在空间位置并不确定，而且就一般情况来说，可能的位置有很多种，从而导致有的标签能够读到，有的标签无法读到的情况。为了解决这一问题，理论和实践均表明：通过为识读器配置多个天线，并将多个天线在空间排成适当的阵列的形式，可以保证识读器的多个天线对指定的读写区域进行全方位的阅读覆盖。

考虑到多个天线之间的电磁兼容特性要求，以及从简化识读器设计的基本思路出发，多天线识读器模型一般均采用各天线分时工作的模式。多天线识读器模型如图 4-18 所示，其主要特点是在标准识读器模型的射频通道模块的末端增加多天线分路环节，各天线之间的分时控制由控制与处理模块完成。

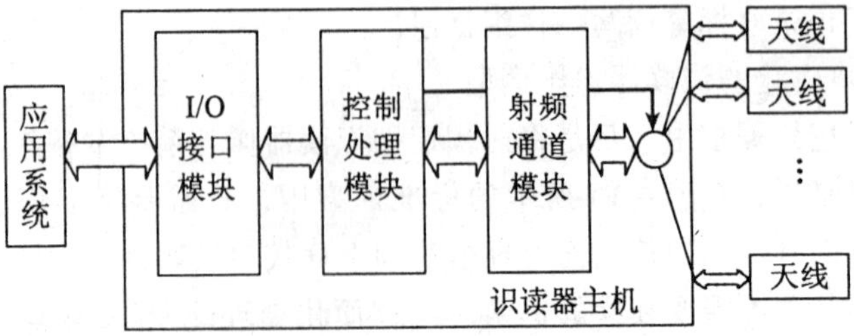

图 4-18　多射频端口（天线）的识读器工作模型

多射频端口（天线）识读器工作模型在EPC标签读写应用中的需求非常普遍，也可以这样说，面向EPC应用的射频识别识读器均应当具备多天线排阵功能。

多射频端口（天线）识读器使用时的一般注意事项是：未接天线的空置射频端口应根据产品说明书的要求，在开启设备电源之前接上随机配置的匹配负载，以免由于设备的误配置或误操作而造成识读器射频通道模块的损坏。

（5）便携式识读器工作模型

便携式识读器是适合用户手持使用的一类射频识别识读器，除了其基本工作原理与一般识读器完全相同之外，便携式识读器还具有一些自身的特点：

① 省电设计。便携式识读器由于要自带电源工作，因而其所有电源需求均由电池供给，由于读写标签发射功率的要求，电源转换效率，以及人们对设备长时间工作的期望，因而省电设计是便携式识读器首要考虑的问题之一。

② 自带操作系统或监控程序。由于便携式识读器在绝大多数情况下是独立工作的，因而必须具有小型操作系统来支持。一种较为简单的处理办法是采用监控程序的方式来替代操作系统，但系统的扩展性方面会面临较大的局限性。

③ 天线与识读器一体化设计。便携式的特点决定了识读器主机与天线应采用一体化的设计方案（这是从应用操作时的简便性要求而来的）。在个别情况下，也可采用可替换的大线以满足对便携式识读器更大的阅读区的要求。选择可替换天线时，一般应考虑周全天线替换的操作便利性，并消除误操作的可能。

便携式识读器的工作模型如图4-19所示。

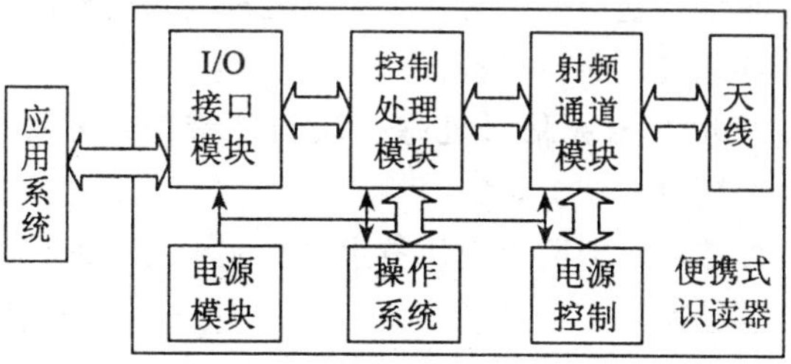

图4-19　便携式识读器工作模型

由于便携式识读器的需求量可能更大，因而价格可能更低。通常情况下，便携式识读器是一种功能有所缩减、适合短时工作，成本相对低廉的一类识读器。在成熟的射频识别应用系统中，便携式识读器可能是应用最为广泛的一类设备。

便携式识读器通常采用大容量可充电电池作为设备的供电电源。与固定安装的识读器相比，便携式识读器通常在功能上进行了一定的裁剪，例如：仅限于读取标签数据，阅读距离有所缩短等。

通常情况下，对于可无线改写的电子标签应用系统来说，便携式识读器是否开通写功能是根据应用的需要来确定的。

4.4.4 识读器的发展趋势

1. 基本概况

射频识别（RFID）系统的识读器是RFID技术研究的一个重要方面，从系统设计角度来说，由于力求电子标签的设计足够简化，成本尽可能低，因而更多的RFID应用系统对电子标签的兼容功能、更远的读写距离、同时读写同一区域内的多标签功能等，都集中在识读器一方来实现。因而，现代具有多种标签兼容读写、多标签防冲撞读写功能的识读器的系统设计与实现具有相当的复杂度。

鉴于低频RFID系统与微波射频RFID系统的空间耦合原理不同，因而从读写设备及天线的设计来说，低频系统与高频系统具有不同的特点。

2. 识读器未来发展趋势

随着RFID技术的发展，尤其是在EPC概念的带动下，识读器的价格将会进一步走低，性能将会更进一步提高。从技术角度来说，识读器设备的发展趋势将主要体现在以下几个方面：

①识读器射频信号处理模块与基带信号处理模块的标准化设计及相关的集成模块设计日益完善、品种丰富；

②随着集成模块（射频信号处理模块与基带信号处理模块）的推出，识读器的设计将更简单，功能更完善；

③低成本的多端口射频网络模块技术更趋完善与标准；

④多标签读写更有效、更快捷；

⑤兼容性方面：不同厂家电子标签的兼容读写，不同工作频段标签的兼容读写；

⑥不断降低成本；

⑦新的识读器设计方案与设计思想。

4.4.5　识读器的实现方案

EPC 标签识读器的实现方案也是射频识别（RFID）识读器的实现方案。由于射频识别技术仍处在快速发展的阶段，能够独立开发标签识读器的单位还不是很多，尤其是针对 400MHz 以上的远距离射频识别（RFID）应用。

4.4.3 节较为详细地讨论了识读器典型的几种工作模型，具有一般的通用意义。本节将在此基础上，针对 EPC 识读器的特点，分别就 13.56MHz 和 UHF 频段 860～960MHz 的识读器的实现方案进行初步讨论。

1. 识读器技术基础

EPC 标签识读器是一个有发有收并与后台控制主机留有规定接口的无线收发设备，又因为标签与识读器之间传送的信息（命令与数据）具有二进制数据的特点，因而识读器也可以看成是一台数据收发信机。结合 EPC 识读器（也是射频识别识读器）的特点，在考虑识读器的总体方案是一般参照图 4-20 所示的模块与流程进行。

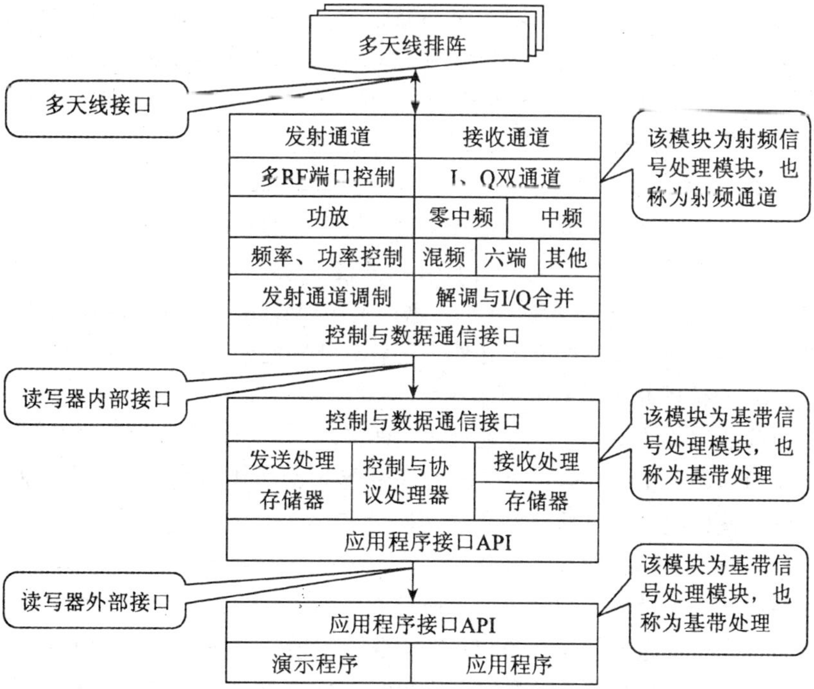

图 4-20　识读器实现方案考虑的因素

图 4-20 示出了识读器总体方案设计必须考虑的与识读器相关的四个模块及三个接口。下面分别予以介绍。

（1）识读器的三个接口

识读器的三个接口分别为：识读器天线接口，识读器内部接口和识读器控制与通信接口（识读器外部接口）。

1）识读器天线接口

识读器天线接口从物理实现上来说，是识读器外接天线的接口。针对 EPC 识读器而言，通常需要外接多个天线以便从不同角度覆盖阅读区域，以保证对阅读区内标签的识读。在采用多个外接天线的情况下，各外接天线一般是分时工作的，即在同一时刻，只有一个天线对外发出射频信号并接收返回信号。从电路设计角度来说，要考虑接口与天线之间的阻抗匹配，驻波比等因素。从通信协议角度来说，识读器天线接口相当于将识读器与标签之间通信的空中接口内移到识读器内部。

2）识读器内部接口

识读器内部接口是识读器射频信号处理模块与基带信号处理模块之间的接口。该接口界定了射频模块与基带模块各自实现的功能及约定的接口关系，需对每根接口信号线进行详细的定义。各信号线之间的时序关系也应适当协调。识读器内部接口是一种企业内定接口，一般不具备标准化的基本条件。

3）识读器控制与通信接口

识读器的外部接口是识读器与控制主机之间的双向接口，依采用的物理接口形式的不同在具体实现上有较大的差异（如标准串口，USB 口，以太网口等）。从主要实现的功能角度来说，主要通过 API 实现。EPC 识读器的外部接口除了一般 API 的要求之外，还有其特别的要求，详见 4. 4. 6 节。

（2）识读器相关的四个模块

识读器相关的四个模块分别为：天线模块、射频通道模块、基带处理模块和应用程序模块。其中直接集成在识读器中的模块一般情况下只有两块，即射频通道模块和基带处理模块。

1）射频通道模块

识读器的关键技术体现在射频通道模块。通常可将射频通道模块分为发射通道与接收通道，在与天线相接的射频通道前端一般要处理好收发分离问题。在射频通道模块的后端是与基带信号处理模块的接口。发射通道要解决好的问题包括具有频率捷变能力的频率源、载波调制方式与调制度可控的调制单元、功放单元应实现分级控制并且满足最大功能输出的要求、多天线分时切换的实现方法。接收通道要解决好的问题包括良好的收发分离、正交 I/Q 双通道（用于消除回波的盲相，解决单通道读取标签时，有时能读到，有时又读不到的问题）的实现、中频选择（零中频、非零中频）、解调方式选择（混频 + 滤波 + 检波，直接包络检波，复合检波）、I/Q 双路合成处理。

2）基带处理模块

识读器的核心控制是由基带信号处理模块完成的，此外，基带信号处理模块还担当着解调信号的译码处理、发射信号的编码处理、与识读器前端的空中通信接口的协议（如多标签识读碰撞仲裁算法等）实现以及与识读器后端的控制主机之间的通信协议的实现等功能。

2. 13.56MHz 识读器的实现方案

有关识读器的具体实现方案涉及识读器开发商的一些技术专利及保密协议的限制，因而这里的讨论仍限于从原理角度说明识读器实现的一些关键环节。

13.56MHz 的识读器其天线一般采用线圈方式，标签天线也采用线圈方式。识读器天线与标签天线之间的空间耦合以识读器天线产生的交变磁场为媒介，在标签天线一方，由于交变的磁场感应出电动势，为标签电路提供了工作所需的能量。图 4-21 给出了 13.56MHz 识读器实现方案的基本原理框图（射频通道模块），图中三角标志为放大器，三角中带“P”表示功率放大器。

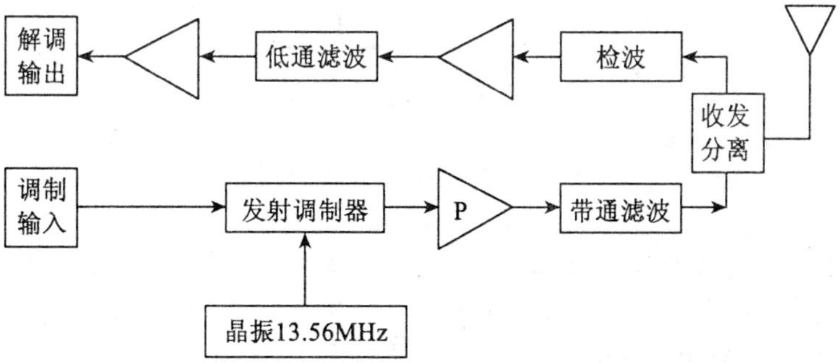

图 4-21　13.56MHz 识读器射频通道方框图

随着技术发展的不断成熟，基于 13.56MHz 识读器面向 ISO14443 和 ISO15693 空中通信接口协议的识读器专用芯片已趋成熟。采用识读器专用芯片设计识读器可大大简化识读器电路的设计尤其是识读器射频通道的设计。

图 4-22 为 EM 公司开发的基于 13. 56MHz 频率的识读器专用芯片系统应用简图。系统支持 ISO14443 和 ISO15693 协议，工作方式可编程，副载波频率范围从 212kHz 到 848kHz，5V 直流供电、50 欧姆负载情况下最大输出功率可达 200mW，支持 OOK 或 ASK 调制。此外，芯片内置低通滤波器且截止频率在 400kHz 和 1MHz 之间可选，内置高通滤波器且截止频率在分三级 100kHz、200kHz 和 300kHz 可选，自动增益控制接收放大器。图 4-23 为 EM4094 芯片内部结构简图。

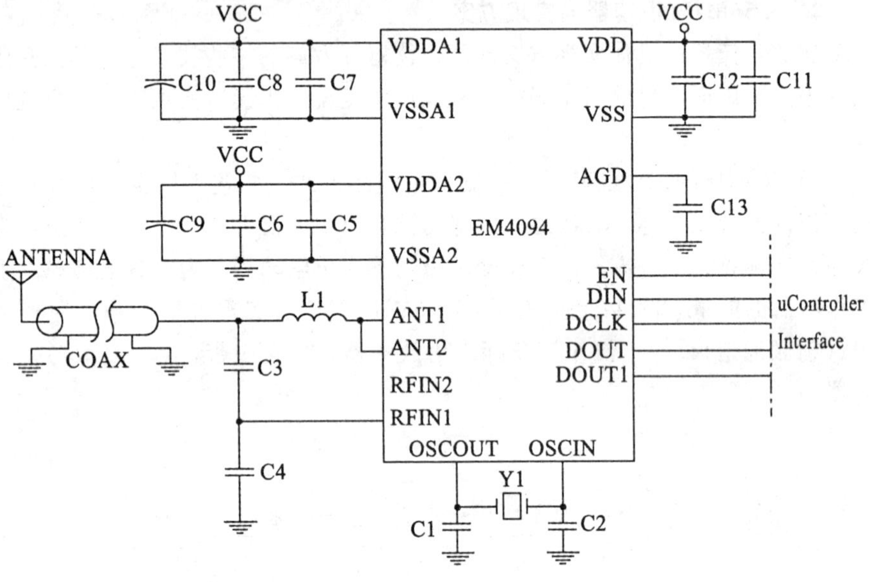

图 4-22　EM4094（13. 56MHz）识读器专用芯片应用简图

识读器的基带信号处理部分当前较为普遍采用的方案是单片机为控制与处理核心的方案，未来发展的方向趋向于采用以 DSP 为核心的方案。

3. UHF 频段识读器的实现方案

可以说，目前 UHF 频段识读器远没有 13. 56MHz 识读器成熟，这也是当前 UHF 频段识读器价格较高的主要原因之一。同样，基于识读器开发商的一些技术专利及保密协议的限制，这里的讨论仍限于从原理角度说明识读器实现的一些关键环节。

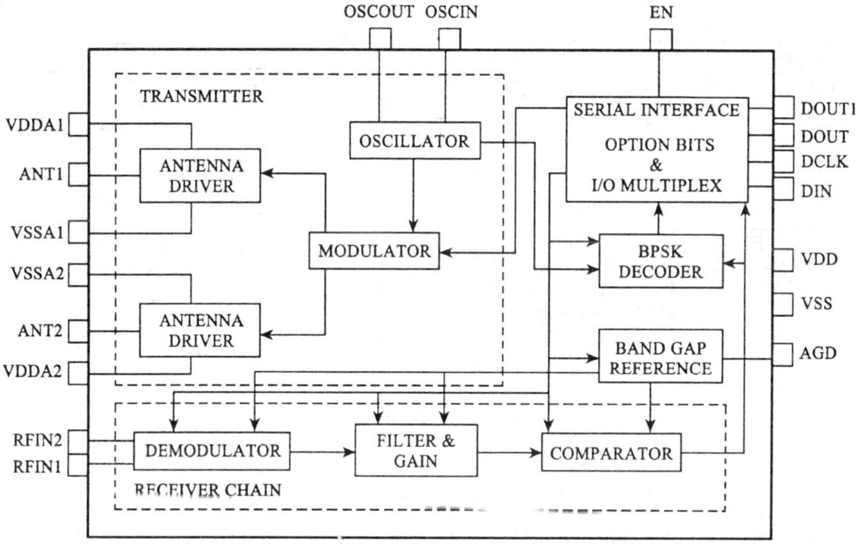

图 4-23　EM4094（13.56MHz）识读器专用芯片内部结构简图

UHF频段的识读器其天线一般采用辐射天线形式，标签天线也采用辐射天线形式。辐射天线的基本含义就是要尽可能地将送到天线的射频信号（能量）辐射到空间，根据天线的互易定理，同一个天线作为发射和作为接收时具有相同的特性指标，因而接收只是发射的一个逆过程而已。在UHF频段这种情况下，识读器天线与标签天线之间的空间耦合是以电磁波的传送为媒介的，即识读器天线发出电磁波，电磁波在空间传播碰到标签天线，标签天线接收识读器天线发出的部分电磁波，从中提取标签工作所需的能量，并将标签信息加载到反射的回波上实现识读器与标签之间的能量传递和数据交换。

如图4-24所示，给出了UHF频段识读器实现方案的基本原理框图（射频通道模块），图中三角标志为放大器，三角标志中“P”表示功率放大器。

当识读器的工作频率范围较窄、电子标签移动的速度不太高时，也有采用微波六端网络技术来实现识读器射频通道的方案。这种方案的优点是简单，可省去混频器、收发分离器微波元器件，设备硬件成本降低等。

4. 多频段混合识读器实现方案

多频段混合识读器是射频识别（RFID）识读器发展的一个方向。其基

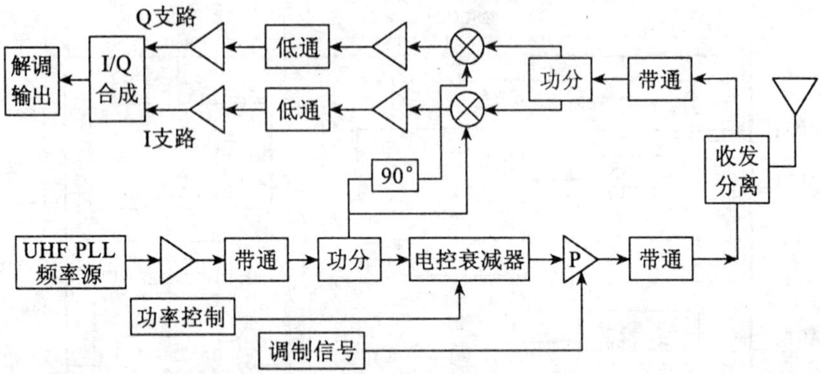

图 4-24　UHF 频段识读器射频通道方框图

本概念是一台识读器可以同时工作在不同的工作频段，并完成不同工作频段的射频识别。例如：将 13.56MHz、915MHz 及 2.45GHz 的三频段识读器集成到同一台识读器设备之中。

可以说，多频段混合识读器技术目前尚不成熟，作为设计思想很有启发意义。下面给出一个多频段混合识读器的方案，供读者参考。

（1）系统总体方框图

系统总体方框图如图 4-25 所示，包括天线子系统、射频前端子系统、DSP 子系统、网络子系统以及频率综合子系统五个部分。

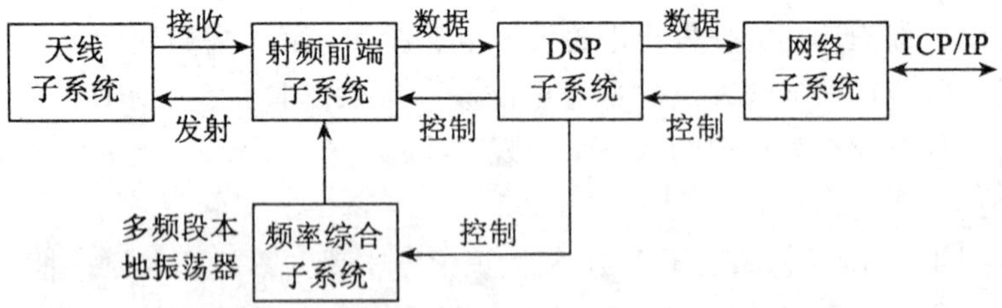

图 4-25　多频段混合识读器系统方框图

（2）多频段天线设计

多频段天线子系统方框图如图 4-26 所示，包括 13.56MHz 天线线圈，915MHz 偶极子天线和 2.4G 偶极子天线。由于各天线的谐振频率相差较远，因而相互之间的影响可忽略不计，各天线可相对独立设计。

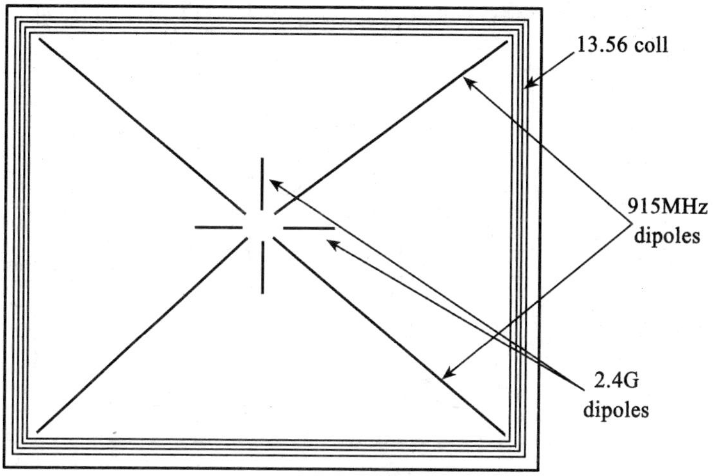

图 4-26　多频段混合识读器天线子系统方框图

（3）射频前端设计

多频段识读器射频前端子系统方框图如图 4-27 所示，包括功率放大器、收发分离器、混频器、双路滤波器、直接数据频率综合器 DDS、模数转换器 ADC 及 DSP。

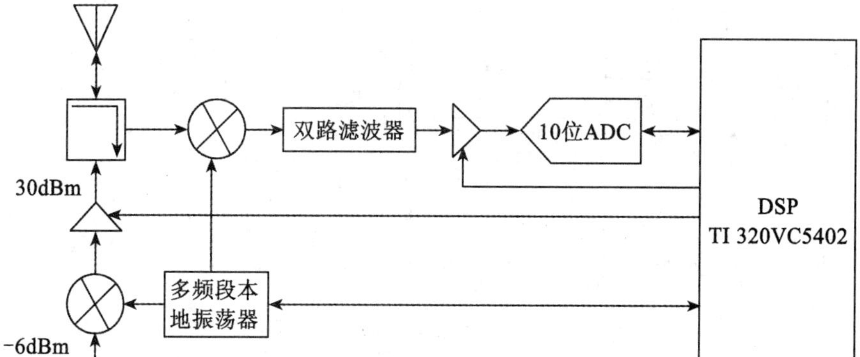

图 4-27　多频段混合识读器天线子系统方框图

（4）频率综合单元

多频段识读器频率综合子系统方框图如图 4-28 所示，由包括一个标准参考频率源（通常用晶体）、锁相频率源、多频段频率综合器、砷化镓 GaAs 高速多路开关组成。

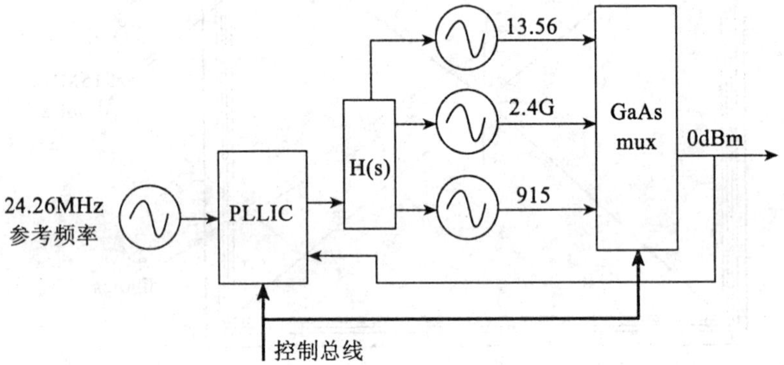

图 4-28　多频段混合识读器频率综合单元方框图

（5）数字信号处理单元

多频段识读器数字信号处理 DSP 子系统方框图如图 4-29 所示，包括正交双通道处理、合成、头相关（寻找帧开始，即帧头）、相关解码及译码。

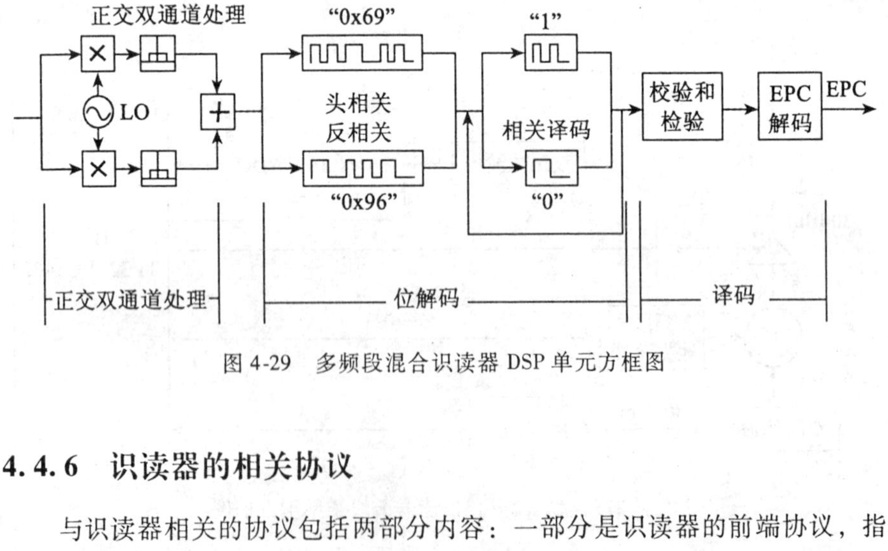

图 4-29　多频段混合识读器 DSP 单元方框图

4.4.6　识读器的相关协议

与识读器相关的协议包括两部分内容：一部分是识读器的前端协议，指的是识读器与电子标签之间的空中接口通信协议；另一部分是识读器的后端协议，指的是识读器与后端控制主机（计算机或网络计算机）之间的接口协议。本节主要讨论识读器的后端协议。

一般而言，射频识别（RFID）识读器与控制主机或应用系统之间的接口通过一个简单的应用程序接口（API）动态链接库即可实现。作为EPC标签识读器，为遵循EPC规则的射频识别识读器。这里的EPC规则，概括起来即是将EPC标签识读器接入物联网之后，可以与作为物联网中间件的SAVANT直接接口，不但从物联网上可以远程操控识读器的工作，识读器采集的标签信息也会自动滤除重复，并将采集到的标签数据根据物联网的信息流程自动汇集到约定的存储位置。

1. 协议分层

识读器后端协议，即识读器与主机之间的协议分为三层表示，如图4-30所示。其中：

识读器层：该层指定识读器与主机之间交换信息的内容及格式。该层是识读器后端协议的核心，该层定义识读器所执行的操作以及操作的含义。

信息层：该层指定识读器层中的定义的信息是如何成帧、变换，以及在指定的网络上传输的。如果需要安全性方面的服务，也将在本层提供（例如，安全服务包括：鉴定、授权、信息的机密性，以及信息的完整性）。信息层指定潜在的网络连接如何建立、建立同步所需的所有初始化信息或初始化安全性服务，以及处理诸如对每条信息加密的操作等。

传输层：本层对应于操作系统的网络功能，或等效的相关功能。

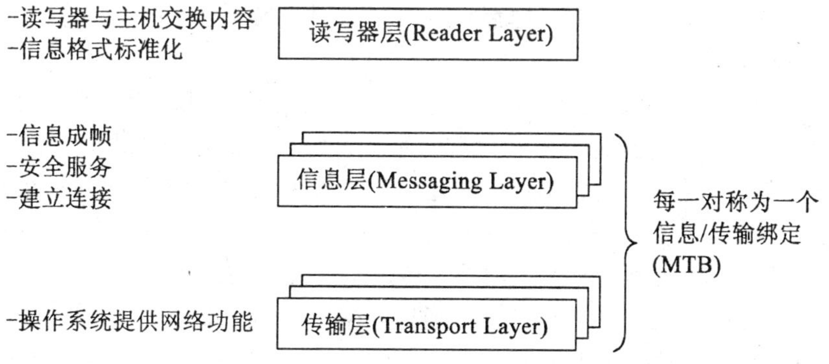

图4-30　识读器-主机协议分层概念

识读器与主机之间的协议包含多个可选的信息层和传输层。一般情况下，信息层与传输层呈配对结构，信息层与传输层的每一个配对称为一个信息层与传输层的绑定 MTB。不同的 MTB 具有不同的功能，如不同的安全服务等。

识读器层与信息层之间的接口称为“信息通道（Message Channels）”。每一个信息通道可以在识读器层与信息层之间独立地传送信息。两个基本的信息通道如下：

（1）控制通道（Control Channel）

控制通道用于解决由主机向识读器发送的请求信息，识读器从该通道接收主机发送的请求并予以响应。控制通道中交换的所有信息遵循请求/响应模式。识读器与主机之间的绝大多数交互通过控制通道完成。

（2）通知通道（Notification Channel）

通知通道完成由识读器到主机的异步信息的交互。通知通道主要用来支持在未收到主机的数据收集命令时，由识读器向主机报告标签的读取情况。

2. 识读器层（Reader Layer）

识读器协议提供了一个后台主机访问和控制不同制造商生产的识读器的一致的方法。不同的品牌或模型的识读器所提供的功能差异也很大，对于一般的识读器而言，它们无法报告在其阅读区域内有什么样的标签，对于“聪颖”的识读器来说，它们提供合理的过滤、平滑一个标准化的方法处理有关的访问和控制。识读器协议并不要求所有识读器实现所有的特征，但如果识读器具备了这样的特征，则必须按此描述的方式来实现与主机之间的协议。

识读器获取标签信息后向后台主机传送的流程应按如图 4-31 所示的概念级的处理管道进行。

图 4-31 给出了识读器读取标签功能被分解为几个明显的处理阶段。识读器的其他功能，如标签写和管理，不在该图所示的范围之内。在图 4-31 中，标签读信息从左边流向图的右边。有关标签读的信息对主机而言在特定的阶段获得。在某些情况下，这种信息可以作为“控制通道（Control Channel）”对主机一个命令的响应的结果传送至主机（同步传送信息），在其他情况下，该信息由识读器经“通知通道（Notification Channel）”以异步的方式传送到主机。每一个阶段都有管控操作的参数，这些参数可以由主机通过“控制通道（Control Channel）”查询、设置。

图 4-31 中示出的 6 个阶段可以分为两个部分，其中读子系统部分包含以下

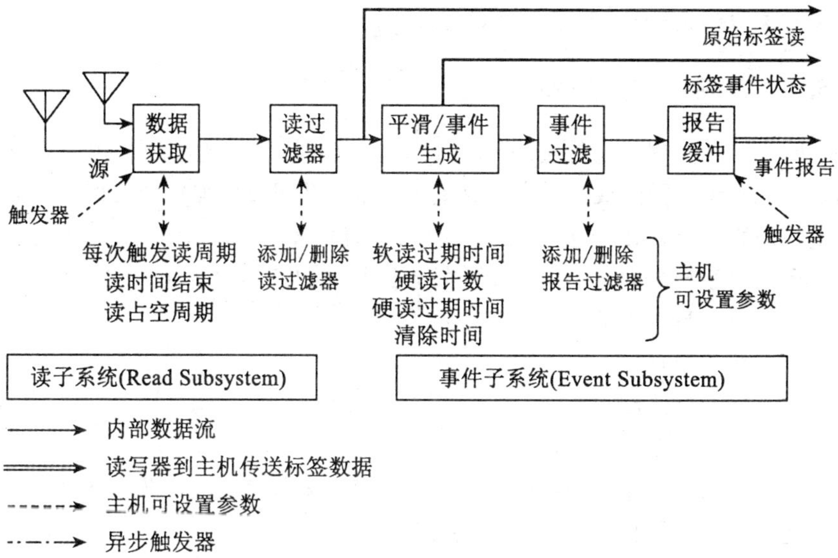

图 4-31　识读器读取标签后传信息的过程

三个阶段：

①源阶段。

②数据获取阶段。

③读过滤阶段。

事件子系统包括以下三个阶段：

①平滑与事件生成阶段。

②事件过滤阶段。

③报告缓冲阶段。

值得注意的是，图 4-30 中给出的分级是概念意义上的，实际的识读器设计并非一定按图 4-31 所示分为三级，例如，有些识读器在设计时可能将数据获取与读过滤合并在一起实现。

有关识读器与后台主机的协议目前 EPCglobal 发布的仅是一个工作草案，尚未达到正式标准的地步。但工作草案所提出的有关概念及需要规范的问题是 EPC 识读器设计过程中应该引起注意的。随着 EPC 技术研究的深入，有关识读器与后台主机之间的协议也会逐步完善。

4.5 EPC 射频识别系统的建设

4.5.1 射频识别系统构成

EPC 射频识别系统是实现 EPC 代码自动采集的功能模块，由射频标签和射频识别识读器组成。射频标签是产品电子代码（EPC）的载体，附着于可跟踪的物品上，在全球流通。射频识读器是读取标签中的 EPC 代码并将其输入信息系统的设备。EPC 系统射频标签与识读器之间采用 RFID 技术进行信息交换，具有以下特点：

①非接触识别；

②识别快速移动物品；

③同时识别多个物品等。

EPC 射频识别系统为数据采集最大限度地降低了人工干预，实现了完全自动化，是“物联网”形成的重要环节。

1. EPC 标签

EPC 标签是产品电子代码的信息载体，主要由天线、芯片和封装基板组成，如图 4-32 所示，标签外观有多种形式，如图 4-33 所示。

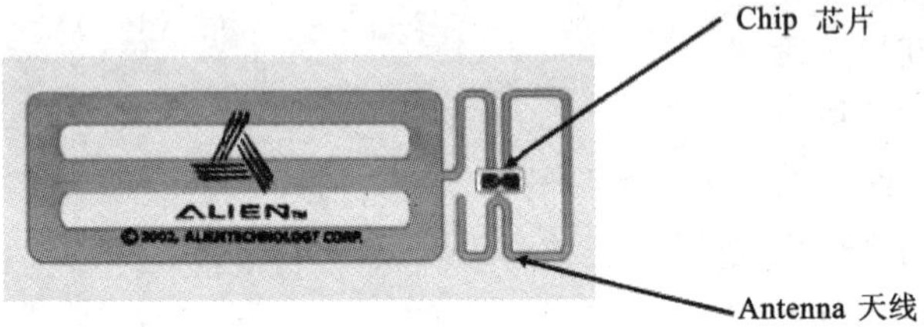

图 4-32　标签结构图

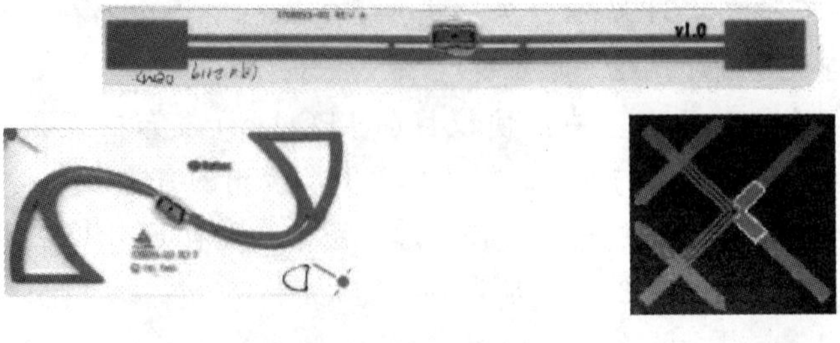

图 4-33　标签外观图

对于无源射频标签（被动射频标签）来说，其工作所需的能量由该射频能量中取得（一般由整流方法将射频能量转变为直流电源存在标签中的电容器里）；对于半无源射频标签（半被动射频标签）来说，该射频能量能够唤醒标签转入工作状态；有源射频标签（主动射频标签）一般不利用识读器发出的射频能量，因而识读器能够以较小的发射能量取得较远的通信距离。

为了降低成本，EPC 标签通常是无源射频标签。EPC 标签根据其功能级别的不同目前分为 5 类（Class0/Class Ⅰ、Class Ⅱ、Class Ⅲ、Class Ⅳ、Class Ⅴ），目前所开展的 EPC 测试使用的是 Class Ⅰ Gen Ⅱ。标签根据不同的需求，具有不同的识读距离，有些标签具有防水、防震等性能，也有越来越多标签能够用在金属物体上。

2. 识读器

识读器是用来识别 EPC 标签的电子装置，与信息系统相连实现数据的交换。

识读器的基本任务就是激活标签，与标签建立通信并且在应用软件和标签之间传送数据。EPC 识读器和网络之间可以不需要计算机作为过渡，所有的识读器之间的数据交换直接可以通过一个对等的网络服务器进行。

识读器的软件提供了网络连接能力，包括 web 设置、动态更新、TCP/IP 识读器界面、内建兼容 SQL 的数据库引擎。

EPC 识读器工作频率通常为 860～960MHz。标签与识读器的工作原理见图 4-34。

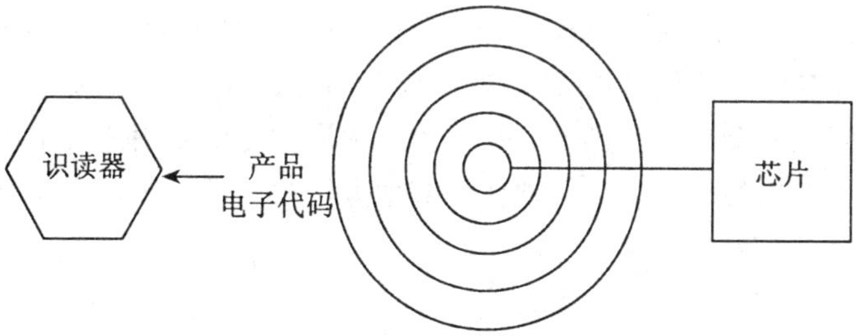

图 4-34　标签与识读器工作示意图

4.5.2　RFID 识读器与天线配置

本节重点讨论 RFID 识读器和天线的可调配置参数。RFID 识读器和天线配置参数必须要与射频环境协调一致，以便达到理想的标签性能效果，并尽量减少串扰。

1. 识读器配置

若要达到最佳性能，成功读取物品并避免相邻读取点之间的串扰（crosstalk），了解所选定识读器平台上的配置选项非常重要。现在所有的识读器都有不同程度的可调性，也就是说设计者能够对识读器的性能特征进行编程，以下是一些最突出的性能特征：

（1）功率输出

识读器通常能够规定各个读取点（应答天线）的功率输出。图 4-35 绘出了共用平板的应答天线产生的场强（field strength），形象地展现出了原来看不见的东西。功率下调减少了主瓣的范围，使天线避免与相邻系统相互作用。

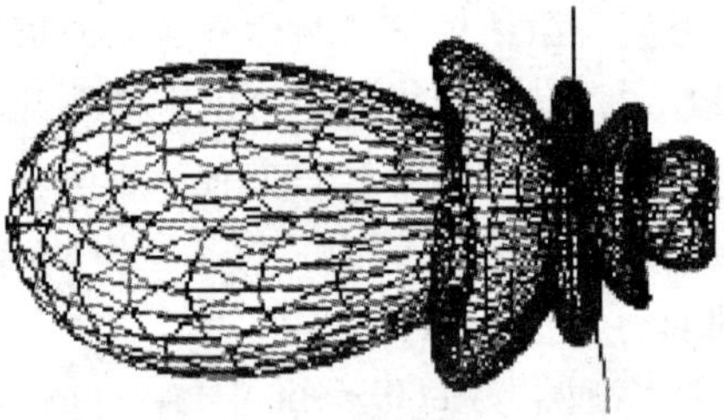

图 4-35　应答模式示意图

例如，如果场站门（dock door）入口的目标只是为了读取粘附在产品垛外面的托盘标签，就可以使功率水平最小化，并与邻近的系统隔开。但是，如果需要单个识读托盘上的包装箱，则通常需要采用高功率水平，以便穿透托盘。在这种情况下，必须使用其他方法控制场（field）并避免识读器串扰。

（2）天线定序

大多数识读器都支持多个天线操作以及与 RFID 标签通信。这些天线不会同时发送信号，而是多路传输或在一个可编程序列中转换（以避免相互干扰和数据冲突）。识读器支持灵活多样的天线定序，有些识读器为天线提供可以定制的顺序、重复（repetition）和功率，使其可以按规定方向减少场功率，以适合应用和环境。例如，如果托盘的某一角读取效果不好，则可以对识读器进行编程，以便将更多的时间和功率输出集中在朝向那个角的应答天线上。

(3) 捕获模式可调谐性

所有识读器都提供不同程度的捕获模式可调谐性。采用 Alien 识读器和“Gateway”演示软件可以很快掌握与此有关的影响。这种软件提供两种捕获模式，一种被称为“全局滚动（Global Scroll)”，另一种为“库存（inventory)”模式。“Global Scroll”主要应用于传输或现场一次只读一个标签的情况。这种软件主要采用 Ping 命令捕获标签，然后再采用卷命令重复读取该标签，而无需再捕获。这种方法带来的识读率非常高，可以达到 10 到 100 倍，是其他识读器所无法达到的，但只对现场一个标签有效。如果在需要读取多个标签的托盘情况下，则必须使用“库存”模式。这种软件能够在发出卷命令之前将各个标签分隔开来通信。尽管缺乏动态性，但几乎所有识读器都能够对这些捕获模式参数进行不同程度的访问。关键是要了解所选定的识读器以及如何针对特定应用对其进行优化。

2. 天线配置

另外一个影响读取的因素是应答天线，它的选择能够帮助解决识读产品的困难。基本上有两种选择，每种选择都有各自的特点。

(1) 线性极化

极化指射频传输的方式。线性极化指射频信号的电场组件在单平面中传播。其好处是能够产生更加集中的辐射场型，从而在 RFID 应用中产生更大的范围。不足之处是，许多 RFID 标签也被线性极化，必须使两个标签朝向同一个方向，以便获得较为理想的通信效果。这样会增加业务过程的严格程度，以至于沿传送带向下移动的箱子必须朝向特定方向以便读取。

(2) 圆极化

圆极化指当远离询问天线传播时射频信号的电场组件（沿顺时针或反时针方向）旋转。这种极化所带来的一个明显好处是 RFID 标签的方向不再是一个重要的问题。不利的一面是圆极化的信息强度比线性极化更分散，从而使范围受到限制。目前大多数使用的配置是圆极化。

正如前面所提到的，每个应答天线在 RFID 应用中发射的场型或“辐射场型”都是唯一的。不同的应用情况需要不同的辐射场型。可以根据所选的天线类型及其方向，如图 4-36 所示，对这些场型进行调整。例如，如果采用圆极化天线获得非标准结果（即定位非敏感度），则可能需要转换成线性极化的天线，以便获得比圆极化天线更广的范围。而接下来的情况就是随着线性天线所带来的范围的增加，需要使标签朝向一个特定方向以便读取。

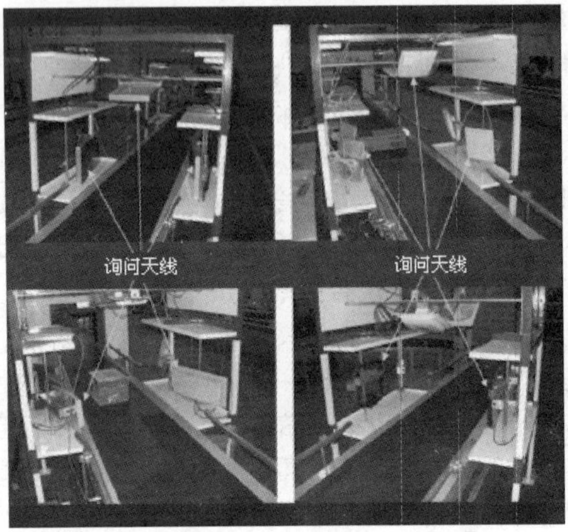

图 4-36　询问天线类型示例

为便于对前面提到的问题有一个清晰的认识，我们建议进行环境试验，以便了解哪些应答天线适用。在其他试验中，射频路径衰减曲线图可以帮助人们了解射频与读取系统区域内各个对象的相互作用。如果一侧的场型微弱，在某个或某些场合，则可以用线性天线代替圆天线。

3. 结论

许多与 RFID 系统性能有关的问题都可以在系统外调谐。识读器和天线配置参数在优化 RFID 系统性能方面扮演着重要的角色。尤其是应该测量路径损耗，以便评价应该如何调整特定情况下的功率设定值，还可以通过选择适用于应用情况的天线形成询问区域。

4.5.3　RFID 识读器干扰解决方案

RFID 技术在提高现代供应链效率方面具有广阔的前景，它可以通过自动识别消除许多人工操作过程，提高准确性。那些购买了 RFID 开发工具，将其安装到主机中的用户并在演示上看到了神奇的效果，这样激发了那些终端用户的热情。它看起来操作很简单！但是用演示软件操作一个识读器与配置 10 ~ 100 个识读器系统和真正在符合相同环境下的特定性能要求有着很大的不同。RFID 技术尚未成熟，对主宰该技术的物理性质没有充分理解就急于投入试点项目的用户，将会意识到应用中的复杂性。

1. 识读器串扰

当负责监控不同物理区域的两个或两个以上的识读器探测到其监控区域外（或相邻读取区域）的标签时则会出现串扰的现象。例如，当数据必须与特定的场站门相互作用时，如图4-37所示，串扰会造成混乱。总的来说，串扰是由于信号过强、应答天线调整不当和识读器配置不当造成的。在一般情况下，多个场站门的识读器读取同一标签是不能接受的，必须在系统之外设计。

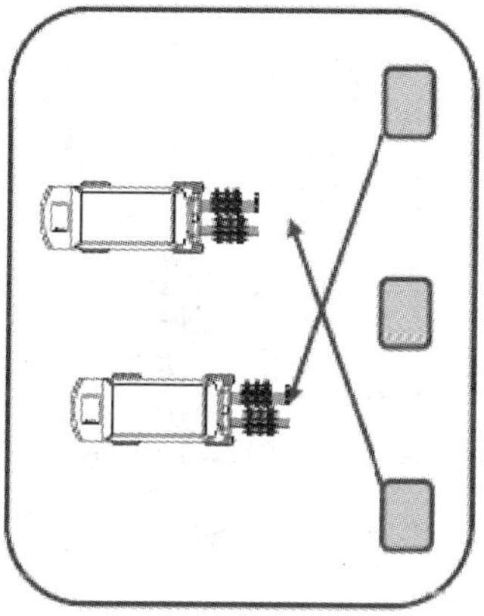

图4-37 数据与场站门相互作用

RFID识读器在编程上有不同程度的灵活性或可调整性。可以借助识读器的可调整性并选择适于各个应用场合的RFID基础设施，使用以下工具可以减少RFID系统中的串扰现象。

（1）识读器配置

识读器的功率输出决定读取标签的最大距离以及识读器的通信信号可以穿透多少材料。识读器通常提供调整功率输出的功能，从而可以调整询问天线发射的场型和阻止天线干扰相邻系统。不幸的是，有些材料需要很强的信号强度来穿透和读取托盘内的包装箱。在这种情况下，必须使用其他方法形成场，同时避免识读器串扰。

增设识读器配置参数可以在减少串扰影响方面起到很重要的作用。了解这些参数很重要，因为通过系统调节可能消除串扰，而不是通过增设物理基础设施增加费用来消除串扰。

（2）物理基础设施

如果需要强信号，且调整识读器和天线配置参数不能消除串扰现象，则可能需要安装物理基础设施，将相邻的识读系统隔离开来。一个办法是在场站门之间安装导电屏蔽，如图 4-38 所示。甚至超高频率安装网筛便足以中断电场和隔离系统。

图 4-38　德国莱因伯格麦德龙集团未来商店导电屏蔽

（3）识读器触发

由于费用和复杂性增加，减少串扰的最终办法是一种被称为识读器触发的技术。在一般情况下，使用诸如红外线束等触发物探测经过场站门的移动。一旦探测有移动，识读器即在一段时间内被激活，捕获标签数据。这种方法通过在不需要时降低电场功率，消除了不必要的辐射。一般来说采用这种技术每个读取点要增加 100～300 美元的硬件和安装费，通常要将可编程逻辑控制器（PLC）与识读器输入/输出口集成在一起。

2. 干扰

关于来自相邻识读系统的“干扰”的讨论有很多。首先让我们弄清楚干扰和串扰之间的区别在哪里。天线收到来自两个或两个以上地点的类似频率的信号被视为干扰。这种干扰使得识读器很难区分对抗信号从而导致错误率上升、重发数据包和数据速率降低。这里存在的问题是能否在竞争信号的情况下有效地接收数据。而另一方面串扰产生于成功读取相邻读取区域的标签，这是一个完全不同的问题。

美国联邦通信委员会（FCC）预见到各个设备存在着相同 ISM UHF 频

谱的干扰问题。在最大允许传输功率级时，FCC规定要求采用跳频技术，类似于在902～928MHz（兆赫）段采用的扩展频谱（FHSS）。采用跳频技术时，设备必须伪随机从一个信道跳到另一个信道，以便减小以另一设备正在用来接收信号的相同频率进行传输的可能性。如以下所示，这一技术确实消除了识读器干扰的可能性，在美国两个UHF识读器之间发生干扰的可能性只有0.04%。

假设在同一相邻区域内的两个识读器正处于运行状态，每个识读器在50个不同的信道（FCC规定的最低信道数）之间跳跃。如果随机采样，每个信道的运行时间将为2%。两个识读器同时处于运行状态的可能性只有0.04%（2% *2%）。这可以进一步扩展到多个识读器：（0.04%）*（$n-1$）。在式中，n为识读器的个数。因此甚至在有101个识读器处于运行状态的极端情况下，由于扩展频谱技术导致的直接干扰的可能性也只有4%。

（1）占空循环（占空因数）

在欧洲，RFID主要由欧洲电信标准协会（ETSI）负责管理。ETSI曾经通过规定在欧洲射频识别段（865～868MHz）中10%的占空系数来解决干扰问题。这意味着一个识读器的发射机的运行时间只有10%。不难想象这将导致在RFID主要应用中出现的问题。从操作速度达到每分钟600英尺的传送带到捕获托盘上的所有箱子的入口，占空循环都必将导致在高速度应用情况下的误读取。进一步限制RFID系统性能的原因是规定功率传输只有0.8W（EIRP），而美国是4W（EIRP）。这严重限制了欧洲地区的UHF FRID应用的范围。

（2）频率捷变

最近，ETSI建议使用频率捷变技术，该技术使用“载波侦听”（LBT）的协议，接收器必须在传输前侦听所给的信道。尽管每个信道的宽度不到美国信道的一半（前者是200KHz，后者是500KHz），目前的允许功率限制是3.2W EIRP，大大高于ETSI以前的标准，频率捷变是相对于占空循环的一大进步，这将使RFID波段在欧洲地区得到更有效的应用。

亚洲大部分地区都制定了RFID频谱的使用方面的规定。一些国家划分了RFID的频谱，但没有规定波段的信道化或将采用哪些方法以避免相邻设备之间的干扰。

日本公共管理、内务、邮政和电信部（MPHPT或称日本总务省）指定950～956MHz为RFID实验频率。现在日本正使用952～954MHz的三个信道。

新加坡是亚洲第一个为 RFID 指定频谱的国家，规定在下列波段使用 RFID：866～869MHz（0.5W ERP）和 923～925MHz（发射功率为 2W ERP）。

中国 RFID 频率划分问题备受国际关注。最终在 2007 年 5 月，中国发布了 800/900MHz 频段射频识别（RFID）技术的具体使用频率为 840～845MHz 和 920～925MHz（发射功率为 2W）。

3. 测量干扰

据统计，其他识读系统是不可能造成干扰的，但以高功率发射的低频乱真信号（谐波）可能会造成重大的影响，导致接收器失灵和内部调制失真。因此，建议在 RFID 现场进行光谱分析，探测可能形成的干扰。

光谱分析器可以看作是射频设计工程师的“眼睛”，使实时测量射频成为可能。由于这些仪器的价格一般都相当昂贵（5000～25000 美元），而且很复杂，因此像这种科学仪器大多数终端用户都聘请专家进行光谱分析，作为现场评估的一部分。我们建议进行全法拉第周期分析（Full Faraday Cycle Analysis），而不是在某一点安装频谱分析仪并搜索几分钟内的干扰。全法拉第周期分析是一种光谱分析，跨越若干商业周期（business cycle，24～72 小时），连续不停地观察射频的活动情况。

4. 结论

识读器干扰和串扰是两个截然不同的问题。串扰一般通过了解市场上各种识读器的可调整参数，选择适宜天线，调整物理基础设施和（或）增设电子系统以便在必要时激活识读器并同时禁止识读器来加以解决。识读器之间的干扰不大可能出现，但仍需要从射频的角度了解环境。

不熟悉这些问题及其解决方法的人一般都将性能不佳归咎于技术不成熟。了解 RFID 的物理原理后，您就可以着手开展 RFID 试点项目，或在配置时更有信心，从供应链的自动数据采集中获取更多价值。

4.5.4 后台系统集成

本节主要讨论包装消费品（CPG）制造商、零售商和其他企业如何采用不同级别的系统集成部署 RFID，重点讨论采用 EPC 标准的企业在供应链中运用 RFID 有效准确地跟踪产品包装箱和托盘移转时所面临的问题。从中得出的经验教训不仅适用于制造和零售业用户的 RFID/EPC 应用，也可应用于其他企业。随着企业开始在包装箱和托盘上大量使用标签，他们将经历不同的应用阶段和不同级别的集成。在这些阶段，解决方案的体系结构非常重要，因此要实现 RFID 方案的最终目标，早期试点和实施阶段对于实现整个 RFID 方案的最终目标十分关键重要。下面将介绍各种方法及其潜在的风险和好处。

以下内容面向计划在供应链中应用 RFID 技术的企业，这些企业将对从生产地点流向零售商店的产品包装箱和托盘进行跟踪。这里所提到的观念也适用于希望以更有效地办法管理在零售环境中销售单个产品项目的企业。

1. 要求

与大型零售商一起参与供应链最优化活动的制造商必须制订规划，并在包装箱和托盘上粘贴 RFID/EPC 标签。最初的要求是在运往指定配送中心或库房的指定产品包装箱和托盘上贴标签。当零售配送和商店位置配置了 RFID/EPC 时，制造商与零售商合作，选定首批作为零售配送装运的产品，并将逐渐扩展应用到选定配送中心的所有产品，最终实现对所有配送中心的所有产品上。在过程中就信息交换达成的协议对于确定系统要求和实现价值目标至关重要。

系统的最低要求包括：

识别需要贴标的包装箱和托盘。

为包装箱分配 EPC，并管理和维护用来记录所分配包装箱 EPC 代码的系统，可能是仓库管埋系统、ERP 系统、其他现有系统或新的记录系统。

跟踪包装箱 EPC 与托盘 EPC（SSCC）的联系。

支持标签数据标准。

附加系统要求包括：

在电子数据交换（EDI）发货通知报文（DESADV）、预先出货通知单（ASN）和其他与客户交换的信息中纳入托盘和包装箱 EPC。

支持数据交换标准。

企业范围内的指定 EPC 记录系统。

2. 配送流程

配送流程主要考虑的是从产品装箱开始，经制造商配送系统到包装箱离开制造配送中心进入零售配送系统期间的过程，如图 4-39 所示。一般情况下，制造环境包括以下步骤：

产品装箱；

包装箱装盘；

托盘进入制造配送环境；

部分装满包装箱的托盘被运往零售配送中心（DC）；

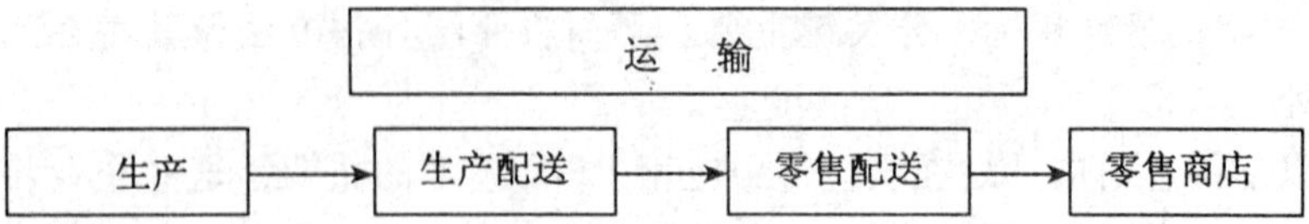

图 4-39　产品从生产到零售期间的移转图

剩余托盘被运往分段运输地点形成混合托盘；

拣选混合托盘，进入装运区域；

满载产品的包装箱和托盘被装上台车（truck），运往零售配送中心。

在零售配送中心对照收到的订单形成混合托盘。根据拣货表拣选包装箱聚集至托盘上。混合托盘时，将叉车开到各个不同的“拣货台”，在那里装满包装箱的托盘被打开，直至拣货单里的所有物品全部拣出。另一个拣货方法是通过传输系统自动对包装箱进行分类。包装箱按路线被输送到包装地点，在那里包装箱被逐个装到台车上，或者专门为特定的零售商店形成混合托盘。在这种情况下将形成拼装托盘，然后对其进行包装，在上面贴上 SSCC 的托盘标签，运往客户处。如果一个装满包装箱的托盘能够满足客户订单的数量，则可以将直接运给客户，而无需拣货。

在这个过程中涉及的系统一般有企业资源规划（ERP）系统和仓库管理系统（WMS）。企业资源规划系统负责接收和处理客户订单，将实际交货过程交由仓库管理系统处理。仓库管理系统负责决定如何根据订单拼装托盘，生成拣货表，监督从收托盘、拣货到装运的整个仓库过程。

由于仓库管理系统在订单交付中的作用，仓库管理系统经常是在引进 RFID 标签流程时集成的重点。随后将介绍对这些系统的高标准要求。

3. 贴标时间

制造商必须回答的一个关键性的流程问题是应该在制定过程的哪个阶段分配 EPC 代码并贴 RFID 标签。何时贴标签取决于客户对 RFID 的应用情况以及客户将应用 RFID 技术的产品数量。至少存在三种可能性：

产地贴标签：生产时贴标签，装箱后贴标签或在装箱前在包装箱包装上贴标签；

拣货时贴标签：当拣选包装箱时贴标签，包装箱将装到托盘上运往应用 RFID 的地点；

装运时贴标签：在托盘被运往可以应用 RFID 的客户地点之前贴标签。

贴标签时要拆开拼装（但未包装的）托盘，贴标签，然后将托盘装好。

产地贴标签可以提高效率和自动化程度，并使制造商能够从跟踪包装箱在其后各个环节间的移转情况中获益。但是在这个阶段很难确定哪些客户要求在产品上应用 RFID 标签，因此可能会给一些不必要贴标的包装箱贴上标签。

拣货时贴标签可以解决这一问题，因为拣货时已经确定货物要运给哪个客户（由于托盘的拣选需要对照客户订单）。不同制造商的拣货流程各不相同。对于需要在移动拣货环境下对物品单个贴标签的拣货流程来说，以现在的 RFID 技术水平而论，在拣货时贴标签是不实际的。对于涉及预先打印商标的拣货流程来说，在拣货时贴标签只是要求增加 RFID 标签，因此是可行的。

装运时贴标签，也能确定哪些客户要求应用 RFID 技术，然而，相对于在拣货时贴标签来讲，这种方法的好处在于贴标操作能够直接增加到现有的仓库流程中，因此不会影响原有的流程。但是采用这种方法需要增设更多的人手，以便对托盘进行拆装，然而，随着贴有 RFID 标签的物品数量的增加，不能无限制地增加人手。此外，采用这种方法意味着制造商没有机会从跟踪装运之前的环节中受益。

如图 4-40 所示，展示了产品从生产到零售商店期间的选择各种贴标方法的时间。

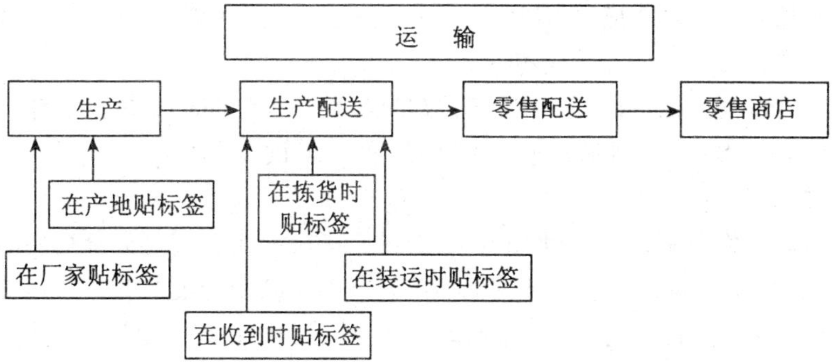

图 4-40　产品从生产到零售商店期间贴标时机选择示意图

以下是对各种贴标方法的描述：

针对消费者的标签方法

- 运货时贴标签　　在热缩包装和装运前、在拣货后给产品贴上标签。
- 拣货时贴标签　　在拣货期间给产品贴上标签。

批量粘贴标签

- 产地贴标签　　在包装期间堆放到托盘上之前在产品上贴标签。
- 收到时贴标签　　在收到时给产品贴上标签。
- 包装厂家贴标签　将标签嵌入产品包装材料或由包装制造商贴标签。

4. RFID 标签应用困境

制造商可以从产品在产地贴上标签的方式中受益，即这些产品的成本包含标签成本，且制造商可以从跟踪产品的移转情况中获得投资回报 ROI 利润。但是客户对于 RFID 的最初要求是在指定的具体地点给所有产品贴标签。因此，零售商和制造商应携手制定合理的实施计划，当双方就何时贴标签的问题上有冲突时，平衡需求，确定方案。

对于制造商来说，在选定的最小库存单元（SKU）上应用 RFID 标签，而对零售商来说，在选定地点的所有 SKU 应用 RFID 标签更加方便。很显然，如果制造商在所有产品上贴上 RFID 标签，且零售商在所有地点都能识读 RFID 标签，就能够在 RFID 技术上获得最大益处。这是理想的“最终状态”，只有当制造商和供应商都在 RFID 基础设施和标签成本上进行巨大投资后才可能实现。

对制造商和零售商来说，在实现对所有产品贴标签之前，有一个对一批产品贴标签的中间阶段。由于制造商和零售商在选择这批产品时有不同的倾向，于是双方面临将应用 RFID 的冲突和困境。下面分析一下在起步阶段制造上和供应商是如何开始应用 RFID 技术的。

对制造商来说，最好是在制造的时候就对选定 SKU 贴标。这样，制造商能够对该 SKU 在制造商整个库存流程中识读 RFID 标签，有效地应用 RFID 技术。

而对零售商来说，应用 RFID 始于在一些指定地点（例如分销中心和商店）添加 RFID 识读器和设备，他们关注的不是某个选定的 SKU，而是希望所有 SKU 的都贴标签，那些流向指定地点（部署了 RFID 设备）的产品可以被识读。

这正是沃尔玛开始部署 RFID 技术所面临的困境。沃尔玛最开始要求所有发往其 Dallas TX 分销中心的产品都贴有 RFID 标签，而这对制造商来说非常困难，因为他们在制造的时候无法知道产品将发往哪里。于是制造商只能选择在装运时贴标签，也就是即贴即发，在装运前分出那部分要发往沃尔玛指定分销中心的产品，贴标后立即发出。

为了实现RFID贴标的“理想状态”，这不可避免地将制造商引向逐渐扩展的过程，在这个过程中，制造商将随着时间的推移改变产品标签的流程。在一般情况下，扩展过程可能会表现如下：

装运时贴标签（Tag@ ship），未与IT系统集成；

装运时贴标签（Tag@ ship），与仓库管理（WMS）系统输出和支持系统结合；

装运时贴标签（Tag@ ship），采用WMS进行半自动处理；

拣货时贴标签（Tag@ pick），装运时检验；

产地贴标签（Tag@ source），拣货时检验，装运时检验。

这个扩展过程通常不是绝对的建议。也就是说，制造商可以针对选定产品实行产地标签，甚至同时可以运用在拣货时贴标签或在装运时贴标签的流程，以便照顾到那些不在产地贴标签的产品。

5. 各个扩展阶段的系统集成

（1）装运时贴标签，未与IT系统集成

在这种情况下系统集成的目标只是为了满足RFID标签的要求，投资最小。这种方法涉及在装运时给产品贴标签，很少要求检查标签编程是否正确，标签操作是否正常。除了满足客户对RFID的要求外，制造商从这种方法中获益最少。可以预见这种方法只在短期内适用，适用产品量很小。业内通常将这种方法称为“贴标出货”。

（2）装运时贴标签，与仓库管理（WMS）系统输出和支持系统结合

制造企业若想从RFID供应链应用早期阶段中获益，必须完成某些IT系统方面的工作。在装运时贴标签的解决方案与99%的支持系统（通常也被为离线系统）相结合有助于跟踪产品包装箱和确保装运准确性。WMS给零售商提供一份即将贴标的出口包装箱清单。将出口包装箱清单输入支持系统，将其与在托盘上贴标签的包装箱清单匹配。当货物装盘后离开以送往零售目的地时即对其进行跟踪。通过支持系统检查托盘是否与货车相符，红色和绿色指示灯供货车装卸使用。系统还可以指示出在货车离厂前托盘是否丢失。许多WMS还有码头管理功能，因此支持系统数据的价值在很大程度上取决于当前系统的技术水平。

然后这些数据继续留在支持系统内以供分析和进行故障诊断。这种方法只适宜少数货物，因为如果产品和客户数量太多，软件的复杂性将随之增加。但是这种方法提供了某种重要的数据采集功能，并且提高了RFID应用

初期阶段的准确性。

要从 RFID 中收获最大利益，关键在于要将技术、技术应用和流程改变结合起来。在影响 IT 系统运转之前，支持系统可能是以有限方式试验新流程的最有效的方法。

（3）装运时贴标签，采用 WMS 进行半自动处理

将这些流程上的改动付诸实施时，在一开始可能会涉及采用 WMS 对托盘和包装箱进行半自动处理。在半自动化的装运贴标过程中，需要与 WMS 进行在线集成。WMS 引导托盘运往装运贴标站，随着每个托盘的完成，向 WMS 发送报告，汇报工作状况和包装箱及托盘 EPC 代码清单。装运贴标（Tag@ ship）站可以人工操作，或与传输系统和其他自动化设备集成以提高生产力。这是适合长期部署的第一个阶段。

（4）拣货时贴标签，装运时检验

如果使 RFID 贴标流程进一步后退到拣货流程则可以继续降低 RFID 标签的成本，因为采用这种方法只需对那些将送往指定零售商或指定地点的产品贴标签。在拣货时贴标签的劳动成本可能将继续成为一个考虑因素。根据当前拣货和装卸流程，在拣货时贴标签的劳动量较装运时贴标签的劳动集中。因此，制造商必须在操作上有一套可靠的标准以便决定采用哪种方案。在与 WMS 相结合推动拣货工作进行的情况下，在装运前进行检验可以早一点对 WMS 的例外情况做标记并发现错误。此外，由于现在都是在操作过程中读取标签，因此可以从数据中得出关于产品流的新标准。如果所有产品都不是在拣货时贴标签，则可以通过现有的装运贴标签流程解决剩余产品标签的问题。

由于很难将已经拣出的物品隔离开来，倘若按照当前的技术状态，目前实行拣货时贴标签存在着一些挑战。使用手持或可佩戴的 RFID 识读器是一个理想的解决办法，但是还没有研究出确保只读取被拣出物品的流程和用户反馈机制。

（5）在产地贴标签，拣货时检验，装运时检验

在引进 RFID 技术的某些环节中，标签价格足够低，且零售商应用程度足够高，则可以在箱堆放站贴标签。对于每个制造商情况又是不相同的。通过计算低效率操作超出被浪费标签成本的数量可以确定拐点。由于产品的价值较高或者目前形成的流程类型，某些企业将会在引进 RFID 技术的过程中早一点进入这一阶段。而对于其他企业来说，标签成本在产品总成本中占有很大比例，那么这一阶段将会推迟，直到在生产线上实现 100% 地采用

EPC，才选用这种贴标方式。

在产地贴标签的解决方法包括在拣出包装箱时、在装运时和在其他操作中间环节的检验。WMS充分利用在仓库流程中的各个环节的RFID数据。这能够更加准确地跟踪和加快产品移转的速度。如果不是所有产品在产地贴标签，则将通过现有的拣货时贴标签或装运时贴标签的流程处理剩余产品。

如图4-41所示为制造业理想的EPC采用战略，展现了各种贴标签战略的运用情况。所运用战略的类型和组合将随着业务的变化而变化。在任何一个特定环节采用的战略组合都是以成本效率的分析结果和零售商对该技术的采用情况为基础。该图展现了两个之前没有特别提到的战略。在接收时贴标签（Tag@ Receive）的解决方法指制造商可以在产品从生产厂进入制造商的配送中心时在产品包装箱上贴RFID标签。在厂家贴标签（Tag@ Vendor）的解决方法指在包装厂家提供的瓦楞纸或箱包装上贴RFID标签。

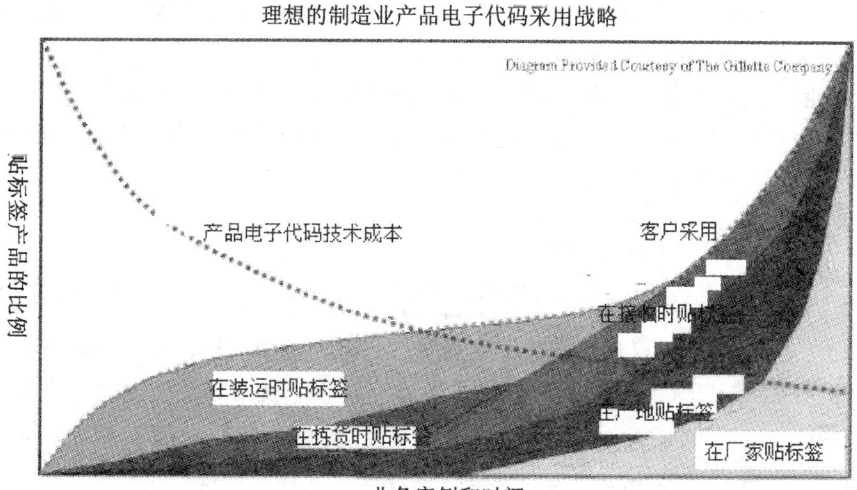

图4-41 理想状态EPC采用战略图

从图中可以看出，贴标产品的比例随着时间推进而增加，而EPC的技术成本随着时间的推移而降低。初期主要采用在装运时贴标签、在拣货时贴标签以及在产地贴标签。而随着贴标产品比例越来越大，EPC技术成本越来越低，将转向在厂家贴标签、在产地贴标签和在接收时贴标签这三种贴标方式为主。

6. 系统集成规划建议

不断完善系统集成：RFID 应用早期阶段的解决方案与后一阶段的解决方案不一样。早期阶段的解决方法在后一阶段仍然有用。例如，在装运时贴标签的方法不一定就不可取，即使许多产品都在产地贴标签，之后也仍然有可能用到装运时贴标签。

改变业务流程：必须进行某些改变，系统和员工都必须适应新的流程。早期可能不了解采用引进 RFID 的系统要求，因此测试支持系统对于试行 RFID 技术、测试流程变化和尽量减少关键系统给企业带来的风险是一个非常有效的办法。

体系结构是关键：必须要将重点考虑事项放在投资可升级的基础设施上，尤其是基于中间件、以基础设施为中心的方法通常胜过一次性的、以应用为中心的方法。由于中间件将 RFID 数据的采集与其使用分隔开来，因此随着识读器和其他基础设施组件再次用于跟踪业务流程的发展，可以保留对 RFID 基础设施的投资。中间件还可以减少对跟踪流程的基础技术（比如新一代识读器和标签）的修改。

制定修改计划：即使了解所有业务流程的变化情况，也应该制定修改计划。在集成发展的每个阶段，将了解到影响后阶段计划的许多因素，为无法预见的流程和事件留有余地。

4.5.5 标签识读率问题

以下内容旨在给那些努力使包装箱/托盘在第一时间内的达到 100% 识读率的公司提供建议性的选择。也有一些公司打算在 RFID 技术成熟和完善到能够达到 100% 识读率的时候再采用这一技术。技术的迅速发展总是使人们陷入一个什么时候应用这项技术的两难的境地，PC 行业的发展历史即是明证。企业和个人用户总是关心何时进行技术换代。保证技术 100% 地发挥作用是不现实的，RFID 技术也不例外。尽管如此，接下来将讨论如何解决不能 100% 读取包装箱/托盘的问题，给用户带来 100% 的数据准确性。

1. 目前情况

许多企业在着手实施 RFID 方案时的最初设想是：如果努力把物理设备配置好，就能保证 100% 地读取通过场站门检查点或供应链其他转移点的托盘上的所有（混合或同质）包装箱。但是，由于产品、包装、技术限制、缺陷、环境因素等原因，这种设想是无法实现的。这种情况与条码类似，尽管条码技术更简单，但也不能保证 100% 的读取率。尽管如此，制造商和零售商不应放弃完善射频基础设施的努力，同时应将重点放在调整业务流程上以获得更高的识读率。

2. 应用示例

高速公路收费是RFID应用的一个很好的例子，如图4-42所示。但这一应用也不能保证100%识读率。在汽车上放置射频标签，如今在美国和其他国家都已经非常普遍。通过公路或桥梁时，汽车上的标签被识读，实现自动向车主收缴通行费。但是，即使汽车上放置了标签，当汽车驶过收费站时，车上的应答器也可能读取不到。交通部门很重视这个问题。他们曾经设计了一种流程，采集那些用于收缴通行费的数据。为了避免遗漏，交通部门在收费站装设了摄像机，拍摄没有读取到的汽车牌照。汽车牌照编号被输入系统，系统通知车主。没有缴费和车上标签没有被读取到的车主，都按没有缴费者处理，将根据没有缴费记录这一事实通知他们应向交通部门缴纳通行费。那些装有射频标签的车主将收到账单，键入他们的发射机应答器编号并返回，从而使交通部门实现100%的收费率。在这个例子中，交通部门采用特定流程和有关技术弥补了不能100%读取发射机应答器的不足，实现了100%的收费率。

图4-42　公路支付系统应用(Speed Pass deployment)

3. 解决方法

相对于100%地读取标签，建议制造商和零售商应更加关注100%的数据采集。按照现在的技术水平，是可能通过减少技术方面的缺陷来弥补识读率不足100%的问题。

假设在供应链的某处，建议单个装卸包装箱，然后再堆放到托盘上，这时可以进行数据采集，就能实现对托盘上的所有包装箱级 EPC 代码单个识读。

当供应链参与方彼此信任，有良好的合作关系时，这种信任也有助于缩减技术方面的缺陷。

4. 制造商贴标流程

无论采用什么样的标签战略（装运时贴标签、产地贴标签、厂家贴标签、拣货时贴标签），每箱产品通常都要逐个放到托盘上。这种逐个装卸包装箱的方法可以在流程中实现 100% 的识读率。主要操作如下：

①读取各个 EPC 标签的包装箱，标签完好无损；

②采集各包装箱 EPC 代码；

③建立各 EPC 包装箱代码与正在堆集的托盘的联系，形成各包装箱对托盘的对应关系。

产地贴标签，厂家贴标签，拣货时贴标签。

在托盘上堆放贴标签的包装箱时，一般有两种情况：

情况 1：堆放相同产品的托盘从包装/制造中心经制造配送中心运往零售客户配送中心如图 4-43 所示。在这种情况下，包装之后就可以生成托盘，且托盘上的每个包装箱的 EPC 代码都会被读到。在这里，可以获得托盘上的每个包装箱的 EPC 代码，并且建立对应关系。托盘经过热缩包装后，作为单一整体在制造供应链中移动。无论包装箱与托盘的联系是在哪里维护的（EPCIS、WMS 等），托盘在业务流程中的某处被拆开之前，这种联系都不会因为托盘在供应链中的移转而改变。在各个所需的识读点，只需要读取几个包装箱就可以识别托盘。根据业务流程，只要托盘完好无损，就可以获得各个包装箱的情况，而无需全面读取托盘上的每个包装箱。在运输过程中，通过识读托盘识别代码（EPC 代码或其他代码）或托盘上的每个包装箱，就可以了解包装箱与托盘之间的联系，并掌握托盘上的各个包装箱的情况。

情况 2：堆放相同产品的托盘从配送中心的拣货台运出，在那里，为了满足不同的订单拆开托盘。此时，如果不是所有制造商都在产地对产品贴标签，则在配送中心的拣货台上可能有未贴标签的包装箱，这说明在配送中心有两种情况，一种是已有标签和未贴标签的产品混合在一起，另一种是都是未贴标签的产品。有两种方法可以确保所有包装箱在此时已经贴上标签，即拣货时贴标签（Tag@ Pick）和装运时贴标签（Tag@ Ship）。倘若拣货时贴标签的解决方案不可行，那么装运时贴标签将成为混合产品托盘最具吸引力

图 4-43　从制造车间运往配送中心的托盘（堆放贴有同一标签的产品）

的解决方案。

在运往客户地点之前，装运时贴标签的流程一般包括以下几个步骤：

①对照托盘订单拣选包装箱；

②托盘拆卸；

③在每个包装箱上贴上 EPC 标签；

④重新堆放托盘；

⑤托盘热缩包装；

⑥在托盘上贴上标签。

与产地贴标的方法类似，堆放相同产品的托盘上，必须逐个装卸包装箱，以便贴上 EPC 标签。这种单个贴标签的操作方法可以包括自动贴标签和手动贴标签。可以重复设置这一过程，以便捕获与 EPCIS、WMS 或其他企业系统内托盘有关的 EPC 代码。包装箱与托盘之间的这种联系省却了读取托盘上的所有包装箱级 EPC 的麻烦，只要根据业务流程，托盘保持原状即可。在运输期间，再次通过识读托盘识别代码（EPC 代码或其他代码）或托盘上的每个包装箱，就可以了解包装箱与托盘之间的联系，并掌握托盘上的各个包装箱的情况。

只要在供应链中有一处或一处以上以逐个的方式装卸包装箱形成托盘，就能采集与该托盘有关的所有包装箱级 EPC 代码。确保 100% 地读取每个包装箱之后将所有包装箱与所在托盘联系起来，是弥补在托盘级漏读包装箱过程中的一个关键。图 4-44 和图 4-45 分别为自动运货贴标站和正在装盘的产品贴标流程现场示意图。

图 4-44　对包装箱进行验货、贴标签、识读和重新装盘操作的自动装运贴标站

图 4-45　包装箱正在装盘的贴标流程图

5. EPC 信赖域（trust zone）

显然在供应链中的各个移转点都可以对产品进行热缩包装。前面描述的过程是在假设准备装运的托盘没有被篡改的情况下进行的。托盘一旦生成并进行热缩包装，则只有在取消订单上的包装箱 EPC 代码和包装箱托盘联系的情况下才可移动包装箱。如果堆好后的托盘未发生变化，则暗示供应链移转点之间的“信赖域”。周期检查供应链移转点或可选择的技术方法可以揭示出“信赖域”是否被违背。这种审查可以是查看 ASN 或 DESADV 上的所有 EPC 代码和所读取的箱 EPC 是否匹配。EPC 信赖域的概念首先出现在制造领域。制造业习惯于授予某些可靠的厂家“认证厂家”的称号。对厂家运货的准确性和材料质量进行审查是授予“认证厂家”的一个资格条件。获得制造商授予的“认证厂家”称号的厂家享受制造商给予的特殊待遇。

这些特殊待遇是货物免检。在供应链伙伴之间接受 EPC 信赖域需要开展另外的调查研究，但一旦达成协议即有益于各方。

6. 总结

RFID 技术不能保证 100% 地读取率。为弥补无法实现 100% 识读率的问题，制造商和零售商在不断完善 RFID 基础设施的同时，应重点通过调整业务流程来提高识读率。想要实现 100% 识读率，必须采用能够 100% 进行标签数据采集的方法。弥补技术与 100% 数据采集率之间差距的主要方法包括制定基于流程的解决方案，比如在包装箱与托盘之间建立起某种联系或在供应链伙伴之间授予 EPC 信赖域。

图 4-46 为数据采集示意图。随着技术完善（例如标签质量、识读器功能、包装技术的改进等）能够提高识读率，但由于无法实现 100% 的识读率，需要通过基于流程的方法（例如往托盘上逐个堆放包装箱、人工控制等）来弥补。由于目前在技术上存在的局限性，虽然不能 100% 地识读标签，但可以通过修改流程实现 100% 的数据采集。

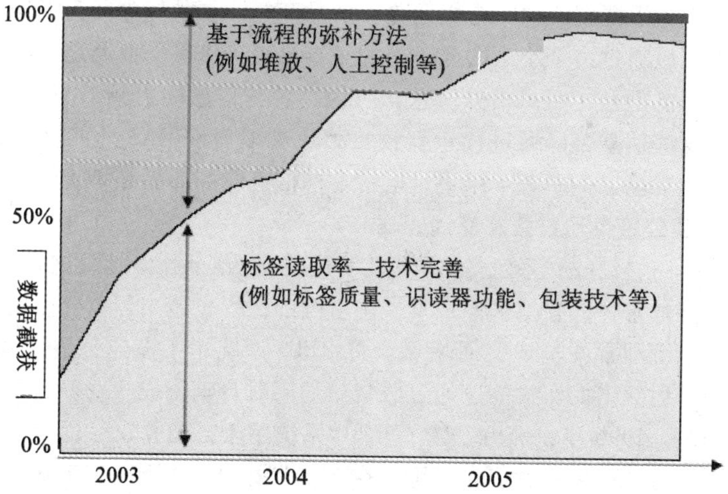

图 4-46　数据采集示意图

4.5.6　射频识别系统应用

1. 邮政/航空包裹分拣

意大利邮政局采用 ICODE 射频识别系统用于邮包分拣，包括普通邮包和 EMS 速递业务，大大提高了分拣速度和效率。在邮包上封装了电子卷标，被各地的识别装置识别，识别是否该邮包被正确地投递，并将信息输入联网主机。该系统能够达到 100% 准确读卡。防碰撞技术可以允许 30 张卡同时经过安置天线的货物信道。Philips 公司还将 ICODE 射频识别系统成功地推广到航空包裹的分拣。2001 年，英国航空公司在 Heathrow（英国伦敦希思罗机场）安装了 ICODE 射频识别系统，在两个月内的测试中，对来自德国慕尼黑、英国曼彻斯特等地的乘客 75000 件行李进行识别，测试效果令人满意，而且射频卡电路设计得非常薄，可以嵌在航空专用行李包里。

2. 图书馆图书管理

图书馆和音像制品收藏馆面临的巨大难题是要对数以万计的图书音像数据进行目录清单管理。而且要准确迅速的为读者提供服务。ICODE 技术可以满足这一需求，当可以在书架上确定书的位置，借书登记处，可以同时对多本书录入，并去 EAS 功能（电子防盗），不经录入而拿出的书将启动 EAS 报警。下图为 RFID 在图书馆中的应用。

3. 零售业

零售业中需要解决的三个问题是：产品商标、防伪标志和商品防盗。这三项要求可以通过一个小小的电子卷标很容易得到满足。商品出厂时，厂家把固化有商品型号、商品相关信息、防伪签名等信息的射频卡与商品配售。在销售点这些信息可以通过读卡器读出，还可以启动 EAS 功能为销售商提供商品防盗功能。消费者可以通过电子卷标信息辨别商品是否货真价实。

4. 高速公路自动收费及交通管理

高速公路自动收费系统是 RFID 技术最成功的应用之一。目前中国的高速公路发展非常快，在地区经济发展中占据的位置也越来越重要。而现在的人工收费系统却常常造成交通堵塞。将 RFID 系统用于高速公路自动收费，能够在携带射频卡的车辆高速通过收费站的同时自动完成收费。可以有效解决这个问题。1996 年，佛山安装了 RFID 系统用于自动收取路桥费以提高车辆通过率，缓解公路瓶颈。车辆可以在 250 公里的时速下用少于 0.5 毫秒的时间被识别，并且正确率达 100%。通过采用 RFID 系统，中国有把握改善其公路基础设施。

5. RFID 金融卡

无纸交易是必然的发展方向，目前已经出现了 RFID 金融卡。在香港非常普及的 Octopus（八达通卡）从 1997 年发行至今，已售出近 800 万张卡，遍布于超市、公交系统、餐厅酒店及其他消费场所。由于 RFID 系统更能适用于不同的环境，包括磁卡、IC卡不能适用的恶劣环境。比如公共汽车的电子月票、食堂餐卡等。由于射频卡上的存储单元能够分区，每个分区可以采用不同的加密体制，一个射频卡就可同时应用于不同金融收费系统，甚至可同时作为医疗保险卡、通行证、驾驶执照、护照等使用。一卡多用也是未来的发展潮流。射频识别技术由于使用方便，很有竞争力。

6. 生产线自动化

用RFID技术在生产线实现自动控制，提高了生产率，改进了生产方式，节约了成本。例如德国宝马汽车公司在装配线应用射频识别技术实现了用户定制的生产方式。即可按用户要求的式样来生产，用户可以从上万种内部和外部选项中选定自己所需车的颜色、引擎型号还有轮胎式样等，这样一来，汽车装配线就得装配上百种不同式样的宝马汽车，如果没有一个高度组织的、严密的控制系统是很难完成这样复杂的任务的。宝马公司就在其装配线安装RFID系统，他们使用可重复使用的射频卡，该射频卡上带有详细的汽车定制要求，在每个工作点处都有识读器，这样可以保证汽车在各个流水线工作点处能毫不出错地完成装配任务。世界上最大的复印机制造商Xerox公司，每年从英国的生产基地向销往欧洲各国400多万台设备，得益于基于RFID的货运管理系统，他们杜绝了任何运送环节出现的漏洞，实现了100%的准确配送，也因此获得了良好的声誉，他们采用了TI公司的射频识别装置。他们在每台复印机上的包装箱上贴有电子卷标（最终的设想是将卡片集成到复印机架上），在9条装配线，RFID识读器自动读出每一个要运走的货物唯一的卡号，并将相应的配送信息在数据库中与该卡信息对应，随后编入货物配送计划表中。如任何一台设备不小心被误送到的其他的运输车里，出检的RFID识读器将提供报警和纠正信息。整个流程可以大大节省开支和减少误送可能，提高货物配送效率。

7. 防伪技术

将射频识别技术应用在防伪的领域有它自身的技术优势。防伪技术本身要求成本低，但是却很难伪造。射频卡的成本就相对便宜，而芯片的制造需要有昂贵的芯片工厂，使伪造者望而却步。射频卡本身具有内存，可以储存、修改与产品有关的数据，利于销售商使用；并且体积十分小，便于产品封装。在计算机、激光打印机、电视等产品上都可使用。建立严格的产品销售渠道是防伪问题的关键。利用射频识别技术，厂家、批发商、零售商之间可以使用唯一的产品号来标识产品的身份。生产过程中在产品上封装入射频卡，记载上唯一的产品号。批发商、零售商用厂家提供的识读器就可以严格检验产品的合法性。同时注意利用这种技术不能改变现行的数据管理体制。利用标准的产品标识号完全可以做到与已用数据库体系兼容。

【思考题】

1. 简述 EPC 与条码的关系。
2. 简述 EPC 标签识读器的发展趋势。
3. 简述如何建设 EPC 射频识别系统。
4. 分析 EPC 应用案例。

第五章 EPC系统网络技术

【学习目标】

1. 理解 EPC 系统网络技术的组成。
2. 理解 EPC 系统各组成要素的含义。
3. 了解 EPCglobal 网络和 GDSN 的关系。

5.1 EPCglobal 网络与全球数据同步网络（GDSN）

企业需要详细了解与其产品和供应链有关的信息，还需要与其他贸易伙伴分享这些信息，提高交易、商品及服务转移的能力。为满足信息的各方面需求，出现了两种截然不同的信息网络，即全球数据同步网络（GDSN）和 EPCglobal 网络。GDSN 确保合作中的商业实体和产品与服务群体的静态信息的质量，促进交易的协作性。EPCglobal 网络则提供物品在供应链中转移的动态信息。EPCglobal 网络和全球数据同步网络分别从各自角度发挥着重要作用。此外，对于尝试完全协作业务模式的企业，可以联合应用 EPCglobal 网络和 GDSN，形成一种综合性的电子协作手段，从而在优化全球贸易合作关系中起到互补作用。

本节在对目前两种网络了解和应用的基础上阐明 EPCglobal 和 GDSN 的作用和好处，介绍两种网络的数据信息、运作方式和能力范围的不同之处。

5.1.1 信息类型

随着商业、技术、信息需求的变化，信息交流的标准和方法也在不断完善，尤其体现在 EPCglobal 网络和 GDSN 等信息服务的发展。要了解 EPCglobal 网络和 GDSN 等，首先要区分两种信息类型：静态信息和动态信息。

1. 静态信息

如表 5-1 所示，在全球商业环境中，静态信息可定义为与商业实体和产品、服务群体相关的高级核心数据信息。例如，关于商业实体的静态信息包括仓库、商店、配送中心、销售办公室等的位置信息。关于产品与服务群体的静态信息包括贸易单元、销售单元、物品尺寸等。

表 5-1　　　　**静态信息**

商业实体	产品与服务群体
• 作用（例如商店、仓库等） • 地址 • 电话号码	• 目标市场 • 产品类型 • 产品描述

2. 动态信息

如表 5-2 所示，动态信息是指专门针对单个物品且因物品不同（比如托盘、集装箱、书或药瓶等物品）而相异的数据信息。动态信息针对某一对象实例的传输数据。动态信息有两种类型：实例数据和历史数据。

表 5-2　　　　**动态信息**

实例数据	历史数据
• 单品特定信息的数据 • 序列号 （例如生产日期、有效期等）	• 单品在产品生命周期的流转数据 • 事件和状态数据 （例如到达时间、启程时间、目的地、目前温度等）

3. 信息服务

静态信息是指特定对象类别的核心数据，适用于所有物品；而动态信息则是专门针对某一对象各事件的数据，即关于某种特定物品的信息。GDSN 和 EPCglobal 网络是专门针对这两种类型信息的各种需求建立起来的。GDSN 确保相关方和产品群体的静态信息质量。EPCglobal 网络则主要用于收集和交流移动物品的动态信息。如图 5-1 所示为信息服务图。

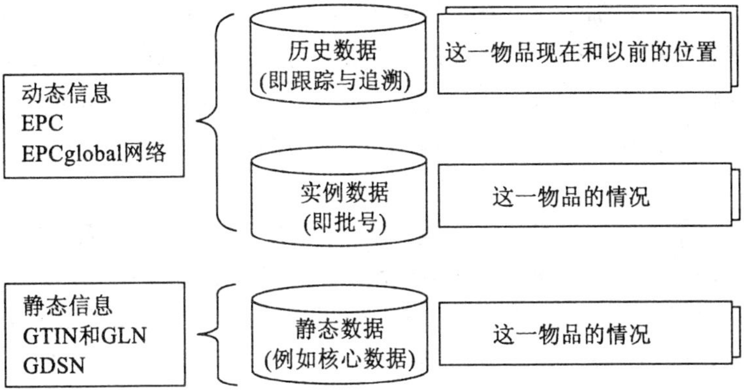

图 5-1　信息服务

5.1.2　EPCglobal 网络

动态信息的获取为物品和产品的全部移动记录带来了实时可见度。通过实时获取任何物品的产品移动信息，优化了跟踪能力，提高了跟踪过程的自动化水平。这些优化和提高的功能应用于包装、行李分拣、医药管理等许多行业。此外，动态信息的获取给负责产品召回和公共卫生的管理机构带来了无法估量的价值，也可提高海关和海港的安全性。在推行 EPCglobal 网络之前，国际上还没有一个全球认可的动态信息采集和交流的标准或方法。而 EPCglobal 网络利用基于射频识别（RFID）和互联网技术的动态信息网络填补了这个空白。

1. 产品电子代码（EPC）

产品电子代码（EPC）是 EPCglobal 网络的标准化物品识别符。EPCglobal 网络为 EPC 数据结构提供了一个灵活的框架，支持多种编码方案（例如 EAN · UCC、VIN、CAGE、DODAAC 等）。这种框架有助于各个垂直部门使用 EPCglobal 网络，因为它可以使各个部门将自己基于标准的编码整合到 EPC 中。例如，EAN · UCC 组织将围绕 EAN · UCC 系统编码方案建立自己的 EPC，其他行业也围绕自己的标准编码方案建立自己的 EPC。对单个物品分配唯一的 EPC，使在 EPCglobal 网络中采集和交流动态信息成为可能。

2. EPCglobal 网络的运作

EPCglobal 通过采用价格便宜的 RFID 标签和识读器识别 EPC，在全球供应链中推行 RFID 技术，然后借助互联网获取授权用户可以共享的大量相关信息。为了采集数据，将带有唯一 EPC 代码的 EPC 标签粘贴在集装箱、托盘、箱子或物体上。然后，从战略角度考虑分布在整个供应链各处的 EPC 识读器在标签经过时读取各个标签所承载的信息，将 EPC 和读取时间、日期和地点传输给网络。EPC 中间件在各点对 EPC 标签、识读器和当地基础设施进行控制和集成。

上述信息一旦被采集，EPCglobal 网络利用互联网技术创建的网络，让全球供应链中的授权贸易伙伴分享这些信息。对象名称解析服务（ONS）技术与互联网技术类似，将 EPC 转换成 URL，然后当地计算机通过 URL 找到与该 EPC 有关的信息在哪里。此后，由产品电子代码信息服务（EPCIS）对 EPCglobal 网络中实际数据的存取进行管理，企业在 EPCIS 中指定哪些贸易伙伴有权访问这些信息。通过以上步骤，包含并能实时显示各个产品移动情况的信息网络就此形成。

大多数 EPC 标签只将 EPC 传递给识读器。但是，复杂标签由于具有更多的功能，所以在某些行业成本更高一些。例如，食品行业可能希望在标签上增加温度，从而对温度进行跟踪。如果增加温度传感器，就可以在读取标签时将当前温度传递给识读器。

5.1.3 全球数据同步网络（GDSN）

企业与其他贸易伙伴分享静态信息，比如产品属性和公司位置，以促进交易。如果产品属性变化或推出新产品，则需通过供应链将新信息传递给各参与方，确保所有合作伙伴使用同步信息进行交易。比如，如果某参与方的总部位置改变，发票必须交送到新地址，或者如果开设新店，要向这个新店配送商品。如果供应链非常复杂，包含数百个合作伙伴，那么将改动后的静态信息传递给各参与方是一件非常麻烦的事情。GDSN 可以解决这一问题，通过采用 EAN · UCC 系统标准、全球标识代码和业务信息标准，保证了静态信息在贸易伙伴之间的一致性和质量。

1. 全球贸易项目代码（GTIN）和全球位置编码（GLN）

全球位置编码（GLN）和全球贸易项目代码（GTIN）都是 GDSN 中的全球标识代码。GLN 是适用于法人实体、贸易伙伴和位置信息（例如商店、制造中心、仓库、销售办公室等）的 EAN · UCC 系统标识符。GTIN 是适用于交易物品的 EAN · UCC 系统标识符，包括产品和服务。各企业根据自己的公司前缀和 EAN · UCC 系统标准，分配和维护自己的 GTIN 和 GLN。许多垂直部门利用GTIN和GLN对自己及其产品进行唯一性识别。指定GTIN和GLN使它们可以在GDSN中交换有关法人实体、贸易伙伴、位置和产品的静态信息。

2. 全球数据同步网络（GDSN）的运作

GDSN采用基于GS1系统标准的信息，为贸易伙伴提供唯一入口，通过可相互操作的数据库和GS1全球登记库使静态信息同步化。可相互操作数据库即GLN和GTIN静态信息仓库。企业在数据库中注册自己的产品信息，授权贸易伙伴接收这些信息。因此，当信息发生改变时，企业可以在数据库里修改产品信息。然后GDSN数据库检查所有静态信息是否符合GS1系统标准，使信息在供需双方的合作伙伴之间同步化，以确保所有贸易伙伴使用的数据都是相同的、符合EAN·UCC系统标准的最新数据。最后，GS1全球登记库作为中心数据池，提供来自GDSN各个数据库的产品和参与方数据的位置信息（即GTIN和GLN）。同时，它还提供对GTIN和GLN基本信息的全球搜索，通过确定信息所在的数据库找到相关数据，促进静态信息在贸易伙伴间的传递。

5.1.4 EPCglobal网络和GDSN

尽管EPCglobal网络和GDSN旨在满足不同的信息需求，但从全球标识代码和相关附加信息的全球识别代码解决方案的角度来看，它们仍然存在着某些相同和相似之处。

1. EPCglobal网络和GDSN的关联

（1）EPCglobal网络和GDSN的协同作用

目前，EPCglobal网络和GDSN不维护重复的信息。EPCglobal不提供GTIN信息，而GDSN则不提供某一产品的各实例信息。全球贸易项目代码（GTIN）是针对EAN·UCC系统产品、基于标准标识代码，旨在获取GTIN的静态产品信息的全球识别代码。EPC的数据结构使各部门能采用自己的编码标准对EPC编码。在EAN·UCC系统中，GTIN被合并到基于标准代码的EPC中。

但是，由于GTIN已被纳入到EPC中，因此在EPCglobal网络中，人们对这两大网络的全球识别代码进行了调整。整合到EPC中的GTIN提供了一个从EPCglobal网络到GDSN的信息链。因此，EPC提供的全球标识代码，不仅可以用来访问EPCglobal网络中的各个物品的动态信息，也能使GS1系统用户能够访问该物品在GDSN中产品分组的静态信息。

（2）EPCglobal 网络和 GDSN 的组成部分

EPCglobal 网络和 GDSN 利用一种机制将全球识别代码与相关信息联系起来，并利用该机制对网络内部的信息访问进行管理。在 EPCglobal 网络中，用 EPC 为索引查询对象名称解析服务（ONS），然后 ONS 返回与该 EPC 有关的位置信息。此后，由 EPCIS 根据位置信息对 EPCglobal 网络的实际数据存取进行管理。在 EPCIS 中，各个公司指定谁有权访问自己的动态信息。在 GDSN 中，用户利用 GLN 和/或 GTIN 查询 GS1 全球登记库，然后指定存放该 GTIN 或 GLN 信息的数据库。此后，该数据库对信息访问进行管理，数据所有者对静态信息的访问作出授权。如表 5-3 所示为 EPCglbaol 网络和 GDSN 的组成部分。

表 5-3　　**EPCglobal 网络和 GDSN**

GDSN		EPCglobal 网络	
GS1 全球注册中心	提供自动搜索目标服务，确定可以找到的 GTIN 和/或 GLN 所在的数据库	发现服务中的 ONS	提供从 EPC 到 URL 的自动地址转换服务，计算机利用 URL 找到授权用户可以访问的、EPC 相关信息所在的位置。
数据池	产品属性信息储存库，授权用户可由此发送和接收信息。	EPCIS	EPC 数据传递和分配必需的信息服务，该服务使用了安全技术，包括认证、授权以及访问控制。

2. EPCglobal 网络和 GDSN 的区别

尽管 EPCglobal 网络与 GDSN 之间存在上述相似之处，但二者之间也有重大区别。这两大网络提供的信息不仅在种类上有着明显的不同，而且有着各自不同的目标和操作环境。如表 5-4 所示列出了 EPCglobal 网络和 GDSN 的区别。

（1）目标和信息

EPCglobal 网络主要用于采集和共享各个物品的流动信息，其目标是为相互协作的各参与方提供动态信息。相反，GDSN 则主要用于与贸易伙伴共享静态信息，以促进交易，其目标是确保贸易伙伴间静态信息的质量，以促进协作和交易。

表 5-4 **EPCglobal 网络和 GDSN 的区别**

	GDSN	EPCglobal 网络
业务用途	电子商务 交易！	物流 运输！
目的	确保贸易伙伴间的信息质量	跟踪物品的流动情况
主要功能	数据同步和 EAN · UCC 系统有效性 它是协作交易管理（B2B 电子商务）的基础	记录事件，说明变化情况 自动识别和数据捕获，以及网上交换标准化信息
信息类型	静态信息 • 对象级和参与方信息 • GTIN 和 GLN	动态信息 • 实例信息 • 利用系列化 EPC 对各个物品进行唯一标识
数据的稳定性	稳定。不常发生变化	变化。经常更新

（2）操作环境

EPCglobal 网络和 GDSN 的目的和功能大不相同。因此，两大网络有着各自不同的操作环境。EPCglobal 网络提供大量频繁变化的动态信息。每次标有 EPC 的标签经过 EPC 识读器时，识读器都会将所读取的日期、时间和地点发送给 EPCglobal 网络。由于各个物品都有特定的 EPC，而且每个物品都将在其生命周期内被大量 EPC 识读器读取，因此 EPCglobal 网络的操作环境是为访问供应链内移动的信息而设计的。相反，GDSN 则提供广为传播的静态信息。此外，GLN 和 GTIN 提供关于商业实体和产品/服务团体的核心数据。因此，GDSN 的操作环境必须要能够保证相对稳定信息的质量。

EPCglobal 网络和 GDSN 各自的好处：EPCglobal 网络提供各个物品在供应链中的动态信息，而 GDSN 则保证贸易伙伴间商业实体和产品/服务团体的静态信息质量，从而促进协作交易。对于某些协作方式，数据同步化可以为 EPCglobal 网络提供有力支持，尤其对那些尝试全面协作模式的企业。对这种业务模式，EPCglobal 网络和 GDSN 可以联合起来，形成一种综合性的电子协作手段，从而促进复杂供应链中的全球贸易合作关系的完善。

但是，数据同步并不是应用EPCglobal网络的必要条件。在推行EPCglobal网络的早期阶段，就出现了许多有价值的跨行业的应用案例。例如，处方管理和控制、行李搬运等都使用了EPCglobal网络，但并不需要数据同步技术。因此，尽管数据同步化不是推行EPCglobal网络的必要条件，企业仍应根据自己的目标和信息需求，确定采用数据同步技术是否可以提高EPCglobal网络的效率。

5.2 中间件

5.2.1 什么是中间件

中间件（middleware）是基础软件的一大类，属于可复用软件的范畴。顾名思义，中间件处于操作系统软件与用户的应用软件的中间。中间件在操作系统、网络和数据库之上，应用软件的下层，总的作用是为处于自己上层的应用软件提供运行与开发的环境，帮助用户灵活、高效地开发和集成复杂的应用软件。

在中间件产生以前应用软件直接使用操作系统、网络协议和数据库等开发，这些都是计算机最底层的东西，越底层越复杂，开发者不得不面临许多很棘手的问题，如操作系统的多样性，繁杂的网络程序设计、管理，复杂多变的网络环境，以及数据分散处理带来的不一致性问题、性能和效率、安全等。这些与用户的业务没有直接关系，但又必须解决，耗费了大量有限的时间和精力。于是，有人提出将应用软件所要面临的共性问题进行提炼、抽象，在操作系统之上再形成一个可复用的部分，供成千上万的应用软件重复使用。这一技术思想最终构成了中间件这类的软件。

最早具有中间件技术思想及功能的软件是IBM的CICS，但由于CICS不是分布式环境的产物，因此人们一般把Tuxedo作为第一个严格意义上的中间件产品。Tuxedo是1984年在当时属于AT&T的贝尔实验室开发完成的，但由于分布式处理当时并没有在商业应用上获得像今天一样的成功，Tuxedo在很长一段时期里只是实验室产品，后来被Novell收购，在经过Novell并不成功的商业推广之后，1995年被现在的BEA公司收购。尽管中间件的概念很早就已经产生，但中间件技术的广泛运用却是在最近10年。BEA公司1995年成立后收购Tuxedo才成为一个真正的中间件厂商，IBM的中间件MQSeries也是20世纪90年代的产品，其他许多中间件产品也都是最近几年才成熟起来。国内在中间件领域的起步阶段正是整个世界范围内中间件的初创时期。东方通科技早在 1992 年就开始中间件的研究与开发，1993 年推出第一个产品 TongLINK/Q。可以说，在中间件领域国内的起步时间并不比国外晚多少。

5.2.2　EPC 中间件概述

EPC 中间件是用来加工和处理来自识读器的所有信息和事件流的软件，是连接识读器和企业应用的纽带。它要对标签数据进行过滤、分组和计数，以减少发往信息网络系统的数据量，并防止错误识读、漏读和多读信息。

EPC 中间件是物联网的神经系统，是一种企业通用的管理 EPC 数据的架构。它可以安装在商店、本地配送中心、区域甚至全国数据中心，以实现对数据的捕获、监控和传送。这种分布式结构可以简化物联网的管理，提高运行效率。如图 5-2 所示，描述了一个典型的 EPC 中间件系统结构，这种树形结构的叶节点叫做“边缘 EPC 中间件”，树的分支节点叫做“内部 EPC 中间件”。

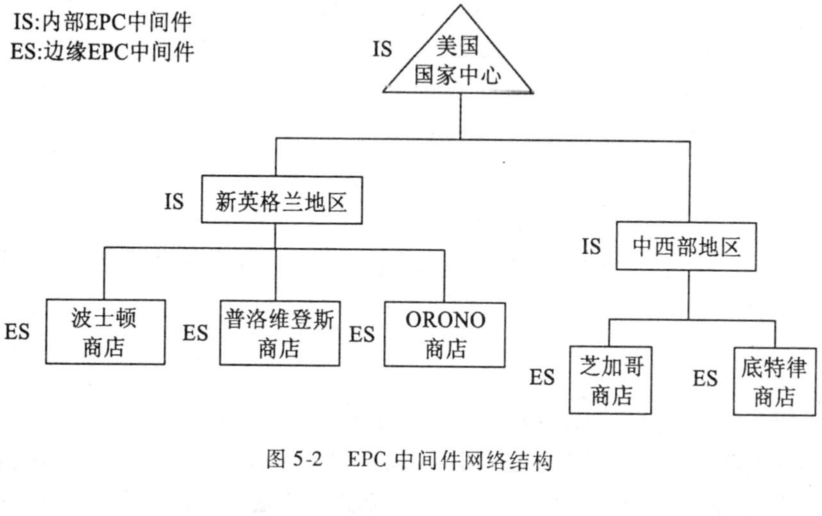

图 5-2　EPC 中间件网络结构

“边缘 EPC 中间件”是采集实时 EPC 数据的 EPC 中间件。典型应用下，EPC 中间件软件安装在商店、仓库、制造车间甚至卡车上。“边缘 EPC 中间件”由在网络中的逻辑位置而得名：EPC 数据只有通过它们才能进入系统。为了以后恢复方便，“边缘 EPC 中间件”不停地捕获、监视、存储数据。在 EPC 中间件等级结构中，“边缘 EPC 中间件”总是结构树中的叶节点。

“边缘 EPC 中间件”与 RFID 的识读器相连。识读器不停地从标签中采集 EPC 数据，并向 EPC 中间件传输。每次识读 EPC 中间件都要保存一些信息，例如：标签的 EPC 代码；扫描标签的识读器的 EPC 代码，识读时间；以及与 EPC 不相关的一些信息，如识读器观测到的温度和地理位置。

在 EPC 中间件的逻辑等级中“内部 EPC 中间件”指内部节点，是“边缘 EPC 中间件”的父节点或者上级，“内部 EPC 中间件”从它的下属“边缘 EPC 中间件”中采集 EPC 数据。通常，“内部 EPC 中间件”安装在企业的区域或者国家级的数据中心。“内部 EPC 中间件”系统除从它的下级采集生成数据外，还负责合计 EPC 数据。如图 5-3 所示，显示了一个典型的时间和空间的数据分布图，数据按照时间轴垂直分布到 EPC 中间件网络的各个结点。如图 5-4 所示描述了 EPC 中间件组件和其他应用程序的通讯状况。

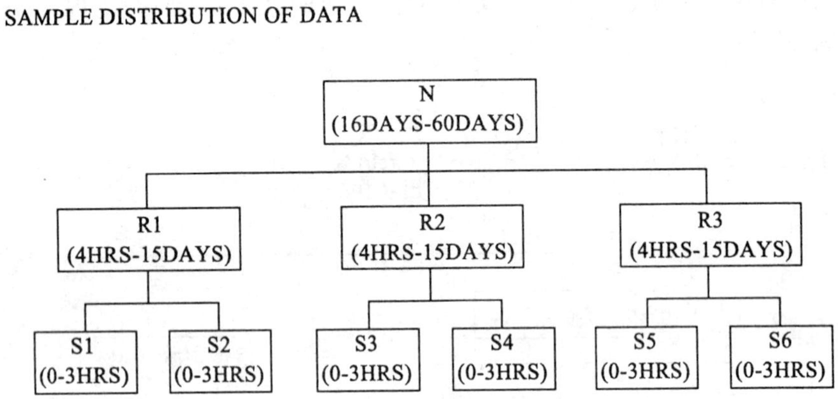

图 5-3　EPC 中间件典型的数据分布图

EPC 中间件是程序模块的集成，程序模块通过两个接口与外界交互，识读器通过两个接口与外界交互，识读器接口和应用程序接口。其中识读器接口提供与标签识读器，尤其是 RFID 识读器的连接方法。应用程序接口使 EPC 中间件与外部应用程序连接，这些应用程序通常是现在的企业正在使用的应用程序，也有可能有新的特定 EPC 应用程序甚至是其他 EPC 中间件。除了 EPC 中间件定义的两个外部接口（识读器接口和应用程序接口）外，程序模块之间用它们自己定义的 API 函数交互。也许会通过某些特定接口与外部服务进行交互，一种典型的就是 EPC 中间件岛 EPC 中间件的通讯。

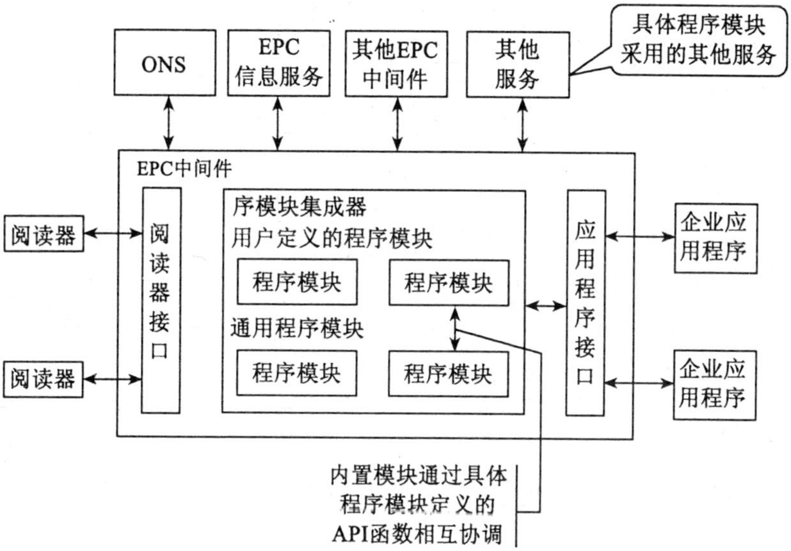

图 5-4　EPC 中间件的内部结构

EPC 中间件由以下三个主要的模块构成：

事件管理系统（Event Management System：EMS）；

实时内存事件数据库（Real-time in-memory Event Database：RIED）；

任务管理系统（Task Management System：TMS）。

1. 事件管理系统（EMS）

EMS 配置在“边缘 EPC 中间件”端，用于收集读到的标签信息，EMS 的主要任务是：

①能够让不同类型的识读器将信息写入到适配器；

②从识读器中收集标准格式的 EPC 数据；

③允许过滤器对数据 EPC 数据进行平滑处理；

④允许将处理后的数据写入 RIED 或数据库，或者通过 HTTP/JMS/SOAP 将 EPC 数据广播到远程服务器；

⑤对事件进行缓冲，使得数据记录器（logger）、数据过滤器（filter）和适配器（adapter）能够互不干扰地相互工作。

如图 5-5 所示显示了一个事件是怎样在 EPC 中间件中传递的，许多不同型号的识读器都可以连接到 EPC 中间件，识读器能够检测 EPC 标签并产生

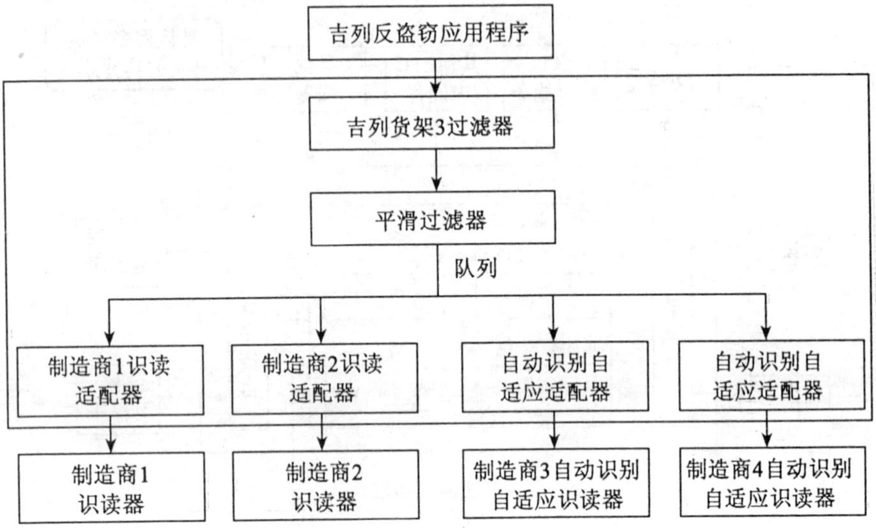

图 5-5　一个 EMS 的抽象实施细节

EPC 事件，识读器还能够产生非 EPC 事件（如温度、湿度等）。

当事件（event）产生并传递给适配器后，它们将被传递到一个队列（queue），在这个队列中，事件将自动转寄到过滤器（filter），根据不同的过滤器定义，将会有不同的事件被过滤出来，例如时间过滤器只允许特定时间标记的事件通过。数据记录器（Logger）跟过滤器功能类似，只是记录器主要是用于将事件存储到数据库或者将事件传递到某种网络连接（Socket，http 等），如图 5-6 所示显示了一个 EMS 中不同类型的识读器、队列、不同类型的过滤器和不同类型的记录器系统工作的图示，它们之间可以通过搭积木的形式完成很多不同的事件处理的任务。

2. 实时内存事件数据库（Real-time in-memory Event Database：RIED）

RIED 是一个内存数据库用来存储"边缘 EPC 中间件"的事件信息，"边缘 EPC 中间件"维护来自识读器的信息，并提供过滤和记录事件的框架。事件记录器（logger）能够将事件记录到数据库，然而，数据库不能在一秒钟内处理上千个事务，RIED 提供了与数据库连通的接口，但是却比数据库的性能大大提高了。

应用程序能够使用 JDBC 或者本地接口访问 RIED，RIED 提供像 SELECT，UPDATE，INSERT 和 DELETE 的 SQL 操作，RIED 支持一个定义在

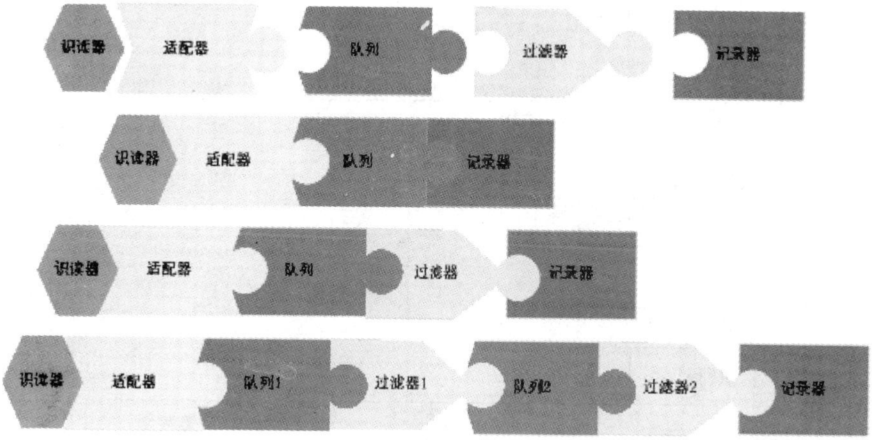

图 5-6 EPC 中间件事件处理"积木"拼装图

SQL92 中的子集，RIED 同时提供快照功能，能够维护数据库不同时间的数据快照。

如图 5-7 所示显示了 RIED 的模型，RIED 由下面的组件构成：

①JDBC 接口。JDBC 接口使远程的机器能够使用标准的 SQL 查询语句访问 RIED，并能够使用标准的 URL 定位 RIED。

②DML 剖析器。DML 剖析器剖析 SQL 数据修改语言，包括标准 SQL 的 SELECT、INSERT 和 UPDATE 命令。RIED 的 DML 剖析器是整个 SQL92 DML 规范的子集。

③查询优化器。查询优化器使用 DML 剖析器的输出并将其转化为 RIED 可以查询的执行计划，计划定义中定义的搜索路径是用来找到一个有效的执行计划的。

④本地查询处理器。本地查询接口处理直接来自应用程序（或者 SQL 剖析器）的执行计划。

⑤排序区。排序区是本地查询处理器用来执行排序、分组和连接操作的，排序区使用哈希表来做连接和分组操作，使用一种很有效的排序算法来做排序操作。

⑥数据结构。RIED 使用“有效线程安全持久数据结构”来存储不同的数据快照，这个持久数据结构允许持续创建新的数据快照。这样的数据结构在 RIED 的实时操作中是必需的。

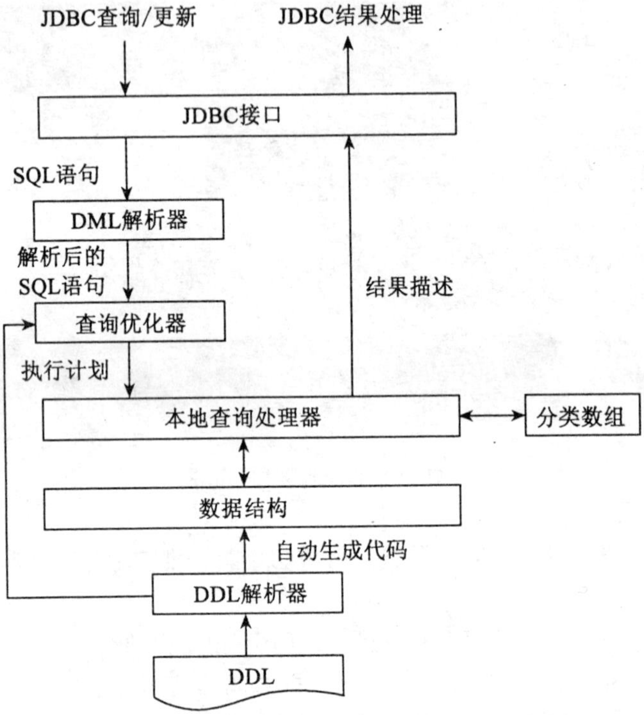

图 5-7　RIED 模型

⑦DDL 剖析器。DDL 剖析器处理计划定义文档和初始化内存模型中的不同数据结构，DDL 剖析器还提供查找定义在 DDL 中的查询路径的功能。

⑧回滚缓冲。在 RIED 中执行的事务可以提交或者回滚，回滚缓冲持有所有的更新直到事务被提交。

3. 任务管理系统（Task Management System：TMS）

EPC 中间件系统使用定制的任务来执行数据管理和数据监控。一般说来，一个任务可以被看作是多任务系统的一个线程，EPC 中间件的 TMS 管理任务的方法恰似操作系统管理进行的方法。

同时 TMS 提供一些任务操作系统不提供的特性，如：具有时间段任务的外部接口、从冗余的类服务器中随选加载 java 虚拟机的统一类库、一个强健的调度程序维护任务的持久化信息，并能够在 EPC 中间件瘫痪或者任务瘫痪以后重新启动任务。

EPC 中间件的 TMS 简化了分布式 EPC 中间件的维护，企业可以通过仅仅保证一系列的类服务器上的任务更新，并更新相关的 EPC 中间件上的调度任务就可以维护 EPC 中间件了。但是，硬件和核心的软件（如操作系统和 java 虚拟机），必须定期更新。

为 TMS 编写的任务可以访问所有 EPC 中间件的工具。TMS 的任务可以执行各式各样的企业操作，例如：数据收集，发送或者接收另一个 EPC 中间件的产品信息；XML 查询，查询 ONS/XML 服务器手机动态/静态产品实例信息；远程任务调度，调度或者删除另外一个 EPC 中间件上的任务；职员警告，在一些定义的事件（货架缺货，盗窃，产品过期）发生时，向相关职员发送警告；远程更新，发送产品信息给远程的供应链管理系统。

如图 5-8 所示给出了 EPC 中间件 TMS 的体系架构，在 TMS 系统中有如下组件：任务管理器、SOAP 接口、类服务器、数据库。

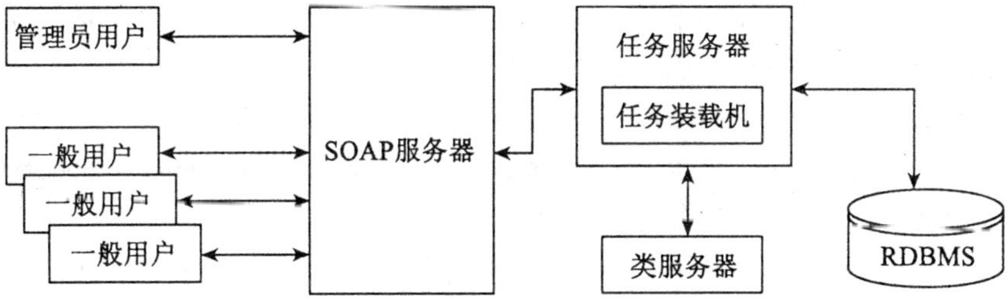

图 5-8　TMS 体系架构

（1）任务管理器

TMS 主要是代表用户负责执行和维护运行在 EPC 中间件上的任务，每个提交给系统的任务都有一个时间表，事件表中表明任务的运行周期，是否连续执行等。基于任务的特点和与任务相关的时间表，定义如下任务类型：

1）一次性任务

如果请求是一次性的查询，那么任务管理器就生成该查询任务并返回运行结果。

2）循环性任务

如果请求有一个循环的时间表，任务管理器就将该任务作为持久化数据存储并按照给定的时间表循环执行该任务。

3）永久性任务

如果请求是一个永久性的需要不断执行的任务，任务管理器会定期监视该任务，如果任务瘫痪，任务管理器就重新生成该任务并执行。

（2）SOAP 接口

SOAP 服务器的任务是将功能和任务管理器的接口作为服务的形式暴露出来，让所有的系统都可以访问到，部署可以通过一个简单的部署描述文件来完成，该文件描述了哪些任务管理器的方法被暴露出来。

（3）类服务器

类服务器使得给系统动态加载额外服务成为可能，任务管理器指向类服务器并在类服务器有效时加载要求加载的新的类。这样可以很容易的实现更新、添加和修改任务而不需要重新启动系统。

（4）数据库

数据库为任务管理器提供一个持久化的存储场所，数据库持有提交的任务和它们相应进度表的详细信息，因此所有提交给系统的任务将会存活下来，即使任务管理器出乎意外地瘫痪。在每一个循环，任务管理器查询数据库中的任务并更新相关的记录。

如果需要部署一个新的任务，则需要按照以下步骤进行：

①如果是循环性或永久性任务，需要实现接口 org. autoidcenter. tms. TaskInterface，并实现任务的 run（）和 safeStop（）方法。

②如果是一次性任务，需要实现接口 org. autoidcenter. tem. OneTime TaskInterface，并实现 run（），safeStop（）和 getResult 方法。

③实现一个带有一个参数的构造函数，一个线程的字符串输入数据。

④把写好的类放在能够被 EPC 中间件 TMS 访问到的类服务器中。

⑤当使用 TMS SOAP 接口执行任务时传递合适的字符串参数给任务。

⑥OneTimeTaskInterface 的代码如下：

```
public interface OneTimeTaskInterface extends
org. autoidcenter. tms. TaskInterface {
public String getResult ();
}
```

5.3 ONS 工作原理

5.3.1 ONS 概况

ONS（the Object Name Service）（对象名解析服务）是一种全球查询服

务，可以将EPC编码转换成一个或多个internet地址，从而可以进一步找到此编码对应的货品的详细信息，通过URL可以访问EPCIS服务和与该货品相关的其他Web站点/internet资源。如图5-9所示即体现了ONS在EPC系统中的作用。

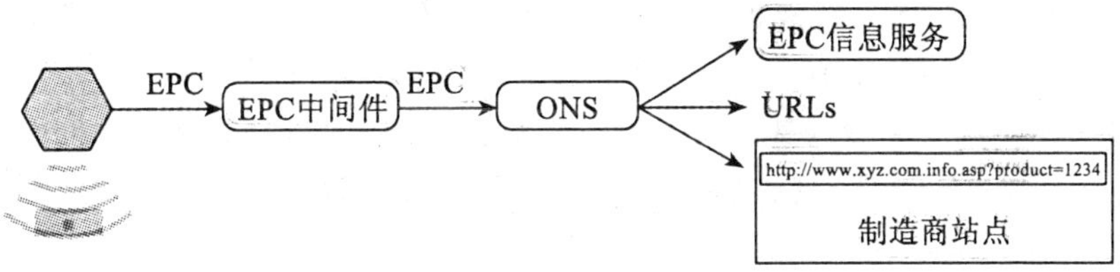

图5-9 ONS在EPC系统中的作用

可以明确的是，一个实体对象的网络服务模式可以通过该实体对象唯一的产品电子代码（EPC）标签进行识别与实现。识读器可以识别标签中的EPC编码，特别适合在人工识别无法做到的情况下使用。例如，一台无线射频传感器可以侦测到周围一定范围内的所有RFID标签。

实体对象可以通过自带的EPC标签与网络服务模式（network service）相关联。网络服务模式是一种基于Internet或者VPN专线的远程服务模式，可以提供与存储指定对象的相关信息。典型的网络服务模式可以提供特定对象的产品信息。ONS架构可以帮助识读器或识读器信息处理软件定位这些服务。

当前，ONS服务被用来定位特定EPC对应的EPC信息服务。EPC信息服务提供一系列EPC信息服务器的接口，它们用XML语言来描述与提供某对象的相关信息。ONS服务是联系前台EPC中间件和后台EPC信息服务的网络枢纽，并且ONS设计与架构都以因特网域名解析服务DNS为基础，因此，可以使整个EPC网络以因特网为依托，迅速架构并顺利延伸到世界各地。

5.3.2 需求分析

ONS架构包含的映射信息应当是在包含EPC空间命名者、制造商/管理者和制造商产品加工厂在内的一种多层体系下进行维护，制造商、分销商对EPC编码及货品信息的需求角度与记录方式都不相同。基于以上考虑，对ONS架构的设计提出了第一个性能需求：

需求1：ONS架构应当允许映射信息的分层与分类管理，ONS应当分为动态ONS与静态ONS。每次访问一个EPC的信息都要进行一次ONS查询，如果不对系统进行优化，那么每次对EPC信息服务进行访问时都要执行ONS查询，这对映射信息分层管理的系统来说开销很大。因此，对ONS架构提出了第二个性能需求：

需求2：ONS系统架构应当允许ONS服务器中的映射信息在其他ONS缓冲存储器里进行缓存。由于ONS与XML基础架构位于Auto-ID对象管理体系结构的中心，因此提出第三个性能需求与第四个性能需求：

需求3：ONS架构应当允许相同的映射信息存储在多台ONS服务器里。

需求4：ONS架构应当允许相同EPC信息映射到多个EPC信息服务地址。

EPC的编码空间可以根据其标头进行扩展。随着射频标签技术的提高，具有更大EPC编码空间的新版本将随之出现。因此提出第五个性能需求：

需求5：ONS架构应当允许其软硬件组件对不同版本的EPC编码具有兼容性。

5.3.3 ONS查询步骤

①进行运算，将EPC编码由二进制转换成URI格式；

②删除前端“urn：epc”字段；

③删除序列号字段；

④反向排列其余字段；

⑤添加ONS全球根域，例如“. onsroot. org”；

⑥做一次关于此地址对应type code 35（NAPTR）记录之DNS查询。

NAPTR解释见5. 2. 5。

5.3.4 ONS应用过程举例

①从一件货品的RFID标签中读取一个比特值序列（二进制字符串），如图5-10所示。

01
000000000000000000010
00000000000011000
000000000000000110010000

图5-10　比特值序列

②将二进制字符串转化成 EPC URI 格式，如图 5-11 所示。

01 → 1
000000000000000000010 → 2
00000000000011000 → 24
0000000000000000110010000 → 400
urn：epc：1.2.24.400

图 5-11　转化成 EPC URI 格式

③解算器（resolver）将 URI 格式转化成域名形式，如图 5-12 所示。

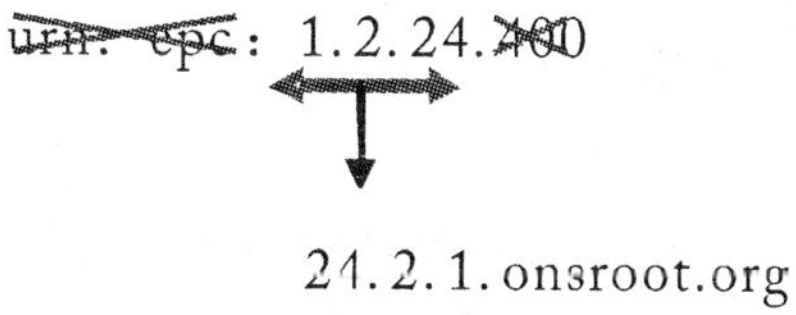

图 5-12　转化成域名形式

④执行 DNS 查询，获得这个地址的 NAPTR（Type35 ）记录，并返回与所查货品相关的 URI，如

http：//gillette. com/autoid/sensor3. wsdl

NAPTR（Naming Authority Pointer）名称权威指针记录的逻辑格式如表 5-5 所示。

表 5-5　**NAPTR 记录的逻辑格式**

顺序	前缀	标记	服务	常规表达式	替换符
0	0	u	EPC + ws	! ^. * $! http://example. com/autoid/widget100. wsdl!	.
0	0	u	EPC + epcis	! ^. * $! http://example. com/autoid/cgi-bin/epcis. php!	.
0	0	u	EPC + html	! ^. * $! http://www. example. com/products/thingies. asp!	.
0	0	u	EPC + xmlrpc	! ^. * $! http://gateway1. xmlrpc. com/servlet/example. com!	.
0	1	u	EPC + xmlrpc	! ^. * $! http://gateway2. xmlrpc. com/servlet/example. com!	.

下面将逐一介绍各个字段的含义：

①“顺序”字段用来确保各个具有相同“order”值的顺序行，其恰当的解释被同等考虑，以起到均衡负载的效果；

②“前缀”字段用来指示优先顺序——像 MX 记录，优先处理低码值，将较低码值转换成顺序与服务值均相同的较高码值；

③“标记”字段包含参数“u”，来指示“常规表达式”字段含有 URI；

④“服务”字段指示每个 URI 所提供的服务类型，例如特殊产品网页，XML 数据、EPCIS 服务等等；

⑤“常规表达式”字段包含信息服务的 URI。“RegExp”字段写做Posix Extended Regular Expresion，用于样式搭配串；

⑥“常规表达式”字段的首字母（如上图的“!”）是分隔符，它把常规表达式字段分为 2 部分；

⑦“常规表达式”字段第一部分是查询或者放置的样式标识符。在这个例子中是“^. * $”，意思是“通配符”；

⑧“常规表达式”字段第二部分是交换串。在这个例子中，正好是信息服务的 URI，例如一个网址或者一个网络服务 wsdl 文件的 URI；

⑨Auto-ID 没有使用“替换符”字段，因为它是一个特别的 DNS 字段，它的值设为一个原点（.）而不是空白。

5.3.5 ONS 本地高速缓冲存储区

①用来减少对每个可见对象的全球 ONS 的请求的需要；

②经常性的查询值或最近某段时间的查询值存放在本地 ONS 高速缓存区，它是访问 ONS 时的第一个端口；

③为注册带有全球 ONS 的和动态 ONS 服务的 EPC 加强其注册功能。

5.3.6 静态 ONS 与动态 ONS

ONS 提供静态 ONS 与动态 ONS 两种服务。静态 ONS 指向货品的制造商的信息，动态 ONS 指向一件货品在供应链中流动时所经过的不同的管理实体。

1. 静态 ONS

静态 ONS 假定每个对象有一个数据库，提供指向相关制造商的指针，并且给定的 EPC 编码总是指向同一个 URL。如图 5-13 所示。

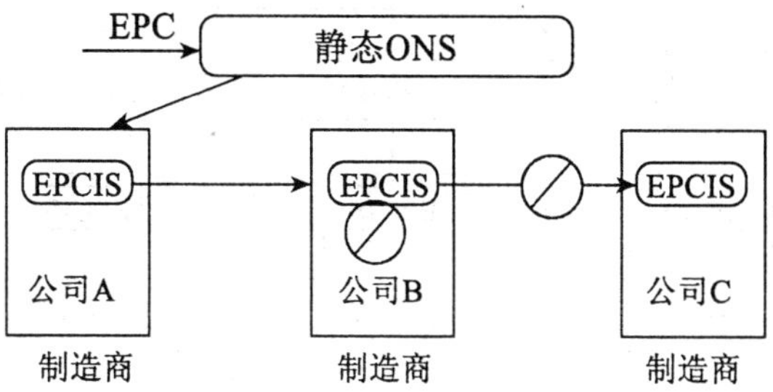

图 5-13　静态 ONS

（1）静态 ONS 分层

由于同一个制造商又可以拥有多个数据库，因此 ONS 可以分层使用。

一层是指向制造商的根 ONS 服务，另一层是制造商自己的 ONS 服务，可以指示制造商的某个特定的数据库。

（2）静态 ONS 局限性

静态 ONS 假定一个对象只拥有一个数据库，给定的 EPC 编码总是解析到同一个 URL。

而事实上 EPC 信息是分布式存储的，每个货品的信息存储在不止一个数据库，不同的实体（制造商、分销商、零售商）对同一个货品建立了不同的信息，因此需要定位所有相关的数据库。

同时，静态 ONS 需要维持解析过程的安全性和一致性需要提高自身的稳健性，访问控制和独立性。

2. 动态 ONS

动态 ONS 指向多个数据库，指向货品在供应链流动所经过的所有管理者实体。如图 5-14 所示。

ONS 解析有如下两个途径：

①快速从一个 EPCIS 到下一个 EPCIS 的连接，同时支持反向链接。如图 5-15 所示。

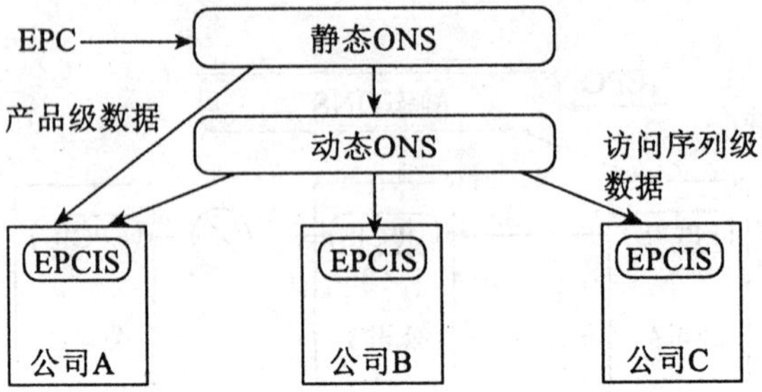

图 5-14　动态 ONS

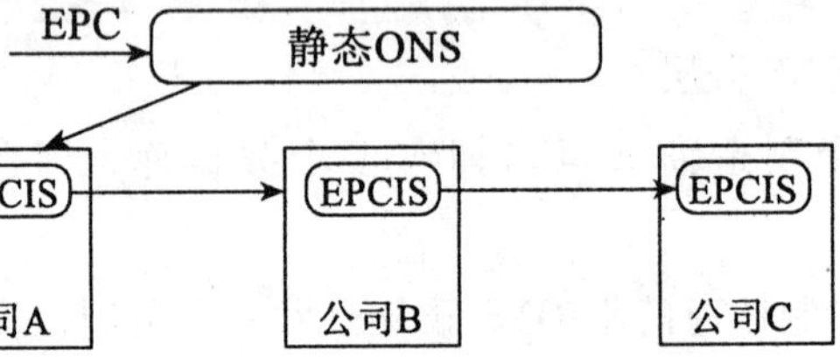

图 5-15　静态 ONS 解析

②通过动态 ONS 或 EPC 序列注册连接多个管理者的 EPCIS 服务。如图 5-16 所示。

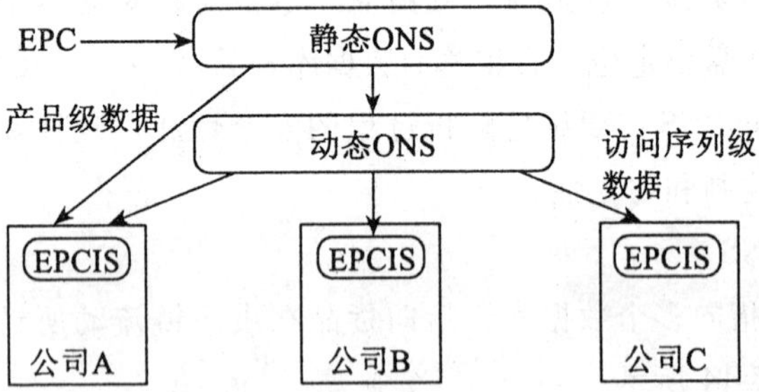

图 5-16　动态 ONS 解析

在第一种方式下，如果任何一个链接点无法响应或互连，则整条链路（不管是正向还是反向）都不通。如图 5-17 所示。

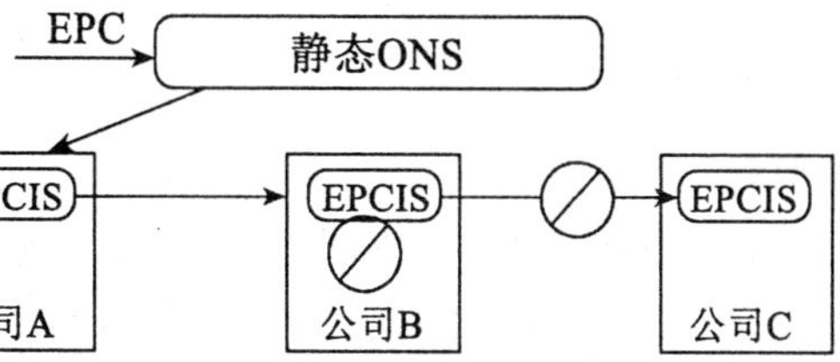

图 5-17　静态 ONS

第二种方式的动态 ONS 的注册机制就要健壮得多，例如：即使一些链路无法响应，其他解析任务仍然能够完成。如图 5-18 所示。

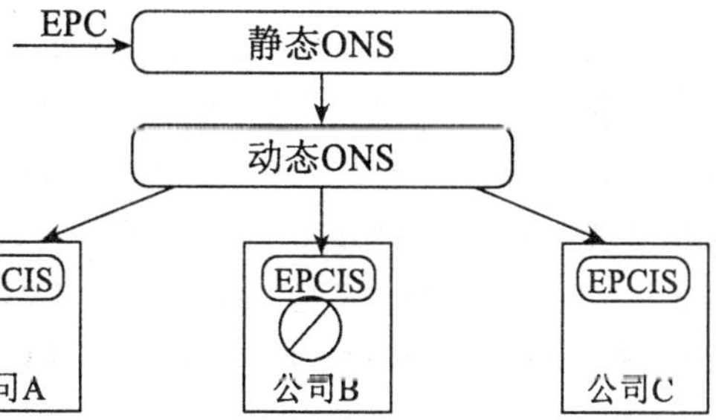

图 5-18　动态与静态解析的比较

每个供应链管理商在移交时都会更新注册列表，以支持连续查询。需要更新的动态 ONS 注册内容包括：

①管理商信息变动（到达或离开）；

②产品跟踪时的 EPC 变动：货物装进集装箱、重新标识或重新包装；

③是否标记特别的用于召回的 EPC。

同时，可以查询动态 ONS 注册以：

①向前跟踪到当前的管理者。

获得当前关于位置和状态的信息；

判断谁应该进行产品召回。

②向后追溯找到供应链的所有管理者及相关信息。

目前，EPCglobal 正在考虑以数据发现服务（Data Discovery）来代替动态 ONS 的概念，确保供应链上分布的各参与方数据可以共享，数据发现服务的详细标准和技术内容正在开发中。

5.3.7 ONS与DNS

1. DNS工作原理

DNS是一个分布式数据库系统，它提供将域名转换成对应IP地址的信息。这种将名称转换成IP地址的方法称为名称解析。DNS分为Client和Server，Client扮演发问的角色，也就是问Server一个域名，而Server必须要回答此域名的真正IP地址。而当地的DNS先会查自己的资料库。如果自己的资料库没有，则会往该DNS上所设的DNS询问，依此得到答案之后，将收到的答案存起来，并回答客户。

DNS服务器会根据不同的授权区（Zone），记录所属该网域下的各名称资料，这个资料包括网域下的次网域名称及主机名称。

DNS客户端向指定的DNS服务器查询网际网络上某台主机名称，当DNS服务器在该资料记录找不到用户所指定的名称时，会转向该服务器的快速缓存区找寻是否有该资料，当快速缓存区也找不到时，会向最接近的名称服务器去要求帮忙找寻该名称的IP地址，在另一台服务器上也有相同的动作的查询，当查询到后会回复原本要求查询的服务器，该DNS服务器在接收到另一台DNS服务器查询的结果后，先将所查询到的主机名称及对应IP地址记录到快速缓存区中。最后再将所查询到的结果回复给客户端。

例如，当要求Web浏览器访问www.12365.sd.cn站点时，它就会通过以下步骤来解析该域名的IP地址：

Web浏览器调用DNS客户端（称为解析器），并使用上次查询缓存的信息在本地解析该查询。如果在本地无法解析查询，客户端就会向已知的DNS服务器询问答案。如果该DNS服务器曾经在特定的时间段内处理过相同的域名（www.12365.sd.cn）请求，它就会在缓存中检索相应的IP地址，并将它返回给客户端。如果该DNS服务器找不到相应的地址，客户端就会向某个全局根DNS服务器询问，后者返回顶级域权威DNS服务器的指针。在这种情况下，sd.cn域权威服务器的IP地址将返回给客户端。

类似地，客户端向sd.cn服务器询问12365.sd.cn服务器的地址。然后，客户端将原始查询传到12365.sd.cn服务器。

因为12365.sd.cn服务器在本地维护www.12365.sd.cn域的权威记录，所以它将最终结果返回给客户端，并完成特定IP地址的查询。

注意，可以将DNS资源记录缓存到网络上任意数量的DNS服务器中。

第 2 步中提到的 DNS 服务器可能不包含 www. 12365. sd. cn 缓存记录。但是，它可能有 12365. sd. cn 的记录，更可能有 sd. cn 域的记录。这可省去客户端获得最终结果所需的一次或几次查询，从而加快了整个搜索过程。

为了维护 DNS 缓存中的最新信息，缓存记录有一个与信息关联的生存时间设置（类似于牛奶的保鲜期）。当记录到期时，必须对它们再次进行搜索。

2. 两种 DNS 的查询模式

有两种询问原理，分为递归式和交互式两种。前者是由 DNS 代理去问，问的方法是用 Interactive 方式，后者是由本机直接做 Interactive 式的询问。一般查询名称的过程中，实际上这两种查询模式都是交互存在着的。

递归式（Recursive）：DNS 客户端向 DNS Server 的查询模式，这种方式是将要查询的封包送出去问，再等待正确名称的正确响应，这种方式只处理响应回来的封包是否是正确响应或是说是找不到该名称的错误信息。

交互式（Intcractive）：DNS Server 间的查询模式，由 Client 端或是 DNS Server 上发出去问，这种方式送封包出去问，所响应回来的资料不一定是最后正确的名称位置，但也不是如上所说的响应回来是错误信息，他响应回来告诉你最接近的 DNS 的 IP 地址，然后再到此最接近的 DNS 上去寻找所要解析的名称，反复动作直到找到正确位置。

3. NAPTR（名称权威指针，Naming Authority Pointer）

直到目前为止，DNS 仍然主要用于域名到相应 IP 地址的翻译，这已经成为网络发展的基础，然而随着网络应用的发展，人们希望用 DNS 完成更多内容的解析，从而制定了新的资源类型，NAPTR 就是其中之一。NAPTR 是一个新的 DNS 资源记录类型，它实际上是一个基于重写规则的正规表达式。它完成一个特定字符串到新域名标识或者 URI（Uniform Resource Identifier）的解析翻译。它允许 DNS 可以完成更为广泛的查询服务，比如对 EPC 编码的解析。

4. ONS 与 DNS 的联系

ONS 服务是建立在 DNS 基础之上的专门针对 EPC 编码与货品信息的解析服务，在整个 ONS 服务工作过程中，DNS 解析是作为 ONS 不可分割的一部分存在的，当将 EPC 编码转换成 URI 格式，再由客户端将其转换成标准域名时，下面的工作就由 DNS 承担了，DNS 经过递归式或交谈式解析，将结果以 NAPTR 记录格式返回给客户端，ONS 即完成了一次解析服务。

5. ONS 与 DNS 的区别

ONS 与 DNS 主要的区别在于输入与输出内容的区别，ONS 在 DNS 基础上专门用于 EPC 解析，因此输入端是 EPC 编码，而 DNS 用于域名解析，输入端是域名；ONS 返回的结果是 NAPTR 格式，而 DNS 则更多时候返回查询的 IP 地址，如图 5-19 所示。

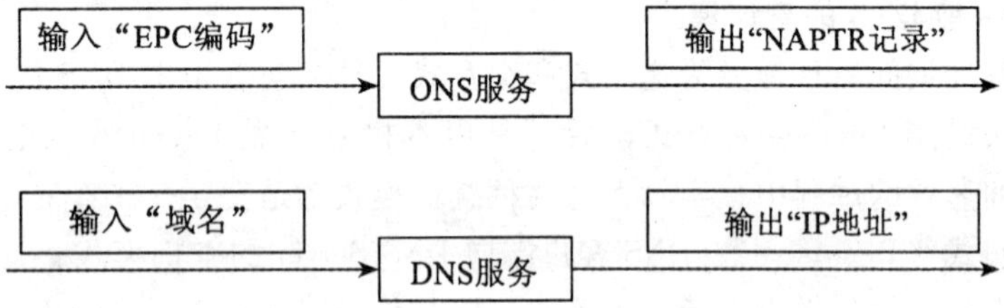

图 5-19　DNS 与 ONS 解析比较

5.4　EPC 信息服务（EPCIS）

5.4.1　EPCIS 简介

EPCIS（EPC Information Service）的目的在于应用 EPC 相关数据的共享来平衡企业内外不同的应用。EPC 相关数据包括 EPC 标签和识读器获取相关信息，以及一些商业上必须的附加数据。EPCIS 的主要任务是：

标签授权：标签授权是标签对象生命周期中的至关重要的一步。例如，假如一个 EPC 标签已经被安装到了商品上，但是没有被写入数据。标签授权的作用就是将必须的信息写入标签，这些数据包括公司名称，商品的信息等信息。

牵制策略——打包与解包操作：捕获分层信息中每一层的信息是非常重要的，因此如何包装与解析这些数据也成为了标签对象生命周期中的非常重要的一步。

观测：对于一个标签来说，用户最简单的操作就是对它进行读取。EPCIS在这个过程中的作用，不仅仅是读取相关的信息，更重要的是观测到标签对象的整个运动过程。

反观测：这个操作与观测相反。它不是记录所有相关的动作信息，因为人们不需要得到一些重复的信息，但是需要数据的更改信息。反观测就是记录下那些被删除或者不再有效的数据。

5.4.2 EPCIS 与其他 EPC 标准的关系

1. EPCIS 数据

EPCIS 接口为定义、存储和管理 EPC 标识的物理对象所有的数据提供了一个框架。EPCIS 层的数据目的在于驱动不同企业应用。EPCIS 位于整个 EPC 网络架构的最高层，也就是说它不仅是原始 EPC 观测资料的上层数据，而且也是过滤和整理后的观测资料的上层数据。

2. EPCIS 在整个 EPC 网络架构中的位置

如图 5-20 所示，EPCIS 在整个 EPC 网络中的主要作用就是提供一个接口去存储、管理 EPC 捕获的信息。

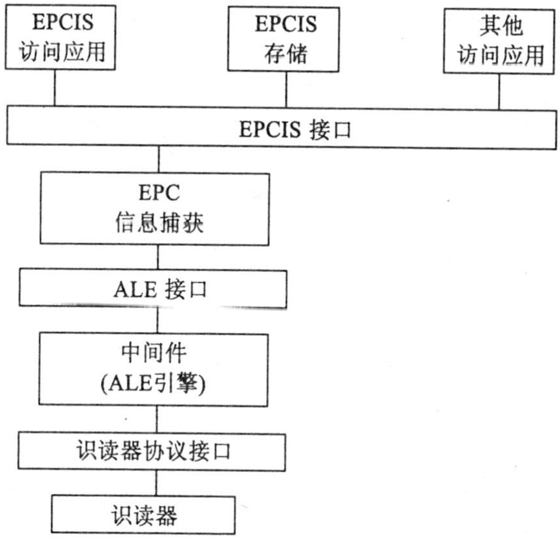

图 5-20 EPCIS 在 EPC 网络中位置

5.4.3 EPCIS 框架简介

1. EPCIS 框架中层次的分类

在 EPCIS 中框架被分为三层，即信息模型层，服务层和绑定层。信息模型层指定了 EPCIS 中包含什么样的数据，这些数据的抽象结构是什么，以及这些数据代表着什么含义。服务层指定了 EPC 网络组件与 EPCIS 数据进行交互的实际接口。绑定层定义了信息的传输协议，比如 SOAP 或者 HTTP。如图 5-21 所示，清晰地显示了 EPCIS 框架中各个层次的关系。

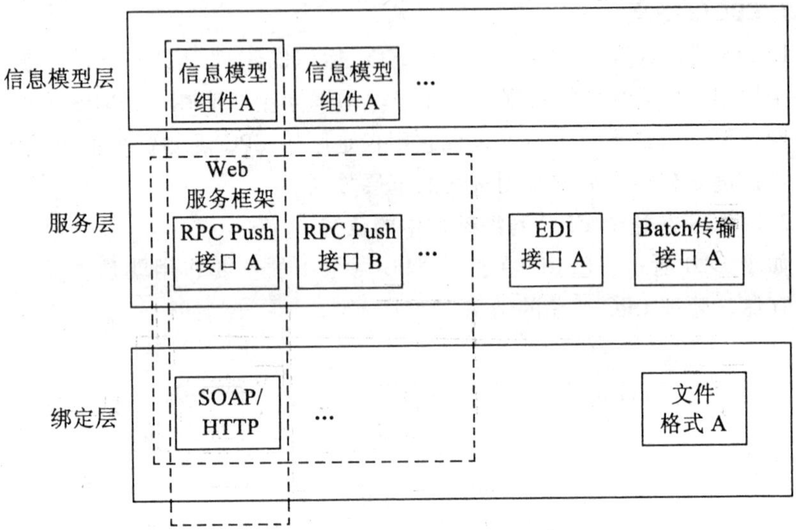

图 5-21　EPCIS 框架中层次的分类

2. EPCIS 框架的可扩展性

EPCIS 框架的一个重要特征就是它的可扩展性。由于 EPC 技术被越来越多的行业采纳，将不断有新的数据种类出现，所以 EPCIS 必须具有很好的可扩展性才能充分发挥 EPC 技术的作用。同时，为了避免数据的重复与不匹配，EPCIS 规范还针对不同工业和不同数据类型提供了通用的规范。EPCIS 框架规范没有定义服务层和绑定层的扩展机制，但是实际应用中的服务和绑定层也具有很好的扩展性。

3. EPCIS 框架的模块化

EPCIS 框架规范中整个框架是遵循模块化的思想设计的。也就是说，它不是一个单一的规范，而是一些相关的规范个体所组成的集合。EPCIS 的分层机制和良好的可扩展性为实现框架的模块化奠定了基础。

5.4.4　小结

本节仅仅对 EPCIS 规范进行了一个简单的介绍。EPCIS 在整个 EPC 网络体系中起着至关重要的作用，要想更好地了解 EPCIS，可以从 EPCIS 的规范中得到更多信息。

【思考题】

1. 简述 EPC 的组成要素及其含义。
2. 简述静态 ONS 与动态 ONS 的关系。
3. 简述 EPCIS 框架组成。

第六章 EPC 实施指南

【学习目标】

1. 了解实施 EPC 需要哪些工具。
2. 了解 EPC 实施目标。
3. 掌握 EPC 建设流程。
4. 了解 EPCglobal 认证认可项目都有哪些。

6.1 实施工具

6.1.1 RFID/EPC 应用指南

实施一项 EPC 项目包括以下 5 个步骤：调查（investigate）—实验（experiment）—试验（trail）—试点（pilot）—部署（deploy）。表 6-1 总体概括了 RFID/EPC 技术应用的各个步骤以及实施每个步骤的目的和所需完成的工作。

表 6-1　　EPC 项目实施步骤

	目的	学习	业务	分析	合作
调查	开发 RFID/EPC 方面的专业知识	·了解 RFID/EPC 技术	·了解业务推动因素（遵循还是变革） ·确保获得执行层的支持和资金帮助	·确定使用情况	·了解在 EPC 和 RFID 领域的现有资源 ·形成一个以研究为基础的 RFID 项目小组

续表

	目的	学习	业务	分析	合作
实验	在实验室获得实践经验	·了解该技术和信息流	·确定基线工作过程和主要衡量尺度/KPI（时间、次数、成本、利益等）	·进行标签放置分析 ·对产品和包装特征进行分类	·确定技术合作伙伴 ·测试各种射频识别产品（硬件、软件、标签）
试验	针对现场应用的试验（1~3个试验地点）	·确定并绘制当前供应链流程 ·检查现场与过程和环境相关问题	·记录 EPC 和 RFID 对业务流程的影响并存档备案 ·在进入试点阶段之前确定测试成功的标准	·确定 EPC 系统和数据体系结构以及 EPC 编码方案 ·获取 EPC 管理者编号	·确定成本驱动 ·组建跨部门 RFID 小组 ·制定沟通计划（至少出于内部需要的目的）
试点	制定可升级展示解决方案	·证明采用战略和成本项目的有效性（产品、数量、贴标签的方式和位置）	·确定在基线上添加哪些 EPC 识读 ·根据试点结果制定长期计划	·分析正在识读中的数据（例如读取率和位置） ·检查端对端系统测试性能	·协调贸易合作伙伴测试活动 ·挑选技术合作伙伴开展试点和展示项目
部署	分阶段展示	·制定调整应用参数的度量评分表	·测量和跟踪主要测量和 KPI（关键性能指标）的完善情况	·完善特定的 RFID 项目运营实例	·与贸易和技术合作伙伴开展流程和数据流完善方面的协作活动

6.1.2 RFID 试点规划快速指南

本指南简要介绍在设计和实施 RFID 试点方案时所需的几个关键步骤。

尽管各个步骤不是完全按顺序完成的，但它们之间仍有一个层层递进的过程。从调查到部署的全部建议步骤，请参见6.1.3。

①确定我们想要试验的用例（结果和变量）。例如，通过改进的《促销、缺货（OOS）和零售符合性》提高销售额。如果测试不止一个用例，则对每个用例运用步骤②～⑥。从标签产品和基础设施中获得最大好处这个意义上讲，一次测试一个以上的用例是有好处的，但这仅限于不能影响从每个用例中获得有关知识和经验。

②确定与用例有关的基础工作流程。采用流程图或其他方式描述足以显示产品电子代码可能被纳入位置的物理及其相应数据流程。

③确定应该采用哪些可持续流程和数据改动以便进入试点阶段。这些改动比较合理，足以保证在进入实际试验阶段之前的开发成本。而且这些改动应具有可持续性，以便不会测试到虚假的东西。

④确定应该在哪里将产品电子代码读数添加到基础和改动后的工作流程上：(a) 使流程发生变化或者 (b) 提供在试点期间认为有必要添加的附加流程。注意：后者不必是试点一旦结束读数将继续进行的地方。

⑤确定结果测量标准和成功标准，包括有足够标准（产品、商店、时间等）的试验和控制测量标准，以便提供在统计上可以读取的结果。如果不能统计读取，则承认事件检验差别可能只是正常偏差。

⑥确定应该标签的最佳产品或其他对象，以符合试验目标，包括用例要求的各个制造商提供的产品。这些产品应该是可以在可持续基础上标签的对象，如果基础流程和改动后的流程要求在这些产品贴标签。如果标签只是为了提供试点期间的附加流程，则不必是可持续性的。要考虑的产品标签变量包括是否能够试验目标结果、每件单一产品量、易于射频、成本、业务中断和其他。要标签的“其他对象”可能包括供应链人员、货架标签或其他可以提高目标流程效率或提高我们对试验期间流程理解的要素。

⑦开展试点项目和收集数据。

⑧分析试点过程中的数据，看看它们是否会导致一开始没有被计划到的增加流程、改变数据或改变标签对象。如果回答是肯定的，则进行修改并重复步骤⑦。

⑨分析和报告结果测量标准，看看是否达到成功标准。

⑩对没有预料到的结果进行审查，重点放在预先没有料想到但在试点期间出现的结果和机会上。没有预料到的结果可能来自于对等待时间、流程等与假设情况之间差异的分析。这些没有预料到的结果即形成此后将成为用例

的了解。然后从步骤①开始。

上述流程可以先在小规模的试验中进行（如只有几个商店），然后再逐渐展开，直至大规模部署。

6.1.3 RFID 试点和应用规划检查表

以下几个表格详细列出了开展 RFID/EPC 试点建议遵循的五个步骤，企业可以参考各个步骤中具体工作内容，逐步完成从调查到全面部署的各项工作。如表 6-2 至表 6-7 所示。

表 6-2 实施步骤规划表

阶段/定义/步骤/决策点	
调查	阶段
开发 RFID 和 EPC 方面的知识	目的
了解 RFID 和 EPC 技术	知识
了解业务推动因素（遵循和变革）	业务
确保获得执行层的支持和融资	业务
确定用例并绘制供应链流程	分析
了解 EPC 和 RFID 界内可用的资源	合作伙伴
组建以研究为基础的 RFID 项目小组	合作伙伴
决策点：	决策
实验	阶段
在实验室获得实际操作经验	目的
了解技术和信息流	知识
确定基准工作程序和主要措施/KPI（时间、次数、成本、利益等）	业务
进行标签置放分析	分析
对产品和包装特征进行分类	分析
确定技术合作伙伴	合作伙伴
测试各种 RFID 产品（硬件、标签、软件）	合作伙伴
决策点	决策

续表

阶段/定义/步骤/决策点	
试验	阶段
现场测试目标应用（1～3个地点）	目的
定义和绘制当前流程	知识
检查现场流程和环境	知识
记录 EPC 和 RFID 对业务流程的影响	业务
在进入试点之前定义衡量试验成功的标准	业务
定义 EPC 系统和数据结构和 RFID 编码方案	分析
获得 EPC 管理者代码	分析
确定成本推动因素	合作伙伴
组建跨职能 RFID 小组	合作伙伴
制订沟通计划（至少有内部沟通计划）	合作伙伴
决策点	决策
试点	阶段
制订可升级的展示解决方案	目的
验证应用战略和成本项目（产品、数量、如何标签和在哪里贴标签）	知识
确定应该采用哪些可持续流程和进行哪些数据改变才能进入试点阶段	业务
确定应该在基线上增加哪些 EPC 识读	业务
根据试点结果制订长期计划	业务
分析过程中的数据（例如识读率和位置）	分析
分析和报告结果	分析
通过端对端系统试验检验性能	分析
检查没有意料到的结果	分析
与贸易伙伴协调试验活动	合作伙伴
选择技术合作伙伴开展试点和展示项目	合作伙伴
决策点	决策

续表

阶段/定义/步骤/决策点	
部署	阶段
开展阶段性的展示或分类展示	目的
制定评分制度，调整应用参数	知识
衡量和跟踪主要测量值和主要性能指标的完善情况	业务
根据目标射频识别业务活动总结业务案例	分析
为改善过程和数据流，与贸易和技术合作伙伴之间正在进行的协作	合作伙伴
决策点	决策

表 6-3　　**调查步骤**

第 1 阶段：调查部署（RFID/EPC 知识）					
分级	各级意义	知识	业务	分析	合作
	定义	开始了解 EPC / RFID 知识，了解该技术	· 了解商业驱动因素（遵循还是变革） · 确保获得执行层的赞助、融资和资源	确定商业用例	· 加入 EPCglobal · 了解 RFID/EPC 社区可用资源 · 形成一个以研究为基础的 RFID 项目小组
0	没有知识	不考虑			
1	尚未完成且未计划实施	· 确定外部或内部需求 · 调查 EPC 项目并开始内部培训	没有优先实施进一步调查	尚未实施	尚未联络
2	尚未完成但正在制定计划	采集了相关数据	找出机会，调查益处，选定资源	开展了深入分析	联系了 EPCglobal，可能有供应链合作伙伴建立联系

续表

第1阶段：调查部署（RFID/EPC知识）					
分级	各级意义	知识	业务	分析	合作
3	早期实施	公司正在调查的初步阶段，处于培训步骤，这是开展EPC项目必须进行的一步。	正在开发商业用例	完成了详细ROI计算	供应链合作伙伴讨论
4	进一步实施		与其他商业活动比较，对结果进行优先排序 优先应用机会 确保执行层支持	根据相关基准，通过各种渠道（白皮书、会议、EPCglobal活动等）测试商业用例结果	
5	完全实施	根据相关基准，通过各种渠道（白皮书、会议、EPCglobal活动等）测试商业用例结果	融资、资源、时限、计划全部达成一致。决定进入下一个阶段	下一阶段准备工作	更多供应链和技术伙伴参与讨论

表6-4　**实验步骤**

第2阶段：实验（在实验室获得实践经验）					
分级	各级意义	知识	业务	分析	合作伙伴
	定义	了解技术和信息流	·确定业务流程并确定能够从EPC获益的领域	·开展标签放置位置分析 ·对产品/包装特征分类	·确定技术合作伙伴 ·测试各种RFID产品（硬件、标签、软件）

续表

第2阶段：实验（在实验室获得实践经验）					
分级	各级意义	知识	业务	分析	合作伙伴
0	不考虑	仍然在第一阶段			
1	尚未完成且没有计划完成	没有计划	没有计划	没有计划	没有计划
2	尚未完成但正在制订计划	确定机会领域和实验规模	确定资金和资源需求	评估机会并优先排序	确定并选择合作伙伴
3	早期实施	确定并计划实验阶段		制订了项目计划	技术合作伙伴将参与实验室实验
4	进一步实施	从项目中获得的结果和关键知识点	确定资金到位，资源需求可满足。执行项目计划	项目计划—定期回顾进展	供应链合作伙伴和技术合作伙伴将参与
5	完全实施	项目结果和报告	决定进入下一阶段	下一阶段准备。结果—实际结果对照预期结果。	为将来工作评估合作伙伴能力和应用

表 6-5 **试验步骤**

第 3 阶段：试验（针对现场应用的 1～3 个试验；获得关于目标业务应用的实践知识）					
分级	各级意义	知识	业务	分析	合作伙伴
	定义	·确定并绘制当前供应链流程 ·检查现场与过程和环境相关问题	·记录 EPC 和 RFID 对业务流程的影响并存档备案 ·在进入试点阶段之前确定测试成功的标准 ·确定基线工作流程和主要衡量标准或 KPI	·确定 EPC 系统和数据体系结构以及 EPC 编码方案 ·获取 EPC 管理者编号	·评估技术/解决方案供应商产品和服务 ·组建跨职能 EPC 团队（包括产品供应商和技术供应商）
0	不考虑	仍处于第一阶段或第二阶段			
1	尚未完成且没有计划完成	没有计划	没有计划	没有计划	没有计划
2	尚未完成但正在制定计划	确定机会领域和试验规模	确定资金和资源需求	评估机会，并优先级别排序	确定能够支持试验的供应链合作伙伴和技术合作伙伴清单
3	早期实施	确定并计划试验阶段		制定项目计划	选定的供应链合作伙伴和技术合作伙伴参与试点设计和开发
4	进一步实施	从项目中获得的结果和关键知识点	确定资金和资源需求可用。执行项目计划	项目计划—定期回顾进展	供应链合作伙伴和技术合作伙伴将参与正在进行的试验

续表

第3阶段：试验（针对现场应用的1～3个试验；获得关于目标业务应用的实践知识）					
分级	各级意义	知识	业务	分析	合作伙伴
5	完全实施	项目结果和报告	决定进入下一阶段	下一阶段准备。结果—实际结果对照预期结果。	为将来工作评估合作伙伴能力和应用。

表6-6 **试点步骤**

第四阶段：试点（开发一个可升级项目，为长期部署做好准备）					
分级	各级意义	知识	业务	分析	合作伙伴
	定义	验证应用战略和成本（产品、数量、贴标签的位置和方式）	·制订基于试点结果的长期计划 ·比较试点结果与业务计划，并协作改进	·分析流程中的数据（例如识读率和地点） ·确定应该在基线上增加哪些识读 ·在端对端系统测试中验证性能	·为试点选择技术合作伙伴 ·与贸易合作伙伴建立合作关系，并为实现预期目标共同协作
0	不考虑	此刻不考虑	此刻不考虑	此刻不考虑	此刻不考虑
1	尚未完成且未计划	没有计划	没有计划	没有计划	没有计划
2	尚未完成但正在制订计划	起草进度表	起草进度表	起草进度表	与可能合作的贸易和技术伙伴会谈，为外部试点全面开展进行计划。

续表

第四阶段：试点（开发一个可升级项目，为长期部署做好准备）					
分级	各级意义	知识	业务	分析	合作伙伴
3	实施初期	确定两个与计划一致的用例	公司已经确定了与指定商业应用相关的目标改良区域	测试了最初的试点假设，分析了RFID技术的多项应用	与可能合作的贸易和技术伙伴会谈，为外部试点全面开展进行计划。
4	进一步实施	在最初的试点计划中达成一致	已经建立度量标准，用以确定开展和成功情况 在EPC部署前后采集并分析了可度量信息 确定在指定领域潜在ROI以及可能增长的收益潜力	调查了“真实生活”假设场景，改变并改进了准确度，并使性能最佳	与最明确的合作伙伴开展项目
5	完全实施	将培训所有与EPC技术有关的员工 公司和贸易伙伴已经发布声明，让媒体了解工作目的	对照业务计划验证结果，以确保实现预期计划	考虑获得并使用经EPCglobal测试和认证机构授权的正式“认可资格”，或者采用另一方式	与所有确定的合作伙伴共同完成试点

表 6-7　　**部署步骤**

第 5 阶段：部署（进入阶段性开展部分，规模逐步扩大）					
分级	各级意义	知识	业务	分析	合作伙伴
	定义	制定评分制度，调整应用参数	·度量并跟踪主要测量值和主要性能指标的完善情况 ·监控业务流程变化，以确保 EPC 收益的实现	为目标 EPC 活动提炼业务用例	为改善过程和数据流，与贸易和技术合作伙伴之间正在协作
0	尚未考虑				
1	尚未完成且未计划	没有计划	没有计划	没有计划	没有计划
2	尚未完成但正在制订计划	计划如期到位	计划如期到位	计划如期到位	计划如期到位
3	实施初期	已经成功完成内部试验和外部试点测试，以确定部署阶段能实现预期结果	开始生产展示和 EPC 部署	决定采集和分析商业案例数据的流程。确定支持数据和信息交换的基础设施。	选择解决方案、供应商和贸易合作伙伴，开始部署
4	进一步实施	确定关键知识并相应调整标准	确定商业案例，EPC 工作和流程带来了 ROI	继续分析度量标准变化，相应调整流程。应继续采用业务绩效评分卡或仪表板	将在部署中与业务合作伙伴进一步协作
5	完全实施	继续改进基于持续改进循环圈的度量标准和业务流程	在生产中实施并部署所有计划内的最小库存单元（SKU）	必须通过评分表分析最初部署的结果，并为在公司其他领域继续部署制订额外计划	与合作伙伴部署所有计划

6.2 实施考评指标体系

6.2.1 主要性能指标（KPI）

主要性能指标（KPI）是衡量能否准确测量出供应链等操作性业务流程有效性的关键标准。主要性能指标的一个主要要素是评分表。人们可以通过构成KPI的详细度量标准，衡量出某一业务过程的当前操作功效。制定KPI并将其组合到评分表中以帮助企业对照自己拟定的具体战略商业目标衡量总体效率，使企业能够在采用新技术（比如RFID）和/或重新设计流程后观察出任何一个已知的KPI变化，从而确定这些变化对企业运营的影响（积极影响或消极影响）。

通过给主要性能指标规定可以衡量的阈值，企业可以对性能进行连续监控，当超过阈值边界时即发出警报。KPI的有效性或其提供有用结果的能力直接与可以获得的实时运作数据的数量成正比。EPC技术，尤其是在物品和供应链一级应用的EPC技术能够提供比以往任何时候更多的运作数据，并能够提供事件流，推动供应链和业务流程事件管理系统的运行。这一技术为优化供应链运作流程展示了巨大的商机。但是，一个关键性的因素是必须要采用强大的数据管理系统监控、维持、测量和分析所产生的大量FRID数据，而这种系统可能会超出原有IT系统的能力。

对于试点应用，建议应规定KPI，在应用前进行测量，然后在测量后的再应用之前再进行测量，以便评价运作效益方面的变化。一个简单的事后分析测量方法可以提供足够的数据，以便能够在无需另外增设IT体系结构的情况下及时迅速地对KPI有一个大致的了解。

以零售商自货架补货的KPI为例——在这里，人们根据物品级阈值对货架一级的停工待料情况进行跟踪，如果超过阈值，则发出警报进行适当的仓库操作补充货品。再以在供应链的任何一个已知地点测量停工时间为例，以此了解产品在一个特定地点停留了多久。该信息对于评价供应链速度或等待时间以及揭示货物移转时可能遇到的瓶颈很有价值。如果将等待时间或码头到仓库的时间与诸如温度和湿度等环境检测方面的KPI结合起来，则可以确定药品、食品和供应链中的其他产品的易腐性。这样的例子还有很多，包括时间、成本、工作人员、存货、资产、运输、仓储（接收、盘点、分类、堆集、装运）和其他运作数据的测量。

利用RFID技术将会通过实时获取供应链商品的信息，使贸易伙伴最大限度地减少商品损失和短缺情况，加快订货处理的过程，提高对消费需求的响应度。这需要对特定的 KPI 进行定义、应用、监控、测量和分析。总而言之，当 KPI 与评分表、闭合事件管理系统和强大的数据管理相结合时，将会在帮助终端用户衡量业务流程效率、实时采取措施优化供应链以实现业务目标方面发挥关键性的作用。

6.2.2　包装箱和托盘 EPC 的 KPI

表 6-8　　包装箱和托盘 EPC 的 KPI

业务效益领域	部分实施	全部实施	KPI/衡量尺度
商店 消费者服务			
减少货架存货	√	√	次数/存货跟踪、每种物品销售单元、所耗费的箱子、销售现场的箱子 根据从库房到销售现场的移转情况测量 POS 销售额或商店每天结业时的存储 当天 POS 销售额较少，知道产品在库房的位置，提高消费者服务水平，减少消费者投诉 预计结果：在当前测量水平上提高 50%（假设以基线为准） 实际结果：待试点结果出来后再定
研究和补货劳动		√	减少劳动时间，减少将产品从库房移到商店的时间 预计结果：补货时间减少 20% ~25% 实际结果：
商店自动交易		√	减少结账、记录/交易、劳动时间，增加发货单的准确性（即 DSD 模式）
提高促销效率	√	√	促销前后销售现场的数量和产品刚好合适，订单、销售额、利润和存货可见性的增加用以促销（促销材料、作为一个单元从库房运出的陈列品/箱子），提高交易促销效率 预计结果：(1)（根据可见性）促销适应性提高 75% (2) 根据当前绩效水平测评出的脱销率：50%

续表

业务效益领域	部分实施	全部实施	KPI/衡量尺度
新产品/活动	√	√	利润（额外折扣较少），更能够处理例外情况以便按时上市，确认存货/运输，订单和销售额增加，节约增加（即采样） 预计结果：(1)（根据可见性）提高适应性75%；(2) 在当前绩效水平上脱销：50%；(3) 使库房存货的可见性达到100%。
提高库存的准确性	√	√	提高货架/库房库存的可见度，减少商店一级的库存销账，减少库房库存 预计结果：减少库存调整25%（如果测量库存准确性） 预计结果：减少循环清点库存20%～25%（提供一个方向性的测量，但需要辅之以单品级的信息，以提供货架级的准确性）
减少偷窃/商品损失	√	√	减少资本成本/安全成本，减少偷窃带来的损失
资产支配	√	√	提高可再用资产的跟踪和控制水平（例如浅盘、手推车、提篮、箱子） 预计结果：在当前资产重置率上提高50% 预计结果：改进资产维护和利用（例如安全、质量、次数）20%
提高保存期管理效率	√	√	过期产品百分率，减少处理/管理过期产品的成本
商店库房和/或配送中心			
运货			
生产率提高	√	√	每天箱子/货车的编号，时间安排效率提高，运载资产利用改善，减少码头时间，减少装卸劳动，减少审计，提高码头时间安排的效率 预计结果：在当前绩效基础上减少达到100%的检查时间

续表

业务效益领域	部分实施	全部实施	KPI/衡量尺度
提高运货的准确性	√	√	减少错误/索赔，故障文字工作，填充率，服务水平，减少投诉，减少故障处理，提高拣选的准确性 预计结果：减少由于运货例外造成的减除额（过投、未投和漏投达到100%）
提高服务水平/填单率			已填订单的百分比，填单时间
个人安全	√	√	损耗时间意外事件（包装箱处理或叉车）
减少循环时间			付款，接收时间、现金流、运货到接收的循环时间（改变中断时间）
接收			
提高生产率		√	要求基线测量和统计建立相关性，以确定如果由于工作流程改变在起始阶段生产率下降后恢复正常所需的时间，交叉码头产品和取消入库，消除/减少存储循环盘点自动接收，运输载体资产利用率提高，无需人工收据验证 预计结果：（视ASN或相应流程而定），在当前绩效基础上减少验证时间100%
完善数据（与劳动）			能够分析业务，（即订单的完整性和状况）
接收的准确性	√	√	能够减少花在核对收据上的时间，能够实现自动接收交易 预计结果：待定（TBD）
库存的准确性			
提高库存的准确性		√	要求商店、库房和/或DC的基础设施能够识读包装箱/位置 提高对商品过剩/损坏的处理能力，完善数据内容、发生时间和地点 库存准确性使动态路线可行

续表

业务效益领域	部分实施	全部实施	KPI/衡量尺度
库存的可见性			
减少偷窃/商品损失/分流	√	√	减少资本成本/安全成本，减少偷窃所带来的损失 消费者 DC 收据与制造商出货的产品匹配 预计结果：减少库房和 DC 或运输过程 20% 的内部偷窃损失 预计结果：减少花费在人工跟踪管理不合法分流产品上 75% 的工作 提高网络中不合法分流的可见性
提高拣选效率	√	√	提高工作和拣选时间，提高准确性
物品库存盘点	√	√	减少劳动力、数错和核对
提高库存的可见性	√	√	提高库存的可见性，消除货架脱销的现象
POS 材料的可见性提高	√	√	销售层显示 POS 材料百分比
提高投资回报	√	√	提高现金流，减少仓库空间和库存，安全存储，减少工作资本，提高库存成本的投资回报率
完善运输规划	√	√	减少运输成本（运输/DC 中的库存）
实施/质量控制			
产品回转	√	√	减少错误，减少资本，利润/减少销账/过时库存，新鲜度
提高产品年龄测定			环境衡量要求，销售日期
产品召回的响应度	√	√	产品召回的时间/资源
损害/损失	√	√	确定损坏地点/在哪里损坏的，接触/箱子
箱拣选	√	√	每小时/天拣选的箱号，减少劳动和拣选时间，提高准确性
储存	√	√	时间、位置的准确性

续表

业务效益领域	部分实施	全部实施	KPI/衡量尺度
产品安全/内部审查			
提高跟踪效率和查账索引	√	√	自动交易证明，消费者安全，库存水平，成本更低，更小范围的召回，召回成本更低，时间和日期盖章更准确 预计结果：提高执行更有目标性的召回的能力（达到100%）
反假冒伪劣产品	√	√	确定产品来源，劳动，运输/接收匹配率，加强产品安全
质量控制	√	√	更快更有效地根据处理实务跟踪保单索赔
运输衡量标准			
明确载体责任		√	监督运输要求（例如存储温度要求，转运时间等）
减少载体损耗	√	√	运输与接收匹配率
减少运输成本		√	由于负载准确性提高而减少成本，提高协作能力
减少运输例外		√	减少加急/紧急装运，减少重复工作和劳动
完善运输成本		√	能够通过加快卸货时间而提高返回拖车效率
完善负载分布/覆盖区		√	提高装载/重量分布水平

备注：

部分实施（有限 SKU/种类）

对部分 SKU 实施 RFID 技术较容易，流程变化有限，仅对有限的 SKU 实施，不需要完全与原有系统集成，仅针对有限的 SKU 集成系统。部分实施需要企业从战略的高度来计划和部署。

对全部产品实施 RFID 较难，需要改变根本工作流程，且采用可持续，可升级的系统，对所有 SKU 实施，且应完全与原有系统集成。全部实施更需要企业从战略上考虑，制定计划并全面部署。

主要收获如下：

①由于流程、技术和应用的标准化，技术在整个供应链中持续发挥作用。

②如果技术不起作用，则利用检查表和实务简报，参见关于输送机、入口和移动基准点的第 2 代规范。

③当前技术需要发展，以提高 RFID 包装箱读取效率不足 100% 的问题（包装箱到托盘参考数据）。

④可以采用适宜的基础设施和业务流程重组，实现前后一致的读取率。

⑤必须进行业务流程重组，以充分发挥技术的作用，必须了解改变流程对当前系统的影响。

⑥支持商业案例的 KPI 能够获得更受关注的结果。

⑦需要考虑衡量标准（测量领域）的范围，以确保测量适当数量的信息（例如整个供应链的信息与仅在制造商或零售商范围内的信息）。

⑧零售商、制造商和服务供应商之间的开放系统与协作。

⑨双重系统（EPC 和条码）将为丢失、误放和损坏的标签起后备支持作用，或直至读取率足够高时才完全切换到 EPC。

以上内容是建立在如下假设的基础上：

—无源标签

—不识别单品级标签 KPI

—随着数据的获得，衡量标准的粒化也会成为可能

—已建立基础设施并获得数据

—由于标签成本高且技术未成熟，应用范围从制造商的 DC 操作开始（不是制造地点）

6.2.3 KPI 评分表

1. 目的

为投资 RFID 试点项目的应用参与者制定试点评分表。制定样板评分表，以便提供技术知识（即识读率等），供零售商和制造商（终端用户）使用，如表 6-9、表 6-10、表 6-11 所示。

而制定试点过程知识样板，可供零售商和制造商（终端用户）使用，如表 6-12、表 6-13、表 6-14 所示。

2. 技术评分表

表 6-9 技术评分表（1）

	基准	实际得分
识读率： · 通过入口的可再用资产上的标签 · 通过 DC 入口的托盘上的标签 · 通过入口的置于托盘上的包装箱上的标签——快，慢 · 在热缩塑料包机器上的包装箱标签（旋转） · 在传送系统上的包装箱标签（单个读数） · 通过 DC 入口的单品、包装箱内和托盘上的标签 · 采用移动识读器读取的单品上的标签 · 通过入口的内箱、箱内和托盘上的标签 ……		
标签产量——进入供应链之前： · 第一次质量检查经由硬件。我们如何证明发送给终端用户的合格标签的百分比？ · 确定到达卷，更换-是-否？如果答案为否，预计产量是多少？ · 试点前通过试验的标签百分比？ · “静止”标签的百分比（没有损坏但读取可靠性降低的标签）？		
标签产量——进入供应链之后： · 应用时通过试验的标签百分比		

表 6-10 技术评分表（2）

	基准	实际得分
每次移转时重复读取标签的次数： · 分析在每次通过识读器时每个标签被读取的次数，（以确定系统的“健全性”）？ · 在供应链指定点读取标签的频繁程度如何？ · 在供应链按地点读取的标签百分比是多少？		
标签按操作速度读取： · 以 2mph 的速度通过入口，然后是 4mph 等 · 传输器速度——x，y 等		

表 6-11　　　　技术评分表（3）

可能影响识读率的变量	基准	实际得分
标签位置/放置，例如在箱子上： · 左上方的标签 · 右上方的标签 · 箱子上的两个标签（相邻角落） ……		
标签天线设计： · 桥 · 花体 ……		
选用厂家的性能（发射频谱等）： · 厂家 A——产品 a、b、c 等 · 厂家 B——产品 d、e、f 等 · 厂家 C——产品 g、h、l 等		

这些决策将在生产前作出，如果识读率不好可能重新评估。还可能在终端用户设计流程之前被记录。

3. 试点流程评分表

表 6-12　　　　试点流程评分表（1）

	基准	实际得分
商店： · 出错编号/交易的 100 张收据 · 收到 1 个托盘的平均时间 · 标签 SKU 的库存周转 · 花在补货上的劳动时间 · 损坏和报废价值 · 脱销实例		

续表

	基准	实际得分
仓库/DC： · 前面提到的类似收据 · 生产率提高（自动计数/审查；减少在码头的劳动、时间等） · 降低运货上的不准确性 · 准确的库存可见性 · 减少ASN错误		
货架： · 脱销 · 补货		

表6-13　**试点流程评分表（2）**

	基线	实际得分
3PL物流： · 生产率提高（自动计数/审查，减少在码头的劳动、时间等） · 降低运货上的不准确性 · 减少运输期间的货物损失 · 准确的库存可见性 · 近实时运货可见性——更好的规划、客户服务等		
日期共享： · 应收账款减少 · “成品库存”减少 · 投诉处理减少——财务交易核对速度更快		

表 6-14　　**试点流程评分表（3）**

	基线	实际得分
退货管理： · 反向物流——库存可见性 · 接收、销售现场和空间规划 · 财务结算更快 · 快速补货标准 · 路线安排更快—避免损坏—销售额增加		
召回管理： · 客户服务等 · 延迟召回与损坏产品投诉成本成正比（根据种类的严重性增加，例如易腐性） · 与特定产品的投诉等有关的成本减少		

6.3　EPC 实施指南

6.3.1　战略、愿景、目标

试点目标和成功标准：

- 确定供应链用例给消费者和供应商带来的好处
- 收集 RFID 技术给业务带来的影响
- 确定现在和将来符合标准和流程的最低成本
- 了解 RFID 技术给业务流程带来的内在和外在影响
- 对技术进行概念验证
- 利用从零售商那里收集来的 EPC 数据，制定新的方法分析业务关系
- 验证 RFID 中间件和标签粘贴器（applicator）的功能和性能
- 测试产品和包装，确定与 RFID 配套使用时的产品和包装类型
- 根据现有控制程序制定 RFID 的性能基准
- 评估在箱厂、转换线和配送中心内（自动或人工）与 RFID 标签有关的成本

- 测试与传输器和码堆机可编程逻辑控制器（PLC）的接口，统计带有托盘标识的箱标签
- 调查灵活性，以便随着技术与流程的成熟而进行修改
- 提高供应链的效率：（从零售商的角度）
  - RFID为降低仓库成本提供了可能
  - 减少了用于检查到达货物的时间
  - 减少了装卸错误
  - 减少了在交付时的空闲时间
  - 发现并消除数据传输错误
  - 提高产品可获得性（减少脱销情况）
  - 采用协作方式完成以下各项：
  - 确定需要配置哪些东西
  - 减少配置成本
  - 了解标准和互操作的重要性
  - 与供应商开展标签放置和标签应用方面的合作
  - 学习将如何使用数据提高产品上的速度
- 封闭系统试点——测试资产跟踪和标签识读效率
- 测量在资产跟踪方面减少的时间（将RFID与当前条码扫描相比较）
- 寻找办法减少或消除零售商拒付现象

主要经验和教训：

- 设定愿景，并建立长期发展路线图
- 保证研究和开发的资金
- 数据同步是一个关键性的前提
- 根据所了解到的信息进行调整，重点放在满足消费者需求上
- 突破传统思维
- 尊重技术，考虑变化管理机制
- RFID是一个工具而非系统，它是通往全球数据供应链战略的台阶
- 保持开放思维——注重质量，合作提高业绩
- RFID是一个革命性的新技术，所有功能和业务部门最终都会被涉及
- 贴标签是为了从通过RFID技术捕获的数据中获得信息，并将这些信息与企业共享，最终给企业带来价值。这就是贴标签的最终目的。
- 注重可升级解决方案，而不要只满足于当前实用
- 当前的RFID/EPC开支在很大程度上都建立在符合标准的基础上，

需要与战略目标联系起来以寻找商业利润

- 一个单独的业务案例/产品试验/封闭系统试点无法对 RFID 可实行性进行有效评估。
- 将业务期望与技术能力对应起来进行管理
- 记住：企业希望解决方案的成本越低越好，而且希望不要改变原有的流程。一旦技术带来的益处被确定下来，企业则希望能够在节约成本上立即见到成效
- 制定目标能够带来很大好处，比如降低库存，减少偷窃和丢失情况，节约人力成本，但这需要时间
- RFID 技术的投资回报——需要考虑的几个方面
  - 留住消费者
  - 完善当前流程
  - 重新设计业务流程，这是 RFID 技术潜藏的益处

6.3.2　通用试点方法

规划并确定范围：

- 挑选代表范围
- 测量 KPI 并进行事前事后分析
- 在试点试验之前确定相对于成功标准的基准数据
- 在试点试验之前提供具有清楚的评分表/测量标准的书面试点计划
- 准备并记录工作范围——哪些工作范围属于试点范围，哪些不属于，就正在考虑的工作流程变化展开协作
- 在项目期间经常更新业务案例
- 确定采用新技术的主要因素，了解由此带来的风险
- “平均”主要绩效指标测量结果可能容易被人误解
- 尽量减少每个试点中的变化因素
- 对极具升降的结果曲线做好准备
- 注意成本上升（可能在试点期间突然出现的成本项目）

主要经验和教训：

- 在没有标准的情况下，对于每个消费者/供应商组合来说，RFID 就是另外一种解决方案，不要简单地重复电子数据交换（EDI）经验
- 许多应用问题可能没有明确的答案，人们都在边学边用，行业标准不是先于软硬件之前制定，而是随着软件和硬件发展而发展

- 大多数经验和教训都是在试点初期获得
- 尽量记录从试点中获得的外围经验，它经常能够提供有意义的信息
- 从技术渗透和识别方案中获得信息
- 由于 RFID/EPC 系统结构由众多厂家共同完成，没有清楚的文件记录，因此要清除错误非常困难
- 测量供应链移转的周期时间
- 直至成本下降，且投资回报率（ROI）明显提高时，才向重点客户推出
- 考虑到试点的工作量和复杂性可能会增加，需要进行预期管理（例如，台卡装卸的平均时间 =2.5 小时，而以前预计是 40 分钟）
- RFID 的概念可能是通用有效的，但也许需要不同的（或补充的）试点或应用方法

6.3.3 组织设计

- 高层合作是前提条件
- 需要高级管理层提供资金等方面的支持
- 确定全球技术中心（成立团队并明确责任）
- RFID 核心小组具备业务流程方面的技能是非常重要的。
- RFID 是一项跨企业的工作，因此必须要按照这种方式组织团队，组建由主要各方形成的 RFID 指导委员会
- 建议 RFID 跨职能团队成员包括：
  - 执行主办方
  - 供应链管理层
  - 运营
  - 财务
  - 信息技术（IT）体系结构
  - 网络
  - 现场管理/安全
  - 射频（RF）工程设计
  - 客户服务
  - 贸易伙伴代表
  - 技术供应商/咨询商
- 吸引来自各种业务流程的代表参加，组成一个跨学科的团队

- 选派优秀的项目经理推动工作的进行
- 从商店获得信息和交易情况，因为他们最了解业务流程
- 针对业务流程和技术进行故障诊断，在组织内部达成一致
- 方案公开，多个供应商可选择
- 如果企业内部不具备所需技能，请寻求这方面的帮助，这会加快学习过程
- 注意 RFID 技术人员技能的不足

6.3.4 业务流程设计/管理

主要经验和教训：

- RFID 试验应针对供应链的以下三个方面（3C）：
  - 能力（Capability）：能够完成业务流程
  - 一致性（Consistency）：业务流程具有可重复性
  - 产能（Capacity）：能够满足所需产量
- 详细了解所在供应链的情况，这是最重要的
- RFID 为在资产移动带来前所未有的可见性
- RFID 是复杂的“集成”问题
- 成功的试点未必带来全面实施的决策，需要对预期进行管理
- 仅凭单个试点（或部分展示结果）可能无法确定投资回报率
- 生产活动并非简单重复操作 — 下一个贸易伙伴、下一场地和下一场站门可能都面临新的挑战以及需要的某种新的详细资料
- 需要解决隐私权和公共政策的问题。（例如，向工会提供的信息）
- 条码还将在相当长的一段时间内存在，作为 RFID 技术的补充，帮助 RFID 技术推广和应用
- 早期经验表明，可以由包装服务商在包装箱上贴标签并编码，但这种方案目前不适用
- “即贴即发”（Slap&Ship）还很常用，然而，在业务流程中越早使用标签，从完善业务流程中获益的机会越多
- “即贴即发”适用于包装箱少的情况（每年包装箱数量不到250000个）。如果大于 750000 个，则需要采用自动标签打印机和粘贴台以预先在瓦楞纸箱上贴标签的方式贴标签。劳动成本和自动粘贴台成本以及编码时间将是需要克服的主要问题
- RFID 意味着使仓库人员的工作更有效率（不必读取条码）

- 三种常见的 EPC 编码方案：
  - 向厂家订购预先编码的标签
  - 在控制编码环境下提前对标签进行编码（卷到卷）
  - 标签编码（打印）和粘贴同时进行
- 为什么要提前对标签进行编码（现场或场外）
  - 质量控制（QC）标签类似于产品商标
  - 包装箱供应商可以选择预先对包装箱贴标签
  - 减少高速精整作业线的复杂性
- 将包装箱标签与包装箱条码标签结合起来
  - 预先对包装箱和托盘标签进行编码/打印
  - 在装箱线上人工粘贴标签
  - 码堆机码堆托盘
- 形成均一的、中央控制的 RFID 识读配置，控制多个操作地点

业务流程关注要点：

• 确定 RFID 技术可以解决当前问题和在试点中的解决该问题的机会（“即使我们不做其他的事情，我们可以应用这种技术省钱或赚钱吗？”）

• 结合测量系统评估进展情况，集体审查结果

• 使 EPC 读数情况与零售情况报告相符合：测量“误读取”，检验读取序列等

• 不可将 RFID 混同于操作任务

• 避免在数量大、移动速度快的环境下形成“并行”流程——会出纰漏情况，可能会意味着比所计划更早在同一地点对所有物品贴标签

• 对现有流程进行比较，获取真正的基准数据

• 预测由技术带来的业务流程变化，不拘泥于技术，增加而不是代替您所做的。

• 预计 RFID 技术将会提高，确保您能适应这些变化

• 平衡操作、无线电频率（RF）工程设计和信息技术（IT）这三方面（基础设施、应用和数据）

• 强调业务目标和时间表，不要分散精力解决那些不必立刻解决的问题

• 必须通过在现场操作了解情况。对于有些问题需要进行试验才能发现问题所在

• 通过试点加强对内部流程的了解

- 确定完善业务流程的机会
- 考虑外部因素，不要只停留在 RFID 上
- 注重工作流/业务问题价值。综合利用 RFID、其他技术以及人员实现目标
- 必须改变业务流程，从 RFID 中获益
- 流程和软件必须要支持 UHF（超高频率）渗透（通过“红灯和绿灯”调节，操作时间延迟）
- 如果发生故障，必须（通过指示灯和蜂鸣器）通知转换线操作人员
- 指示灯要有助于确认正确读取和装载
- 在包装箱上贴标签是一个很重要的因素。必须要改变包装箱上的工艺设计以便粘贴标签
- 与 RFID 识读率的技术问题相比，可能存在有更多的与流程有关的问题
- 确定人工流程自动化产生的问题（没有预料到的 SW 调节，针对以前没有解决的“人工流程”SW 之外的情况）
- 操作方式可能会影响识读率。例如，面朝叉车的托盘标签

6.3.5 技术

- 不要期望所试验的技术第一次就会起作用
- RFID 技术还不成熟，有待于进一步提高，不可仅仅根据技术制定项目的成功标准

环境因素：

- RFID 应用既不能原样照搬，也不可能一蹴而就。每个现场都有其独特性，因此必须在每个现场测试并改进 RFID 应用技术
- 内部读取率高不意味着贸易伙伴的读取率高
- 标签读取取决于共振，即使是对塑料集装箱上的标签
- 无论是看得到的还是看不到的事件都会影响标签的可读取性
- 潮湿程度
- 包装材料
- 托盘样式
- 影响读取率的因素包括：
- ESD（静电）
- 湿度

- 温度
- 无线设备
- 布线
- 建筑结构
- 产品材料
- IT 基础设施
- 现场识读器和标签的密度
- RFID 硬件也会面临生产环境下某些因素的考验，比如振动、灰尘、温度和湿度（例如，有报告显示由于转换线振动，导致识读器电源接线器故障）
- 需要了解产品和环境特征
- 唯一性接口
- 工艺流程和读取点
- 注意生产环境因素和与在实验室测试的环境不同
- 在实际操作环境下建立的实验室很有价值。它可以提供设备和解决方案基准，提供培训和产品试验，尽可能减少对生产的干扰。
- 各个地区的频率和功率要求都各不相同。以不同频率写入和读取同一标签将会影响性能。

标签和标签应用：

- 选择合适的标签。标签极性应与识读器相配。这样可以提高标签读取率
- 供应商已经克服了在金属产品上粘贴标签的问题
- 标签价格直接与所生产的量有关，根据产量定价
- 由于标签封装十分重要，目前 inlay 性能有待提高，标签供应还处于断续状态
- 标签故障率仍然很高，尤其是对于以转换线速度编码和粘贴标签的自动标签粘贴器
- 当前打印机、编码器和粘贴器不能以制造生产的速度可靠操作
- RFID 标签粘贴器不能在有瑕疵的标签上或是标签卷上有裂口的情况下良好工作
- 必须将预先贴标签的平板箱成本和复杂性与线上编码以及标签应用的成本与复杂性相比较

识读器和识读：

- 不同类型的识读器和识读器配置都有用。例如，适用于传送带的识读器与适用于托盘站或场站的识读器不同
- 少数公司报告托盘上的包装箱可以100%读取（X射线）。这种100%的读取是可以达到的，但是必须要在托盘上设多个识读点
- 实践证明在摇臂式缠绕包装机上的托盘读取比入口读取更有效
- 不可将识读器与飞臂缠绕包装机集成在一起（截至2005年4月这些识读器在市场上就买不到了）

天线：

- 定制设计的天线有时候在读取区域内的控制性更好
- 定制天线配置有助于在合适的入口读取托盘

设备定位：

- 在现有生产层，没有放置粘贴器、蓄电池和换向器的空间
- 可调整安装工具提高现场试验和试验的灵活性，确定转换线上的条码识读器/RFID识读器与天线的位置。一旦位置确定，则通过固定安装工具确保一致性和可靠性
- 线上编码天线应位于距离经过贴有标签的箱子至少几英寸的位置，以便形成足够的编码区域

服务和更新：

- RFID技术将迅速发展。请根据技术发展情况设计和筹措资金
- 积极管理技术发展情况
- 应用初期，应重视解决方案供应商的支持，并合理利用

软件和数据管理：

- 期望经常更新RFID中间件，以便跟上识读器的发展趋势，至少应在早期阶段如此
- RFID中间件有两种类型：

  独立式

  组装式
- 使用中间件控制和分配EPC代码
- 注意清楚解释数据读取、数据交换和客户共享价值协议
- 中间件与PLC（编程逻辑电路控制堆码机，转换线等）之间的集成很重要，但通常达不到

- 海量数据不易处理，因此数据过滤和数据挖掘至关重要
- 挖掘数据，发现竞争优势
- 数据处理速度和成本至关重要
- 注意 MRI 一级的堆码和包装箱级的装卸（对于被损坏的包装箱、QA（质量保证）样品、部分托盘）
- 此时有杂音和间隔的大量数据没有用

6.3.6　成本核算

成本核算手册（相关参考表格请参阅附录 1）提供计划投资 RFID 技术的企业参考。尽管该手册的目的是提供 RFID 技术所需要的全部费用结构，但它更适合作为一个指导工具。EPCglobal 建议各公司可根据具体情况修改本手册所罗列的成本项目、阶段结构和对应时间。

（1）检查“单位成本”表单顶部列出的“阶段”和对应时间项，进行必要修改。该手册引用对应项数值的其他地方将做出自动更改。

（2）再检查“单位成本”表单，确保所有相关成本项目和对应数值都包含在内。在 1、2、3 等表单中自动引用这些数值。如果在“单位成本”表单中添加了成本项目，需要修改后面的 Excel 表单。

（3）所有价格调整均应在“单位成本”表单中进行，其他表单将根据公式自动计算由“单位成本”得出的总价格。可以把包含软硬件公司和业务伙伴提供的 Excel 报价单附在后面，作为“单位成本”表单的参考。

（4）可以创建各自独立的业务手册，来跟踪消费者心理或内部增值行为，也可以将所有独立部分合并成为一个完整的业务手册。

（5）有个基本准则就是：如果用户在每组项目后增加了新项目，他们应该仔细检查计算公式是否正确。

6.3.7　合作伙伴

- 增加与“贸易/供应链”合作伙伴的合作
- 分享您的构想，使合作伙伴成为计划的一部分
- 维持与解决方案提供者和供应商的深层合作关系
- 明智选择技术合作伙伴，贵公司可能是“最佳场地”
- 必须向技术供应商提供书面规范和要求，检查他们是否准确理解和

应用这些规范和要求。不同的人可能对规范有不同的理解。

6.3.8 实施的优先考虑问题

1. 通常问题来自于流程、标准、规定、安全、隐私权等

（1）业务案例：必须确定对于有关各方来讲产品或产品种类投资回报率都为正的业务案例样本（可能是保存期短、损耗大、价值高、要求谱系或锁定柜台后）。

（2）RFID 实务：必须记录终端用户企业的代表性 RFID/EPC 实务（标签内容/方式/时间/地点、集成的应用系统、标签集合等），以便作为指南或参考。

（3）推广战略：必须制定零售商和供应商/制造商一致同意的推广方法。

2. 硬件

（1）性能良好的 RFID 设备（识读器/天线、打印机/编码器、粘贴器）：经得起生产环境下各种要素的考验，比如静电、振动、灰尘、湿度和温度。

（2）满足作业速度运转的编码器/标签粘贴器：要求打印机/编码器/粘贴器确保每分钟 20—50 个标签的制造生产线速度下可靠操作。

（3）移动识读器（基于叉车的/手持 RFID 识读器，或欧洲的混合识读器）。

3. 软件

（1）设备管理：必须制定支持与网络连接的 RFID 设备的软件标准，包括可以在各种规模进行有效管理的 RFID 识读器和打印机。功能应至少包括状态监测、热包装、设备重启动、配置、固件更新、警报管理等。

（2）数据过滤：当前数据和从零售商处收到的数据格式不一致。必须组成试点进行整理（或解释）数据。

（3）集成 RFID/EPC 应用：EPCglobal 应制定集成 RFID 应用站要求（例如：RFID 识读器、条码识读器、产品换向器、标签编码器/粘贴器、PLC 控制软件）。

6.4 EPCglobal 认证认可项目

EPCglobal 全球认证认可项目的目标是使 EPCglobal 作为一个中立机构在全球范围内提供认证认可服务以及 EPC 产品和供应商信息。EPCglobal 为其系统成员开发该项目，旨在推动 RFID/EPC 技术在全球得以更加有效的实施应用。

该项目的开发使终端用户和解决方案供应商都从中收益。对终端用户来说，他们可以更加迅速和便捷地判断哪些供应商提供的产品或服务符合 EPCglobal 标准。另外，有了 EPCglobal 认可的性能测试中心，已经开始应用 RFID/EPC 的公司对其同贸易伙伴之间往来的产品能够符合标准化性能水平充满信心。

对解决方案供应商来说，该项目为中立的认证认可性能测试中心提供了唯一、权威的资源。具有经 EPCglobal 认证产品的供应商和由 EPCglobal 认可的测试中心将能够直接联系 EPCglobal 的终端用户，这些终端用户正是在寻求帮助自己应用 EPCglobal 标准和 RFID/EPC 技术的产品和服务的公司。

6.4.1　EPCglobal 一致性测试

1. EPC 一致性测试

为了保证 EPC 系统在全球顺利推广，必须对 EPC 系统相关软硬件产品进行一致性检测，主要包括三个方面：一致性测试、通用性测试和性能测试。

①一致性测试（comformance test）：测试设备（标签，识读器，打印机）与 EPCglobal 标准如 Gen2 是否符合。

②互操作性测试（interoperability test）：测试某设备与其他设备通用的能力。

③性能测试（performance test）：测试在具体环境下（如码头库房或传送带）标签项目（托盘，包装箱或单品）性能。

所有测试都有相关的程序和流程。

2. 国家射频识别产品质量监督检验中心

EPCglobal 授权位于马里兰州巴尔迪摩市的 MET 实验室负责全球 EPC 相关软硬件产品的检测。中国物品编码中心筹建了国家射频识别产品质量监督检验中心，开展有关射频产品质量检测工作。为了更好地推动我国有关 RFID/EPC 相关软硬件产品的认证，2007 年 9 月 28 日，中国物品编码中心获得 MET ARTC 授权，成为全球首家开展 UHF/HF 一致性、通用性测试的实验室，也是国际上首家且唯一取得射频识别产品认证资质的 ARTC（Approved RFID Test Center）。

（1）业务领域

实验室进行的测试种类如表 6-15 所示。

表 6-15　　射频识别产品“标准”测试

		产品认证		性能测试
		一致性	互操作性	
产品	硬件	标签芯片 识读器 识读器模块	标签 识读器 识读器模块 打印机	静态测试 动态测试 闸门入口测试 传送带入口测试 其他
	软件	识读器软件 中间件 数据库接口 其他软件	中间件 其他软件	性能模拟 可靠性 可维护性
测试中心		产品认证测试中心		性能检测中心

（2）实验室概况

2007 年 11 月国家条码质量监督检验中心的 4 大类射频识别产品 5 大项测试能力扩项通过评审。2007 年 12 月国家质检总局批准中国物品编码中心筹建国家射频识别产品质检中心。2008 年 9 月通过国家“三合一”评审：国家级产品质量监督检验中心（(2008）国认监认字（375）号)、中国实验室国家认可委员会认可的国家实验室（CNAS No. L0719)、中国实验室国家认可委员会认可的计量认证（2008002980Z)。

实验室认可的检测能力范围如表 6-16 所示。

相关检测情况如图 6-1 至图 6-8 所示。

6.4.2　EPCglobal 硬件产品认证

1. EPCglobal Gen2 硬件产品一致性认证

EPCglobal 硬件一致性测试最基本的意义就是保证识读器和标签满足主要 Gen2 技术标准的一种重要的限定规范，以保证产品使用正确的电磁波信号，使用合适的时间参数以及能够实现协议的主要部分等。

表 6-16 **实验室认可的检测能力范围**

序号	产品/产品类别	项目/参数 序号	项目/参数 名称	检测标准（方法）名称及编号（含年号）
4	射频识别标签芯片	1	频率范围	1. ISO/IEC 18000-6：2004 信息技术——用于物品管理的射频识别——第6部分：在860MHz到960MHz频段通信的空中接口参数 2. EPCglobal 标准：EPC射频识别协议——1类2代超高频射频识别——用于860MHz到960MHz频段通信的协议，第1.0.9版 3. EPCglobal 标准：EPC射频识别协议——1类2代超高频射频识别——一致性要求，第1.0.4版
		2	解调能力	
		3	FM0 占空比	
		4	FM0 前同步码	
		5	米勒编码占空比	
		6	米勒编码前同步码	
		7	反向散射时的频率变化	
		8	链路定时参数 T1	
		9	链路定时参数 T2（最小值）	
		10	链路定时参数 T2（最大值）	
		11	TID 内存信息	
		12	灭活操作	
		13	（预写标签的）CRC-16 计算	
		14	（可重写标签的）CRC-16 计算	
		15	协议控制保留位的值	
		16	默认协议控制位的值	
		17	Ready 状态和 Reply 状态	
		18	Arbitrate 状态	
		19	Acknowledged 状态	
		20	Open 状态	
		21	Secured 状态	
		22	从 Acknowledged 到 Secured 状态变化	
		23	从 Open 到 Killed 的状态变化	
		24	从 Secured 到 Killed 的状态变化	
		25	从 Acknowledged 到 Reply 的状态变化	
		26	从 Open 到 Reply 的状态变化	
		27	从 Secured 到 Reply 的状态变化	

续表

<table>
<tr><th rowspan="2">序号</th><th rowspan="2">产品/产品类别</th><th colspan="2">项目/参数</th><th rowspan="2">检测标准（方法）名称及编号（含年号）</th></tr>
<tr><th>序号</th><th>名称</th></tr>
<tr><td rowspan="25">5</td><td rowspan="25">射频识别</td><td>1</td><td>互操作性测试中的基础测试</td><td rowspan="25">1. ISO/IEC 18000-6：2004 信息技术——用于物品管理的射频识别——第 6 部分：在 860MHz 到 960MHz 频段通信的空中接口参数
2. EPCglobal 标准：EPC 射频识别协议——1 类 2 代超高频射频识别——用于 860MHz 到 960MHz 频段通信的协议，第 1.0.9 版
3. EPCglobal 标准：兼容产品电子代码 1 类 2 代超高频射频识别设备的互操作性测试系统——互操作性测试方法，第 1.2.5 版</td></tr>
<tr><td>2</td><td>对标签的访问口令为锁定状态的功能测试</td></tr>
<tr><td>3</td><td>对标签的访问口令为非锁定状态下功能测试</td></tr>
<tr><td>4</td><td>对标签完成访问口令测试后的复位测试</td></tr>
<tr><td>5</td><td>对单个标签进行盘点测试</td></tr>
<tr><td>6</td><td>对单个标签盘点测试后的复位测试</td></tr>
<tr><td>7</td><td>对同一型号的多个标签进行盘点测试</td></tr>
<tr><td>8</td><td>对不同型号的多个标签进行盘点测试</td></tr>
<tr><td>9</td><td>对标签的访问口令非零状态下的永久锁定测试</td></tr>
<tr><td>10</td><td>对标签的访问口令非零状态下的永久锁定验证测试</td></tr>
<tr><td>11</td><td>对标签的访问口令为零状态下的永久锁定测试</td></tr>
<tr><td>12</td><td>对标签的访问口令为零状态下的永久锁定验证测试</td></tr>
<tr><td>13</td><td>在标签的访问口令为非零且锁定状态下，进行永久锁定测试</td></tr>
<tr><td>14</td><td>在标签的访问口令为非零且锁定状态下，进行永久锁定验证测试</td></tr>
<tr><td>15</td><td>对标签永久非锁定测试</td></tr>
<tr><td>16</td><td>对标签永久非锁定验证测试</td></tr>
<tr><td>17</td><td>对标签灭活测试</td></tr>
<tr><td>18</td><td>对标签 EPC 数据的 SQ 测试</td></tr>
<tr><td>19</td><td>对标签 TID 数据的 SQ 测试</td></tr>
<tr><td>20</td><td>对标签 USER 数据的 SQ 测试</td></tr>
<tr><td>21</td><td>对标签 EPC 数据读/写功能的测试</td></tr>
<tr><td>22</td><td>对标签 TID 数据读/写功能的测试</td></tr>
<tr><td>23</td><td>对标签 USER 数据读/写功能的测试</td></tr>
<tr><td>24</td><td>对标签灭活口令读/写功能的测试</td></tr>
<tr><td>25</td><td>标签读/写后的复位测试</td></tr>
</table>

续表

序号	产品/产品类别	项目/参数 序号	项目/参数 名称	检测标准（方法）名称及编号（含年号）
6	射频识别识读器/射频识别识读器模块	1	频率精确度（普通环境/严酷环境）	1. ISO/IEC 18000 - 6：2004 信息技术——用于物品管理的射频识别——第 6 部分：在 860MHz 到 960MHz 频段通信的空中接口参数 2. EPC global 标准：EPC 射频识别协议——1 类 2 代超高频射频识别——用于 860MHz 到 960MHz 频段通信的协议，第 1.0.9 版 3. EPC global 标准：兼容产品电子代码 1 类 2 代超高频射频识别设备的互操作性测试系统——互操作性测试方法，第 1.2.5 版
		2	数据编码（普通环境/严酷环境）	
		3	射频网络参数	
		4	射频网络图	
		5	上电射频网络参数	
		6	上电射频网络图	
		7	下电射频网络参数	
		8	下电射频网络图	
		9	前同步码元素	
		10	跳频扩频射频网络	
		11	跳频扩频信道化	
		12	多阅读器发射模板	
		13	密集阅读器发射模板	
		14	多信道环境单边带-幅移键控调制发射频谱	
		15	链路定时参数 T2	
		16	链路定时参数 T3	
		17	链路定时参数 T4	
		18	互操作性测试中的基础测试	
		19	标签的访问口令为锁定状态、进行功能测试	
		20	标签的访问口令为非锁定状态，进行功能测试	
		21	对标签完成访问口令测试后的复位测试	
		22	对单个标签进行盘点测试	
		23	对单个标签盘点测试后的复位测试	
		24	对同一型号的多个标签进行盘点测试	
		25	对不同型号的多个标签进行盘点测试	
		26	对标签的访问口令非零状态下的永久锁定测试	
		27	对标签的访问口令非零状态下的永久锁定验证测试	
		28	对标签的访问口令为零状态下的永久锁定测试	
		29	对标签的访问口令为零状态下的永久锁定验证测试	

续表

序号	产品/产品类别	项目/参数		检测标准（方法）名称及编号（含年号）
		序号	名称	
6	射频识别识读器/射频识别识读器模块	30	在标签的访问口令为非零且锁定状态下，进行永久锁定测试	
		31	在标签的访问口令为非零且锁定状态下，进行永久锁定验证测试	
		32	对标签永久非锁定测试	
		33	对标签永久非锁定验证测试	
		34	对标签灭活测试	
		35	对标签 EPC 数据的 SQ 测试	
		36	对标签 TID 数据的 SQ 测试	
		37	对标签 USER 数据的 SQ 测试	
		38	对标签 EPC 数据读/写功能的测试	
		39	对标签 TID 数据读/写功能的测试	
		40	对标签 USER 数据读/写功能的测试	
		41	对标签灭活口令读/写功能的测试	
		42	标签读/写后的复位测试	
7	射频识别打印机	1	标签 EPC 数据写入的功能检测	1. ISO/IEC 18000-6：2004 信息技术——用于物品管理的射频识别——第 6 部分：在 860MHz 到 960MHz 频段通信的空中接口参数 2. EPCglobal 标准：EPC 射频识别协议——1 类 2 代超高频射频识别——用于 860MHz 到 960MHz 频段通信的协议，第 1.0.9 版 3. EPCglobal 标准：兼容产品电子代码 1 类 2 代超高频射频识别设备的互操作性测试系统——互操作性测试方法，第 1.2.5 版
		2	标签访问口令写入的功能检测	
		3	标签灭活口令写入的功能检测	
		4	在写标签前识别不能工作标签的功能测试	
		5	对密码锁定状态下的标签的 EPC 数据写入的功能检测	
		6	对密码锁定状态下的标签的访问口令和灭活口令数据写入的功能检测	
		7	识别并读取兼容 EPC 标准的标签的功能测试	
		8	对标签批处理编号的功能测试	

续表

序号	产品/产品类别	项目/参数 序号	项目/参数 名称	检测标准（方法）名称及编号（含年号）
8	识读器软件	1	对识读器的网络连接能力测试	1. EPCglobal 标准：底层识读器协议，第 1.0.1 版 2. EPCglobal 标准：底层识读器协议一致性要求，第 1.0.1 版
		2	对识读器具备 LLRP 特定的消息与响应功能的验证	
		3	对识读器能够正确处理自定义消息和参数的能力测试	
		4	对识读器试错功能的测试	
		5	对识读器能够正确执行数据读取与报表显示功能测试	
		6	对识读器能够执行数据访问操作与报表显示功能测试	
		7	对识读器在记数触发状态下完成对标签的读取操作测试	
		8	对识读器在实时触发状态下完成对数据的获取功能测试	
		9	对识读器软件的 AISpec 规范的功能测试	
		10	对识读器读取数据的数据合并功能测试。	
		11	对识读器软件的激活处理的功能测试。	
		12	对识读器软件的 OpSpec 规范的锁定和灭活功能参数测试。	

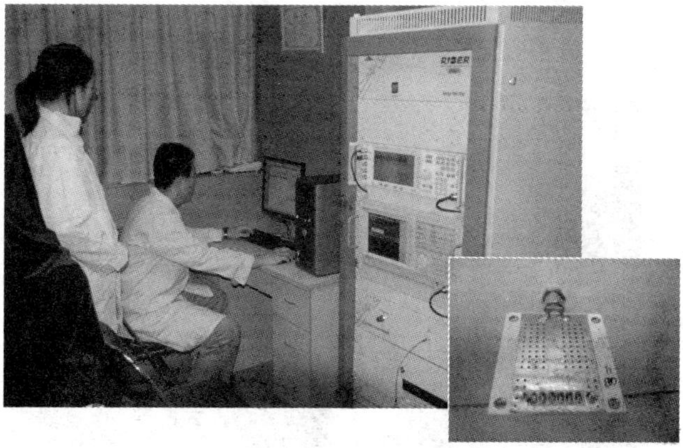

图 6-1　通用性测试

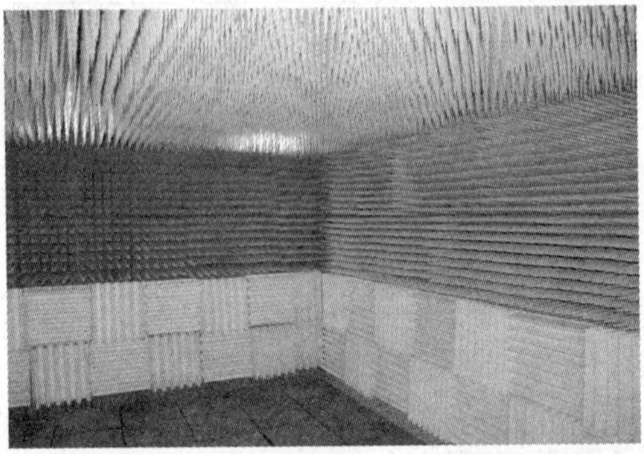

图 6-2　RFID 专用电波暗室

图 6-3　RFID 专用电波暗室

图 6-4　开展静态测试

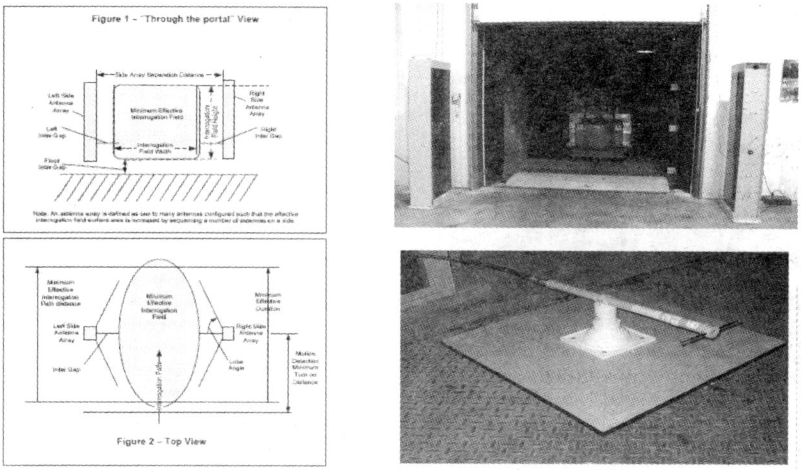

图 6-5　动态测试——闸门入口测试示意图

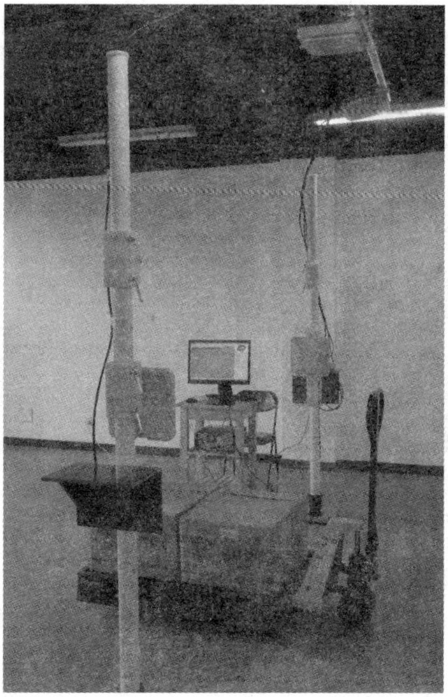

图 6-6　动态测试——闸门入口测试现场

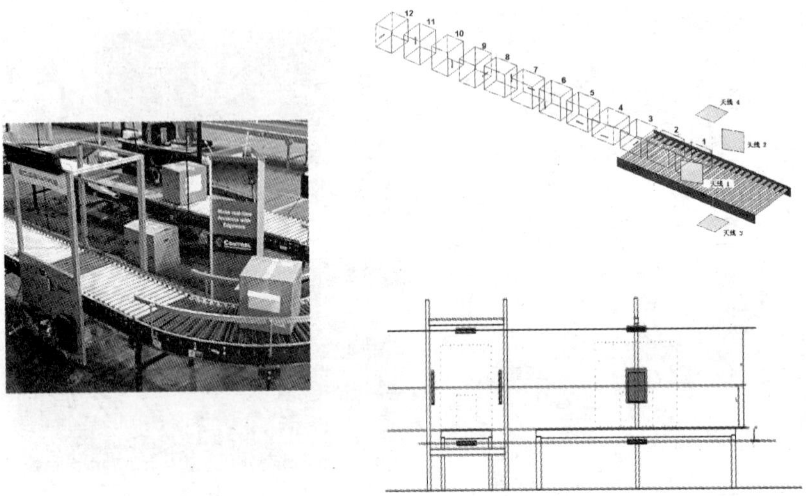

图 6-7　动态测试——传送带入口测试示意图

图 6-8　动态测试——传送带入口测试现场

EPCglobal 一致性认证项目在供应链上扮演着十分重要的角色，尤其对于终端用户来说，是指导他们实施 RFID/EPC 技术的第一步，有助于他们进行投资决策。EPCglobal 的一致性测试可以给终端用户提供一定的保障，保证他们所选择的用来实施 EPC 技术的产品可以在其各自工作环境下正常运作。

EPCglobal标准化工作的一个主要目标是实现RFID/EPC硬件产品的通用性，而通过一致性认证是产品获得通用性认证所要清除的第一个障碍。

任何生产商所提交供通用性测试的RFID标签、识读器或打印机/编码器都必须含有一个通过EPCglobal Gen2一致性认证的识读器模块或集成电路(IC)。如表6-17和表6-18所示分别为获得EPCglobal超高频Gen2标准一致性认证的识读器/识读器模块和集成电路相关信息。

表6-17　**获得EPCglobal超高频Gen2标准一致性认证的识读器/识读器模块**

公司	产品/版本	测试频率范围
Alien Technology	识读器ALR-9800	902～928 MHz
Alien Technology	识读器ALR-9900	902～928 MHz
Applied Wireless ID	超高频识读器模块MPR-1510	902～928 MHz
Applied Wireless ID	超高频识读器MPR-3014	902～928 MHz
英频捷公司(Impinj Inc.)	Speedway RFID识读器1.1	902～928 MHz
易腾迈科技公司(Intermec Technologies Corporation)	多天线RFID识读器模块IM5 (865 MHz)	866 MHz
易腾迈科技公司(Intermec Technologies Corporation)	多天线RFID识读器模块IM5 (915 MHz)	902～928 MHz
MaxID集团有限公司(MaxID Group Limited)	MaxID RM100 RFID识读器	902～928 MHz
微电子科技公司(Microelectronics Technology, Inc)	RU-813识读器	902～928 MHz
SAMSys	SAMSys MP9311 RFID超高频识读器模块	865-868 MHz/ 902～928 MHz
Sirit, Inc.	Sirit INfinity 510超高频RFID识读器	860-872 MHz/ 902～928 MHz
讯宝公司(Symbol)	XR-400-US RFID固定识读器	902～928 MHz
Electronics and Telecommunications Research Institute (ETRI)	Reader Model EPR630	902～928 MHz and 908.5～914 MHz

续表

公司	产品/版本	测试频率范围
欧姆龙（Omron）	UHF 识读器/识读器/V750-BA50x04-US	902～928 MHz
Mojix, Inc.	Mojix RFID 识读器系统-STAR 1000	902～928 MHz
ThingMagic	识读器 Mercury4	902～928 MHz

表 6-18　**获得 EPCglobal 超高频 Gen2 标准一致性认证的集成电路（IC）**

公　司	产品/版本
Alien Technology	Higgs IC
Alien Technology	Higgs-3 IC
英频捷公司（Impinj Inc.）	Monza 2 Gen2 IC
英频捷公司（Impinj Inc.）	Monza IC
恩智浦半导体公司（NXP）	UCODE EPC G2
NXP Semiconductors Austria GmbH Styria	UCode G2 XM
NXP Semiconductors Austria GmbH Styria	UCode G2 XL
Senstech Snd Bhd	MM3 IC
意法半导体（ST Microelectronics）	XRAG2
讯宝科技公司（Symbol Technologies Inc.）	黄石（Yellow Stone）Gen2 IC
德州仪器（Texas Instruments）	UHF-11111-01

2. EPCglobal Gen2 硬件产品通用性认证

EPCglobal 超高频 Gen2 硬件通用性测试是检验不同生产厂商生产的硬件产品（如标签、识读器、打印机/编码器等）可以交互工作的能力。EPCglobal 通过认证符合超高频 Gen2 通用性的硬件产品，使终端用户公司在展开全面试点或全面部署 RFID/EPC 技术之前就能知道特定的硬件产品是否可以相互协调工作，以便迅速、准确地做出明智的决策。如果选择获得 EPCglobal 通用性认证的 Gen2 硬件产品，在仓库、分销中心或者零售百货商店中安装的任何 Gen2 识读器都可以识读所有 Gen2 标签，而不用去管究竟是哪家生产厂商生产的。

早在 2004 年，超高频第二代（UHF Gen2）协议仍未被批准时，EPCglobal 就着手计划对 Gen2 产品进行通用性认证。美国巴尔的摩的 MET 实验室，即 EPCglobal 硬件认证项目官方测试合作实验室，于 2005 年 11 月开始开发测试技术标准，而 EPCglobal 硬件研究工作组的 Gen2 通用性工作组则开始收集供应商的测试产品。2006 年 8 月初，MET 开始按照已经制定的技术标准对提交的产品进行通用性测试，目前已经有 13 项产品获得通用性认证。

为了尽可能全面地检验 Gen2 Class1 技术标准的功能，MET 实验室总共进行了 267 项标签和识读器的测试以及 6 项打印机/编码器的测试。其中一些测试是为了确保一个识读器能够对某个标签内存的每个部分写入数据，因此，一项测试可能包括使识读器对一个 Gen2 标签内存合适的区写入 96 位的 EPC。

一旦一台识读器通过了编码测试，将测试其通过密码锁定和解锁内存数据的能力。除了对 Gen2 标签和识读器通用操作所需要具备的所有能力进行测试以外，测试还要确保这些产品不会进行它们无法完成的操作。例如，Gen2 协议规定一台识读器必须通过特定的标签密码才能够锁定、解锁或删除（毁灭）标签数据。如果一台识读器通过全部为 0 的非法密码可以解锁一个这样的标签，这个标签将不能通过测试，因为按规定没有标签可以通过这样的密码进行数据解锁。同样，如果一台识读器可以通过错误的密码解锁标签数据，该标签也不能通过测试。如表 6-19 和表 6-20 所示为获得 EPCglobal 超高频 Gen2 标准一致性及通用性认证的识读器和标签相关信息。

表 6-19　**获得 EPCglobal 超高频 Gen2 标准一致性及通用性认证的识读器和公司**

公司	产品/版本	测试频率范围
英频捷公司（Impinj Inc.）	Speedway RFID 识读器	902 ~ 928 MHz
易腾迈科技公司（Intermec Technologies Corporation）	IM5 识读器	902 ~ 928 MHz
Mojix, Inc	STAR 1000	902 ~ 928 MHz
工程机械研究院 Industrial Technology Research Institute	Minimization Passive RFID	902 ~ 928 MHz
Sirit, Inc.	Sirit INfinity 510 超高频 RFID 识读器	862 ~ 870 MHz/ 902 ~ 928 MHz

表6-20 获得EPCglobal超高频Gen2标准一致性及通用性认证的标签和公司

公　司	产品/系列	集成电路（IC）	测试频率范围
英频捷公司（Impinj Inc.）	Monza Tag	Monza IC	862～870 MHz/ 902～928 MHz
英频捷公司（Impinj Inc.）	Monza 2 Tag	Monza 2 IC	862～870 MHz/ 902～928 MHz
Alien Technology	Squiggle ALN-9540	Higgs IC	862～870 MHz/ 902～928 MHz
Alien Technology	Squiggle ALN-9640	Higgs-3 IC	862～870 MHz/ 902～928 MHz
易腾迈科技公司（Intermec Technologies Corporation）	Large Rigid 标签	Monza IC	862～870 MHz/ 902～928 MHz
恩智浦半导体公司（NXP）	RSI - 633	UCODE EPC G2	862～870 MHz/ 902～928 MHz
恩智浦半导体公司（NXP）	Raflatac G2	UCODE EPC G2	902～928 MHz
NXP Semiconductors Austria GmbH Styria	NXP 标签	UCode G2 XM	862～870 MHz/ 902～928 MHz
NXP Semiconductors Austria GmbH Styria	NXP 标签	UCode G2 XL	862～870 MHz/ 902～928 MHz
上海坤锐电子科技有限公司	QR2233 标签芯片	Qstar	862～870 MHz/ 902～928 MHz

对打印机/编码器的一系列测试重点放在设备对正在打印的标签的嵌体写入数据的能力。标签需要通过与每个识读器和打印机/编码器互相操作的所有测试才能获得通用性认证。同样，一台识读器或打印机/编码器也必须通过和每个标签之间操作测试。如果它们通过了所有的相关测试，就可以粘贴 EPCglobal 的超高频 Gen2 通用性认证标志。当制造商提交供通用性测试的设备时，也提供了他们想要这些设备在 UHF 频带内工作的频率范围。例如，Paxar 提交了 9855 系列打印机/编码器的三个版本：一个在美国使用，

工作频率为 915MHz；一个在欧洲使用，频率为 866MHz；还有一个在日本使用，频率为 960MHz。表 6-21 为获得 EPCglobal 超高频 Gen2 标准通用性认证的打印机相关信息。

表 6-21　**获得 EPCglobal 超高频 Gen2 标准通用性认证的打印机和公司**

公司	产品/系列	测试频率范围
Datamax Corporation	DMX-A-4212，A-Class	862～870 MHz/ 902～928 MHz
Datamax Corporation	DMX-H-4212X，H-Class	862～870 MHz/ 902～928 MHz
Datamax Corporation	DMX-M-4208，M-Class	862～870MHz/ 902～928 MHz
柏盛公司（Paxar Corporation）	Monarch® Brand M09855 RFMP（美国）	902～928 MHz
柏盛公司（Paxar Corporation）	Monarch® Brand M09855 RFMP（欧洲）	862～870 MHz
柏盛公司（Paxar Corporation）	Monarch® Brand M09855 RFMP（日本）	950～956 MHz

并不是所有提交的设备第一次就通过所有的测试。虽然所有的设备遵循 Gen2 标准设计，但一些制造商对标准的理解稍有不同，可能即使其生产的标签完全能够被某家制造商的识读器识读，却无法和来自同样商家的其他 Gen2 设备通用操作。一些最开始没有通过通用性测试的产品，经过修改再重新提交后仍可获得认证。

将来，MET 实验室将在随需应变（on-demand）的基础上，使通用性测试的范围涉及更加广泛的内容，不仅包括 Gen2 技术功能性问题，还可能包括时限等问题，对提交上来的产品与现有通过认证的产品进行通用性测试，保证多个厂商的产品相互通用和兼容。

6.4.3　EPCglobal 软件产品认证

EPCglobal 软件认证项目是继 EPCglobal 硬件认证项目后发起的全球认证

认可项目。EPCglobal 软件认证项目为检验各公司软件产品是否符合 EPCglobal Gen2 标准提供了中立而权威的测试，使终端用户可以获得关于认证产品的可靠信息，有助于推动和加速 RFID/EPC 应用。基于这些产品和公司的信息，用户可以将资源集中投入在试点测试中，而不需要去评估软件产品。

公司选择正确的 RFID/EPC 软件是个复杂的过程，需要考虑许多因素。EPCglobal 软件认证项目为各个公司在选择软件方面带来了信心，他们可以预知所选择的软件能够按照 EPCglobal 的标准正常工作。这个项目为公司投资提供保障，并帮助他们更加轻松、快捷、经济地实施 RFID/EPC 项目。

2006 年 10 月，11 家公司的 13 项产品获得了 EPCglobal 的软件一致性测试认证。其中 11 项产品获得了应用层事件标准（ALE1.0）一致性认证，而来自 7iD Technologies 公司的识读器服务（Reader Service）产品和来自 Supply Insight 公司的 rPlatform（RP）产品获得了识读器协议标准（RP1.1）一致性认证。2006 年 12 月，RFID 识读器网络基础设施平台的制造商 Reva Systems 公司的标签识读处理器（TAP）在 MET 实验室通过了 EPCglobal 应用层事件标准（ALE1.0）一致性测试并获得认证。2007 年 4 月，来自 Asiana IDT 公司的 RFID 中间件 U-Link 也获得了 EPCglobal 应用层事件标准（ALE1.0）一致性认证。表 6-22 列出了符合识读器协议标准和应用层事件标准的公司和软件。另外，EPCglobal 还对符合药品谱系标准和 EPCIS 标准的软件产品进行了认证，表 6-23 为获得药品谱系标准一致性认证的公司和产品。表 6-24 为获得 EPCIS 标准一致性认证的公司和产品。

表 6-22　　**EPCglobal 的软件一致性测试认证的公司和软件**

获得 EPCglobal 识读器协议标准（RP1.1）一致性认证的公司和产品	
公　司	产　品
7iD Technologies	Reader Service
Supply Insight Inc.	rPlatform（RP）
Institute for Logistics Information Technology	LIT RP Manager
获得 EPCglobal 应用层事件标准（ALE）一致性认证的产品和公司	
公　司	产　品
7iD Technologies	Acquisition Service
BEA Systems Inc.	WebLogic RFID Edge Server

续表

获得EPCglobal应用层事件标准（ALE）一致性认证的产品和公司	
公 司	产 品
ECO, Inc	SmartEPC URECA
Electronics and Telecommunications Research Institute (ETRI))	ETRI REMS (RFID Event Management System
GlobeRanger Corp.	iMotion
MetaRights Ltd.	iTag-AS
NEC Corp.	RFID Manager Enterprise
NTT Comware Corp.	NTT Comware RFID Middleware
Skandsoft Technologies Private Ltd.	Setu
Supply Insight Inc.	rPlatform (ALE)
TIBCO Software Inc.	TIBCO RFID Interchange
Vue Technology Inc.	True VUE Site Manager/Enterprise Manager
Reva Systems Corporation	Tag Acquisition Processor (TAP)
Hanwol Co., LTD	CrossOVER
Institute for Logistics Information Technology	LIT ALE Manager
LG Hitachi	UBIMAX
Samsung SDS	Rubiware
Asiana IDT	RFID Middleware U-Link

表6-23　**获得EPCglobal药品谱系标准（1.0）一致性认证的公司和产品**

公 司	产 品
Axway, Inc.	Synchrony ePedigree
International Business Machines	IBM WebSphere RFID Information Center ePedigree
rfXcel Corporation	rfXcel Active ePedigree Management
SupplyScape Corporation	SupplyScape E-Pedigree

表 6-24　　获得 EPCIS 标准（1.0）一致性认证的公司和产品

公　司	产　品
ECO, Inc.	SmartEPC
Electronics and Telecommunications Research Institute (ETRI)	SRIS (Secure RFID Integration System)
ETH Zurich (Auto-ID Labs)	Accada EPCIS
Institute for Logistics Information Technology	LIT EPCIS Manager
International Business Machines	IBM WebSphere RFID Information Center
LG CNS CO., LTD.	RFON EPCIS
LG Hitachi	UBIMAX
MetaBiz, Inc.	R/U-EDT Pro Enterprise Server
MetaRights, Inc	iTag-IS
NEC Corporation	RFID Manager Information Service
NEC Corporation	Web OTX RFID Manager Information Service
NTT Comware Corporation	RFID Middleware (EPCIS)
Samsung SDS	Rubi IS

6.4.4　EPCglobal 测试中心认可项目

EPCglobal 启动了 EPCglobal 测试中心认可项目，以评估全球各地的测试机构在供应链下各种真实环境中对贴有标签的物流单元执行性能测试的能力。性能测试对贴于货物单元的 EPC/RFID 标签的可读性进行评估，并帮助终端用户决定为实现预期识读率在产品上放置标签的最佳位置。

对终端用户来说，通过 EPCglobal 测试中心认可项目能够更快更容易地选择符合 EPCglobal 标准的测试中心。获得 EPCglobal 认可的测试中心使终端用户确定其发往贸易伙伴的或者收到的贴标产品符合标准，从而充满信心。EPCglobal 测试中心认可项目提供唯一、权威的资源，为测试中心进行中立的认可。获得认可的测试中心能够直接与正在寻找相应服务的 EPCglobal 终端用户取得联系，帮助他们实施 EPCglobal 标准与 RFID/EPC 技术。

目前，全球共有 10 个测试中心通过了 EPCglobal 的资质认可，如表 6-25 所示。图 6-9 与图 6-10 分别为 EECC 电波暗室和巴西惠普 RFID CoE 照片。

表 6-25　**获得 EPCglobal 认可的测试中心**

测试中心名称	地点	测试范围
GS1 哥伦比亚 LOGyCA 性能测试中心	波哥大，哥伦比亚	动态：传送带入口 动态：场站门入口
金佰利公司自动感应技术性能测试中心	Neenah，威斯康星州，美国	动态：传送带入口 动态：场站门入口
欧洲 EPC 性能中心（EECC）	诺伊斯，德国	动态：场站门入口
太平洋 RFID 性能中心	桃源，台湾	动态：传送带入口 动态：场站门入口
惠普巴西 RFID CoE-卓越中心	圣保罗，巴西	动态：传送带入口 动态：场站门入口
阿肯萨斯州大学 RFID 研究中心	Fayetteville，阿肯萨斯州，美国	动态：传送带入口 动态：场站门入口
Alien 科技公司 RFID 解决方案中心	代顿，俄亥俄州，美国	动态：传送带入口 动态：场站门入口
TYCO Echt 实验中心	Echt，荷兰	动态：传送带入口 动态：场站门入口
TYCO 安全产品性能测试中心	Boca Raton，佛罗里达，美国	动态：传送带入口 动态：场站门入口
GS1 韩国测试实验室（KTL）	首尔，韩国	动态：场站门入口

图 6-9　EECC 电波暗室

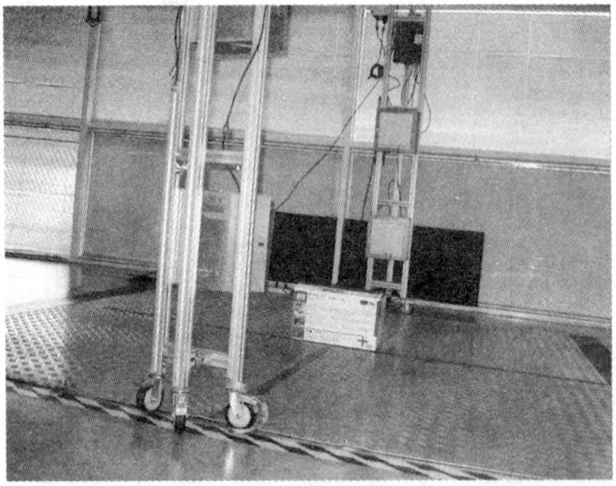

图 6-10　巴西惠普 RFID CoE

【思考题】

1. EPC 建设需要哪些实施工具?

2. 如何考评 EPC 实施指标?

3. 简述如何实施 EPC 建设的成本核算。

第七章 EPC的管理与应用展望

【学习目标】

1. 了解 EPC 的管理机构及政策。
2. 了解 EPC 在国内外的管理。
3. 了解 EPC 未来的发展方向。

7.1 EPCglobal

7.1.1 EPCglobal

EPC 系统具有广阔的应用前景，2003 年 11 月 1 日，国际物品编码协会专门成立了 EPCglobal，负责 EPC 在全球的推广应用工作。EPCglobal 通过各国的编码组织，负责各国 EPC 的注册、管理、标准化、产品测试、培训、推广等工作。EPCglobal 不但发布了 EPC 标签和识读器方面的技术标准，还推广 RFID 在物流管理领域的网络化管理和应用。截至 2009 年 6 月，EPCglobal 一共发展系统成员 1487 家，其中，终端用户 1047 家，系统服务商 366 家，政府和学术机构 74 家。如图 7-1 所示为 EPCglobal 的组织结构图。

EPCglobal 管理委员会是指导 EPCglobal 以正确、可靠的方式实现全球范围内 EPC 技术标准化的高层管理组织。管理委员会主要由早期采用 EPC 技术的终端用户组成，反映在接下来数十年中 EPC 技术将覆盖的行业和地域的多样性。对管理委员会成员的选拔，不仅要考虑成员代表所属公司的情况，还要考虑成员的个人素质以及在全球商业活动中的影响力。目前 EPCglobal 管理委员会共有 18 位委员，其中包括来自沃尔玛、惠普、DHL、金佰利以及我国的海尔集团等国际知名企业的高层管理者。

联合战略规划委员会（JSPC）的目标是从跨行业的角度来确保 EPCglobal 战略和工作计划体现 EPCglobal 涉及的每个行业当前最需优先考虑的问题。联合战略规划委员会的成员来自应用工作组主席和 EPCglobal 领导层组成。

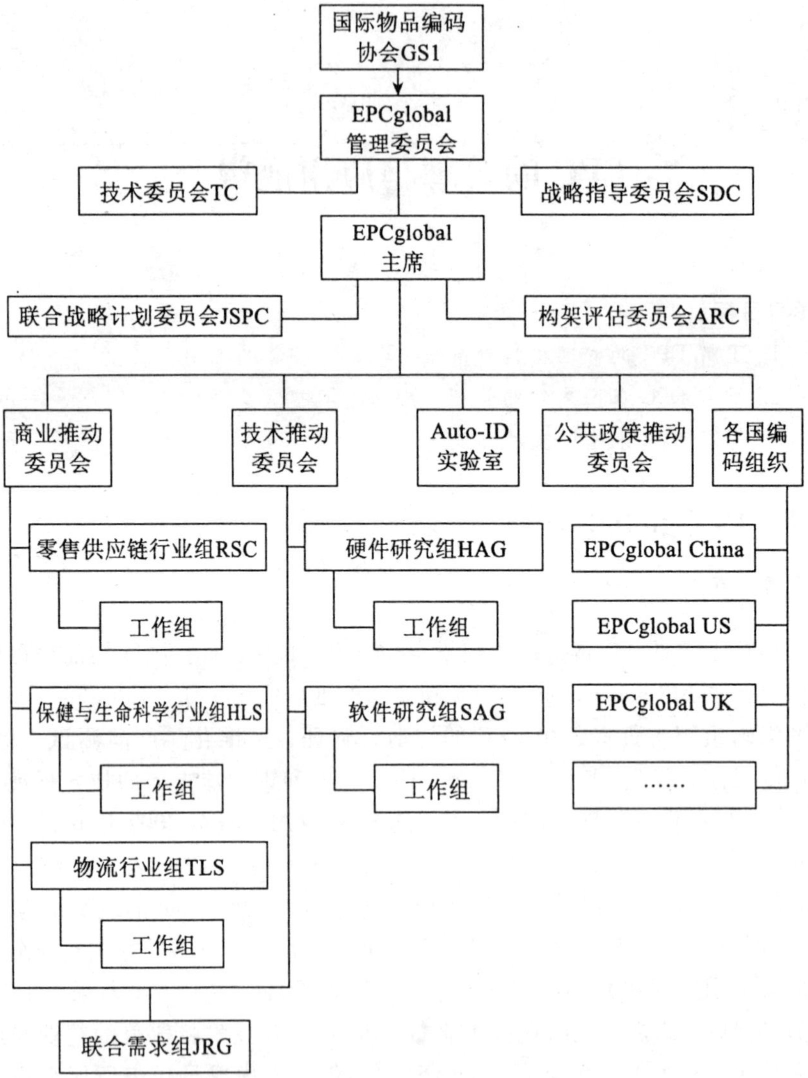

图 7-1　EPCglobal 组织结构图

公共政策推动委员会（PPSC）管理 EPCglobal 全球主要的公共政策，例如经济收益、隐私、健康与科学、资源浪费与环境问题、数据安全、劳工影响和反托拉斯竞争等。其目标是确保 RFID/EPC 的可靠部署不受到公共政策、法律或法规方面压力的不当影响。公共政策推动委员会尤其关注美国、欧洲和亚太地区和政府之间的关系。

Auto-ID 实验室是 EPCglobal 的合作机构，在全球有 7 家实验室，负责开展研究工作，并与 EPCglobal 的系统成员和各工作组就研究方面进行交流。

构架评估委员会（ARC）负责按照 EPCglobal 管理委员会的战略方向，建立、记录并维护 EPCglobal 网络构架。构架评估委员会与商业和技术推动委员会密切合作，确保大家理解 EPCglobal 构架，并建立联系。ARC 的委员是由商业和技术推动委员会任命的。

7.1.2　EPCglobal 工作组

EPCglobal 工作组为 EPCglobal 网络定义商业和技术需求，汇集了来自各行各业的全球用户。EPCglobal 系统成员可以加入工作组并从各项活动中获得益处。行业和技术工作组有助于开发构成 EPCglobal 网络的基础要素，致力于制定全球、跨行业标准并推动商业应用。

1. 商业推动委员会（BSC）

商业推动委员会（BSC）负责推动所有行业应用工作组（IAG）在终端用户需求和应用活动上的工作。BSC 代表了不同用户工作组团体和行业区域。商业推动委员会成员由 IAG 的联合主席组成。

（1）零售供应链行业组（RSC）

为满足包装消费类产品、服装服饰和鞋类行业的商业要求，改善供应链效率，目前已成立的工作组：

可重复使用运输工具工作组（RTI）：主要为可重复使用资产提供粘贴标签、识别数据指针的应用指南，提出数据交换流巩固高效安全的 RTI 管理。

服装服饰和鞋类商店层运作及加工工作组（AFF SLOP）：该工作组描述了内部商店层流程，并对新客户申请的技术标准进行定义。除此之外，该组将讨论基于 RFID 的客户利益，并同 PPSC 工作组密切合作开发一个简单沟通战略。

服装服饰和鞋类供应链流程工作组（AFF SCP）：该组将致力于从制造商到商店递送的供应链流程，包括更新流程。基于此信息，将定义关于 RFID 技术的商业要求。

服装服饰和鞋类标签、标准、信息及流程工作组（AFF TRIP）：该组将开发标签物理标准，定义关于包装标签和商品标签上编码信息的标准、定义为不同产品种类粘贴标签的最佳实践并发展在供应链内关于丢失、无法识读标签的用例。

传媒和娱乐工作组（M&E）：传媒和娱乐业通过光盘或其他媒介传递信息，从而推进供应链、商店执行和反向物流的效率。该组为传媒和娱乐业确定商业案例和用例。

即将成立多源 EPC 分配权益工作组，将涉及供应链内多源贸易项目的可见度。多源贸易项目是通过买家公司前缀识别，而不是通过销售方的公司前缀（如零售商/制造商或制造商、器件供应商）识别；可能包括经纪企业或合作买家集团。

（2）健康与生命科学（HLS）

为保健与生命科学行业在 EPCglobal 标准制定流程中确定终端用户商业要求，推动聚焦于安全可靠的供应链以助于病人安全的 EPC 在全球的应用和实施。

信息工作组：确定用于电子谱系交换的数据，并确定未来支持保健与生命科学商业要求及来自流程工作组用例的能力。

流程工作组：为电子谱系识别商业职能要求，并确定通过用例分析而形成的未来能力。

技术工作组：基于保健与生命科学商业要求及来自流程工作组的用例，确定技术需求。

追踪追溯工作组：当产品在端对端供应链中流动时，通过正向物流用例“追踪”产品，并通过逆向物流用例“追溯”产品来源。

医疗设备工作组：为正向和逆向物流确定医疗设备计划说明书要求；为管理发货库存数据和事件提供指南。

序列化任务组：带头确定开发一个可行机制，在不同包装级（包括单品级）对医药品大量序列化。

特别工作组：为 EPC 和 RFID 技术定义应用战略，展示关于理解有关问题的行业透明度和远景，设计开发解决方案并展示执行计划的能力。

（3）运输与物流服务（TLS）

在供应链应用中，致力于利用 EPCglobal 网络成功部署 RFID 的工作，使特有标准（成套数据、RFID 技术/频率、交换接口等）的应用对贸易伙伴来说是透明的。

运输工作组：确定 EPC RFID 对运输的益处，制定规范以帮助组织改进可见度、绩效、安全、质量和沟通。

封闭系统工作组：即 4-wall 工作组，为存储、转移或增值服务过程中的资产和原材料管理制定要求。

综合工作组：在每个运输单元层面，确认保证监管链可见度数据的连贯性和类型。

进出口（海关）工作组：通过RFID简化进口和出口流程。

特别工作组：全球试点测试特别工作组。

2. 技术推动委员会（TSC）

技术推动委员会（TSC）负责推动技术研究工作组及其中的各小组工作。TSC与BSC一同审核批准提交上来的标准，这些标准将获准成为推荐标准，并提交给管理委员会进行核准。技术推动委员会由软件研究工作组（SAG）和硬件研究工作组（HAG）的联合主席组成。

（1）硬件研究工作组（HAG）

在EPCglobal网络内硬件组件（主要是RFID标签和识读器）之间定义接口。

HF空中接口工作组（HF AI WG）：开发为单品标签应用满足JRG需求的HF规范。

UHF空中接口工作组（UHF AI WG）：拓展用户内存和安全性至Gen2标准，为单品标签应用满足JRG要求。

UHF Gen2通用性工作组：开发、评估并敲定Gen2通用性测试计划。

UHF Gen2测试和认证工作组：开发Gen2一致性文档，为一致性测试评估Gen2认证测试计划。

射频标签、识读器和打印机性能工作组：开发由终端用户确定的识读点性能指南。该工作包括了标签、识读器和打印机评估标准，描述了标签、识读器性能和根据所制定标准测试的指南。

HAG特别工作组：ETSI的HAG特别委员会、保健和科学特别委员会。

（2）软件应用工作组

定义了软件接口和其他标准，实现与EPCglobal网络和分布企业系统元素的通用性。

过滤和采集（中间件ALE）工作组：继续开发技术规范，满足带宽最小化的要求、简化复杂性、及时对变化做出响应并推动流程分配的需求。帮助EPCglobal认证工作组为核准ALE规范建立认证测试案例。

EPCIS工作组：已经进入第二阶段，创建一个或多个标准技术规范，将促进可互操作性EPCIS系统的开发，包括数据采集和数据查询。

识读器管理工作组：定义了一系列标准功能，能实现对标识需要被所有识读器管理的标准物体的单个 RFID 识读器的配置、规定、检测和警报通告；定义了一系列物体能进行的运作和一个可拓展物体模型。

识读器运作工作组：开发第二代 EPCglobal 识读器协议，提供 RFID 识读器设备运作控制管理方式，并包括所有以通过一种设备支持的空中协议为特征的性能。

标签数据与转换工作组：开发技术规范，满足定义数据类型、用于符合 EPCglobal 标准的 RFID 软硬件标签产品编码解码规则的需求。

药品谱系报文工作组：在由 EPCglobal 制定的并由制药行业供应链中成员采用的药品谱系规范下，确定最终的 XML 架构和相关使用指南。

3. 联合需求工作组（JRG）

传感器与电池工作组：集合用户商业需求而为具有较小电池性能和板上感应性能的被动标签制定规范。

标签数据（用户内存）工作组：为明确标签中含有 TID 和用户内存部分的数据结构而制定要求。

单品级贴标应用工作组：为所有行业单品级贴标应用开发用例和需求。

主动标签应用工作组：集合终端用户商业需求，为主动 RFID 标签制定规范。这些标签是完全由电池供电的标签。

数据交换工作组：确定行业应用工作组 EPC 相关数据要求及这些数据在 EPC 商业流程中的有效应用。

7.1.3 EPCglobal 标准制定流程

标准制定是 EPCglobal 工作的重点内容，是一个由用户推动的过程。尽管对制定标准的要素非常熟悉，但 EPCglobal 及其标准的制定是由很多机构参与的，与其他标准组织有所不同。EPCglobal 标准制定过程是一个逐渐演变的过程，并根据用户需要不断进行更新。如图 7-2 所示为 EPCglobal 标准制定流程图。

EPCglobal 标准的流程的各个步骤如下：

1. 提交过程

第 1 步：需求定义。

收集和评价业务和技术需求，根据这些请求制定需求和用例。业务请求和技术请求可能来自业务、技术、私人和法律团体或来自 Auto-ID 实验室，适用于商业和技术推动委员会下的工作组。

第 2 步：结构评估。

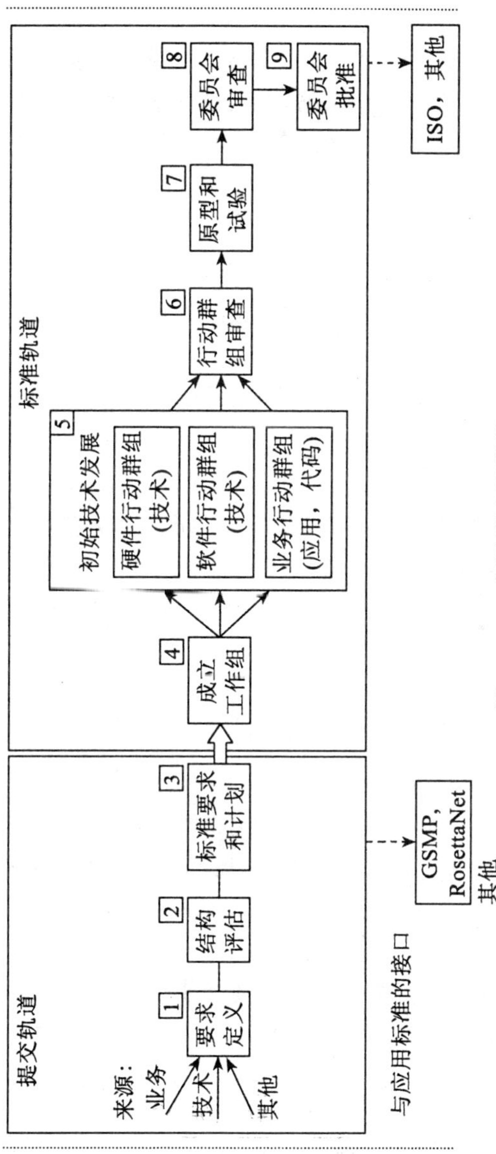

图7-2 EPC标准制定流程图

对照参考 EPCglobal 结构对所提交的建议（用例或技术请求）进行评估。

第 3 步：标准需求和计划。

结构审查委员会根据标准需求和计划确定并定义需要标准化的领域，研究工作组根据标准需求和计划制订技术解决方案的扩展计划。

其中，部分需求可能成为 GSMP、Rossetnet 等标准，其他需求将由 EPCglobal 按照以下流程，制定标准，最后经过 EPCglobal 管理委员会的批准，成为 EPCglobal 标准。

2. 标准制定过程

第 4 步：成立工作组。

在达成的网际协议环境下成立工作组。

第 5 步：初始技术发展。

在此阶段，标准制定过程对外保密，只对工作组成员公开。目的在于根据用户要求编写技术标准草案。

第 6 步：研究工作组审查。

根据研究工作组的意见完善标准草案，形成技术规范的最终内容。

第 7 步：原型和检验。

检验是否可以利用标准设计硬件或软件。

第 8 步：指导委员会审查。

商业推动委员会（BSC）检查技术规范是否符合用户需求，技术推动委员会（TSC）确定技术规范是否完整和可行。

第 9 步：委员会批准。

技术规范经 EPCglobal 管理委员会的批准，成为 EPCglobal 标准。

EPCglobal 标准也可以提交至 ISO，经审核后成为 ISO 标准。

7.1.4 EPCglobal 公共政策

为了使 EPC 真正为消费者、零售商和供应商带来益处，需要解决隐私问题并制定技术开发和应用的原则。

各国对 EPC 有着不同的需求，应用过程中可能会有不同的管理规定。EPCglobal 负责管理 EPC 技术的应用原则。EPCglobal 将监督对应用原则的实施，负责根据技术发展、新出现的应用和各方利益需求更新应用原则的内容。技术的开发和应用会给使用 EPC 标签的消费者和企业带来更多的选择。由于 EPC 是一项新兴技术，尚处于早期发展阶段，因此应用原则的内容将会不断补充或修改变化，以及时兑现行业对消费者的根本承诺。建议大规模应用 EPC 技术的企业遵守这些原则。

EPCglobal 与其管理委员会和公共政策推动委员会密切合作，他们将针对诸多问题提出专家性意见，包括制定 EPCglobal 网络安全措施、制定技术应用的指导原则，比如隐私权方面的规定。EPCglobal 的系统成员有机会参与并从机构间的互动中受益。

7.2　EPC 管理

7.2.1　EPC 的全球管理

EPC 产品电子代码革命性地解决了单个商品的识别与跟踪问题，即为每一单个商品建立全球的、开放的标识标准，因此，以 EPC 软硬件技术构成的“EPC 物联网”，能够使产品的生产、仓储、采购、运输、销售及消费的全过程发生根本性的变化，从而大大提高全球供应链的性能。

为了顺利实施 EPC 产品电子代码，需要进行系统的管理和维护。为此，2003 年 11 月 1 日 EAN 和 UCC 决定成立全球产品电子代码中心 EPCglobal 来管理和实施 EPC 工作。

EPCglobal 旨在改变整个世界，搭建一个可以自动识别任何地方、任何事物的开放性的全球网络。EPCglobal 通过各国的编码组织管理和推动当地的 EPC 工作，各国编码组织的主要作用是管理 EPC 系统成员的加入和标准化工作，在当地推广 EPC 系统、提供技术支持和培训 EPC 系统用户。

7.2.2　EPCglobal 的网络架构

2003 年 10 月 28—29 日 Auto-ID Centre 在东京召开了它的最后一次董事会议，决定从 10 月 31 日起，分布在波士顿的麻省理工学院、英国、日本、中国、澳大利亚和瑞士的六个 Auto-ID Centre 改名为 Auto-ID Lab。

EPCglobal 董事会在 2003 年 11 月 25 日召开了第一次会议。自从 11 月 3 日 EPCglobal 的网站发布以来，EPCglobal 收到很多公司的申请，表示愿意以会员的身份加入 EPC 系统。EAN International 总部已经通知各个编码组织有关 EPC 新成员加入情况，并指出这将给当地发展带来新的机遇。

(1) EPCglobal 的主要工作

加强研发工作，主要是通过与 6 个 Auto-ID Labs 合作来进行；

推广 EPC 标准，包括推广硬件和软件标准；

管理 EPCglobal 网络，包括编码系统、对象名称解析服务、开展一致性测试服务；

EPC 系统的推广工作，包括市场推广、应用系统的建立和提供实施支持。

（2）编码组织的作用

正如在 2003 年 12 月召开的全会上 EPCglobal 描述的那样，编码组织的作用是管理 EPC 的加入情况，在当地推广 EPC 系统、提供技术支持和培训 EPC 系统用户。具体如下：

①市场开发：

收取 EPC 系统的注册费。

分配 EPC 管理者代码和访问 EPC 网络的权限。

在当地收取上述服务的费用，当地的编码组织保留这些费用，用于当地市场的继续开发。

改进、推广 EPCglobal 开发的全球营销和通信模型。

监控 EPC 系统中心数据库，从而保证 EPC 识别号在各个 EPC 系统用户中的准确注册。

②实施支持：

支持试点试验。

推出产品，开展包括认证和一致性检验的服务。

提供与 EPCglobal 开发的营销和通信模型一致的培训和教育支持。

7.2.3 EPC 在我国的管理

EPCglobal 通过各国的编码组织管理和推动当地的 EPC 工作，EPCglobal 给各国的编码组织提供了一个工作的基本指导思路，各国编码组织可以根据本国的具体情况开展工作。

EPCglobal 于 2004 年 1 月 12 日授权中国物品编码中心（ANCC）是全球产品电子代码管理中心（EPCglobal）在中华人民共和国境内的唯一代表，ANCC 负责全球产品电子代码管理中心（EPCglobal）在中国范围内的注册、管理和业务推广。

为了保证 EPC 系统的正常运行，保证供应链过程中数据的准确性，需要建立 EPC 系统准入制度，对 EPC 用户提出一定的要求。

依法取得营业执照的生产者、销售者和服务提供者等，可以申请注册，获得管理者代码，成为全球产品电子代码的终端用户。对于系统集成商、培训公司、贸易协会等可以通过申请注册，成为全球产品电子代码的系统集成商。

为了规范产品电子代码管理，保证产品电子标签的质量，加快产品电子标签的推广应用，实现与国际接轨，促进我国商品流通信息化和经济发展，需要对产品电子标签进行统一的管理和维护。

我国采用全球统一的产品电子代码编码体系及射频标签表示，推广应用产品电子标签，建立中国的产品电子标签系统。

产品电子标签工作应当依靠各级政府及有关部门，积极引导和鼓励商品生产者、销售者、服务提供者等加快使用产品电子代码，提高商品在供应链各个环节（生产、储运、配送、销售等）的现代化管理水平。

（1）主管机构

中国物品编码中心（以下简称编码中心）是我国 EPC 系统管理的工作机构，配合国家主管机构制定我国产品电子代码的发展规划；负责我国有关 EPC 系统标准的制订和修订工作；负责贯彻执行 EPC 系统工作的方针、政策、法规和标准；统一组织、协调、管理全国产品电子代码工作；开展相关的国际交流与合作；负责全国范围内产品电子代码应用领域的拓展、推广应用 EPC 系统；负责产品电子代码的注册、续展、变更和注销；负责统一组织、管理全国产品电子标签芯片制造商、识读器生产商的资格认定工作；开展一致性检测工作。

（2）注册流程

管理者代码注册申请人可以按照一定的要求向中国物品编码中心申请注册管理者代码。

申请人获准注册管理者代码的，由编码中心发给《中国产品电子代码系统成员证书》，取得中国产品电子代码系统成员资格。

编码中心应当定期公告系统成员及其注册的管理者代码，建立我国 EPC 系统成员管理数据库。

（3）系统成员类型

根据目前的情况，EPC 系统成员可以分为两类：终端用户和系统服务商。

终端用户——这类会员包括制造厂商、零售商、批发商、承运商和政府。概括来讲，它们是供应链环节中使对象运转的组织。终端用户按照终端用户收费标准获得管理者代码，在对象名称解析服务（ONS）中注册 EPC 管理者代码加入 EPCglobal 系统。零售商和运输商加入的机制也是一样的，它们成为 EPC 网络的用户，访问 EPC 网络。

系统服务商——这类会员包括硬件和软件公司、咨询人员、系统集成商和培训公司。概括来讲，它们是帮助终端用户实施 EPC 网络和技术的组织。系统服务商以每年交纳一定的系统服务商程序费用的方式加入 EPCglobal 系统。系统服务商也可以获得 EPC 管理者代码，根据终端用户入会收费标准在 ONS 注册，这种情况下它们也同样成为终端用户会员。

（4）加入 EPC 系统的好处

EPC 系统成员可以访问区域/全球 EPC 数据网络，以及无版税的 EPC 系统许可组成部分，包括一个用户标识和安全密码。这项权利使得所有用户都能监控或影响供应链上原料和加工过的货物的流动；根据需要取得管理者代码，为托盘、包装箱和单件物品分配 EPC 代码。

同时，EPC 系统成员可以参与正在进行的 EPC 网络标准的开发；获得软硬件规范和已公布的 EPC 中间件和 XML 参考实施方案；分享正在开展的商业应用实例；获得教育和实施培训；和其他会员共同建立试点和试验实例；和 EPCglobal 合办营销活动，包括联合发表新闻稿、文章等；直接和那些早期接纳 EPC 现在也加入 EPCglobal 的用户联系。

7.3 EPC 的应用展望

7.3.1 影响 EPC 系统推广应用的因素

EPC 有着独特的技术优势和广阔的前景，能给我们带来如此巨大的便利，那么推广和使用 EPC 的道路是否就是一帆风顺了呢？问题并不是这么简单的。目前，EPC 系统在全球范围内处在研发阶段，它能否广泛应对所面临的挑战，主要来自于几个方面：硬件设施成本、系统准确性、标准问题以及涉及个人隐私和安全问题。任何一个环节出现问题都将影响整个系统的正常运行，阻碍 EPC 系统的推广和应用。

首先，EPC 系统需要 IT 系统与识读器等硬件设施，一次性投资庞大。EPC 普及的“瓶颈”之一，就是标签价格居高不下。目前飞利浦生产的主动式标签价格还在 1 美元以上，而艾伦公司生产的被动式标签价格也在 25 美分以上——这显然无法用于某些价值较低的单件商品。据估计，只有标签的单价下降到 10 美分以下，才可能大规模应用于整箱整包的商品；下降到 3 美分以下，才有可能应用于单品。除了 EPC 标签，EPC 识读器也是一笔巨大的开支，由于识读器的价格大多在 1000 美元以上，如果一个企业动辄就需要安装数十台、甚至上千台类似的机器，再加上计算机、局域网、应用软件、系统集成等费用，广大中小企业无疑只能望而却步。此外，业务流程改造所导致的直接或间接费用也不容忽视。

其次，EPC系统运用的关键技术是射频技术。而射频技术的支持技术十分复杂，仅以简单的自动销售为例，所涉及的技术就包括射频识别系统制造、无线数据通信与网络、数据加密、自动数据收集与数据挖掘等技术。为了能够使用信用卡进行结算，还必须安装POS收费系统和发卡行结算系统。将销售系统与企业资源计划（ERP）和仓库管理系统（WMS）结合起来，实现整个供应链的自动化管理，则需要一套全新的，功能强大的软件系统的支持。最重要的是，所有这些技术与系统都必须实现无缝的连接，这对系统集成是个极大的挑战。

值得注意的是，因为液体和金属箔片对无线电信号的影响，射频识别标签的准确率只有80%左右，离“放心使用”的要求相距甚远。所以，虽然射频识别技术的应用环境得到了极大的改善，但离大规模实际应用所要求的成熟程度尚有一定差距。如何解决识别的精确性，也是个非常重要的问题。

另外，还有标准问题。频率标准方面，由于各国无线电频段用途的分配存在一定的差异，射频识别系统可能面临频率资源的限制。例如，UIIF频段直接决定了射频标签能否应用于对通信距离有更高要求的供应链环境。而欧盟允许使用868MHz，美国和加拿大则允许使用915MHz，而日本则到最近才从原已分配给手机的频段中将950～956 MHz开放供RFID使用，但目前我国手机使用频段为900MHz，无线电委员会如何调整频段的使用还没有结论。这种情况会导致技术更加复杂、需要设计更多种类的标签和识读器，从而导致更高的成本。

虽然Auto-ID中心提出了在芯片中将加入“灭活指令”(Kill Command，收到特定指令后，RFID芯片即自行销毁)，但仍然难以消除某些顾客的顾虑。另一个无法回避的问题是，标签内容的编程以及“灭活”命令必须有密码保护，问题在到底用谁的密码？是否所有标签使用同一个密码？密码的安全又如何保证？如果黑客或小偷获得了密码，又会发生什么样的事情？……

一言以蔽之，射频识别技术应用和发展，在很大程度上取决于上述问题是否能够及时有效地解决。只有解决了上述问题EPC系统才能推广。

7.3.2 展望 EPC 未来的发展

要在全球范围内顺利推动和发展 EPC，首先要解决一系列基础问题，包括 EPC 数据标准、EPC 标签标准的制订和实施，以及 EPC 频段的全球统一，物联网网络架构的具体技术实现等，这些都是 EPCglobal 及其各国分支机构在今后几年要重点解决的问题。2004 年 6 月 22 日 EPCglobal 完成了它的第一个 EPC 技术的全球标准，其最终标准涵盖了 Class0 和 Class Ⅰ 的 EPC 的 RFID 标签。接下来，EPCglobal 将继续下一代 EPCglobal 标签标准——UHF GEN2 的研究制定。随着 EPC 系统标准体系的建立，将极大地推动 EPC 全球的推广和发展。

在应用和实施方面，随着 EPC 试点项目的进行，EPC 将逐渐广泛应用到包括零售业、生产控制、物流和供应链管理、文档和图书馆事业、医药保健品、重要物资流向控制和定点跟踪、身份识别等各个领域。

零售业一直是 EPCglobal 比较关注的行业，而且由于沃尔玛、麦德龙、吉列等大型零售商和供应商的积极推动和支持，EPC 及射频识别技术有望在零售业及其供应链管理上广泛实施。

以沃尔玛为例，我们可以设想一下这样一系列的场景：

沃尔玛的供应商按照配送中心发来的订单分拣好产品，随即交付运送；在沃尔玛配送中心的接货口，商品通过门口时即由 EPC 识读器自动完成盘点并输入沃尔玛的数据库；商品被直接送上传送带后，配送中心按照各个门店所需要的商品种类与数量进行配货——无需人工调整商品摆放朝向；商品装车发往各门店的途中，借助 GPS 定位系统或者沿途设置的 RFID 监测点，就可以准确了解商品的位置与完备性，从而准确预知运抵时间；运抵门店后，卡车直接开过接货口安装的 EPC 识读器，商品即清点完毕，直接上架出售或暂时保存在门店仓库中，门店数据库中的库存信息也随之更新；随着商品减少，装有 EPC 识读器的货架即自动提醒店员进行补货；由于顾客改变了购买主意而随意放置的商品，亦可以通过覆盖了整个门店的 EPC 识读器非常容易地找到并由店员归位。顾客选购结束后，只需要推车从安装有 EPC 识读器的过道中通过，商品的统计即自动完成；一般顾客可以选择现金、信用卡等传统结算方式，使用带有 EPC 标签结算卡的顾客则可以选择 EPC 结账，即由系统自动扣除款项，排队付款的烦恼就会大幅减少甚至全部消除。另外，由于商品一旦进入到 EPC 识读器覆盖的各个场所，EPC 系统就会自动承担起 EAS（电子商品监控）的功能，从而有效地防止商品失窃现象。

这样，从商品的生产完成到零售商再到最终用户，即商品在整个供应链上的分布情况以及商品本身的信息，都可以实时、准确地反映在零售商的信息系统中，从而整个供应链和物流管理过程都将变成一个完全透明的体系。沃尔玛从中可以获得的收益为：

①减少统计差错、即时获得准确的信息流，进一步降低在供应链各个环节上的安全存货量和运营资本，巩固和扩大在该领域的竞争优势。

②提高物流配送的自动化程度与处理效率，减少雇用员工、降低劳动力成本，巩固和扩大在物流成本上的优势。

③加大财产与商品监控与管理力度，有效防止盗窃现象和因遗忘等原因造成的商品损耗；强化设备管理，优化设备配置、提高设备的使用率。

④更加透明和快速地了解各种商品在门店的销售情况，并进一步减少因为货架上缺货而造成的营业额损失，从而对顾客的需求变化做出更加敏捷的反应。

⑤加速购物的统计与结算过程，减少排队付款的时间，改善顾客的购物体验，进而获得更高的顾客满意度和忠诚度。

⑥获取更大的渠道权力，从而成为整个供应链上无可争议的领导者。

⑦树立和巩固技术先锋、行业领头羊的角色，继续打造“光环效应”等。

除了应用于零售业供应链管理，应用RFID技术及EPC编码方案，整合企业ERP平台，从而构建全球范围内的实物物联网，将EPC应用到前文所提到的其他领域，极大的节约人力资源成本，提高整个社会的生产效率。

7.3.3　在中国发展和推广EPC的若干建议

随着我国国民经济的快速发展，对外贸易活动日益频繁。EPC作为自动识别领域新的发展方向，目前主要由欧盟和美国等发达国家和地区来积极推动和实施。那么，我们国家应该怎么应对这样的发展局势呢？如果我们一味的采取观望政策，那么EPC就很有可能会成为我国对外贸易活动中的技术壁垒。事实上，由于沃尔玛要求其供应商实施EPC，我国已经有相当多的企业开始迫切要求跟进甚至实施这项新技术，否则，他们将有可能失去成为沃尔玛供应商的资格。而在沃尔玛的全部供应商中，有40%来自中国，这么庞大的一笔交易一旦失去，对我国的对外贸易无疑将是一个巨大的损失。

因此，我们应该紧密把握EPC的发展趋势，积极应对可能面临的各种挑战，在我国推广使用这一新技术，提升我国工商企业的国际竞争力。

我们应当看到，EPC系统作为一项革命性的新技术，它是信息社会、网络社会发展的必然结果；它是一个系统性的工程，涉及许多方面，包括技术、管理、硬件、软件、网络、系统安全、无线电频率等，需要统筹考虑。面对目前的国内外形势，我们首先要做好国内推广EPC系统的发展规划，制定近期和长期的发展目标。

①建立国家层面的RFID/EPC技术及产业发展协调机构。

RFID是EPC的重要支撑，需要成立跨行业的RFID技术、产业及EPC发展协调机构，从国家层面推动RFID的发展。广泛与国内各大行业横向接触、沟通和联合推广，推动RFID和EPC技术、产业和应用的结合和可持续发展，加强跨部门、跨行业、跨地区的涉及全局性、方向性、战略性重大问题的研究和组织协调力度，充分发挥对产业发展与应用市场的引导作用。

②加强我国EPC系统的标准化工作。没有标准，没有与国际标准兼容或一致的标准，EPC的标签就无法被其他国家和地区的识读器识读，全球物联网的建立就成了一句空话。因此，我国应当密切跟踪EPC技术的国际发展动态，积极参与国际标准的制定和实施，并结合中国的实际情况研究制定本土化EPC系统标准。

③由于EPC系统是一个全球性的大系统，为了保证整个系统的正常运行，必须制定相应的政策法规，规范EPC系统注册管理工作。加快拟定相关的产业扶持政策；加快分配频率资源；制定EPC系统发展战略及规划；营造良好的技术和产业发展环境，通过政策、法规、经济、行政等多种手段，鼓励企业、行业的EPC应用。

④加大对EPC关键技术、示范应用项目的投入力度，逐步形成政府资助补贴和引导、企业为主体、产学研结合的EPC科技创新机制，并努力突破EPC系统的一系列关键技术，产业化关键技术和应用关键技术，提高我国EPC系统产品核心竞争力。通过支持一批应用示范项目，积累成功经验和典型案例，带动我国EPC应用快速发展。

⑤相关的组织管理机构和系统集成商应当加强宣传和技术培训，让更多的企业了解EPC，参与EPC的试点与实施。

⑥对于广大工商企业而言，应当紧跟EPC的发展步伐，密切关注其最新研究成果与相关政策法规，并积极参与EPC在国内的教育培训以及试点推广，推动EPC在中国的发展！

当然，还有人才、观念等问题，需要全面考虑。

总之，EPC系统的发展将为全社会带来巨大的效益，给电子、IT、包装、印刷等行业带来了新的发展机遇，同时，也是严峻的挑战。我们必须充分抓住这个机遇，及时调整发展策略，促进民族工业的发展，在全球EPC产业当中占有一席之地。

【思考题】

1. 简述EPCglobal的网络构架。
2. 简述EPC发展遇到的问题。

第八章 EPC应用案例

【学习目标】

掌握EPC在各领域的应用。

8.1 沃尔玛全面推进RFID/EPC在供应链中的应用

沃尔玛百货有限公司是世界上最大的连锁零售商，连续多年在《财富》世界500强企业名列前茅，并在全球多个国家被评为“最受赞赏的企业”和“最适合工作的企业”之一。沃尔玛由传奇人物山姆·沃尔顿先生于1962年在美国阿肯色州创立，历经数十年发展，目前在全球十个国家开设了超过5000家商场，分布在美国、墨西哥、波多黎各、加拿大、阿根廷、巴西、中国、韩国、德国和英国等国家，拥有员工总数160多万。每周光临沃尔玛的顾客多达近一亿四千万人次。

1. 应用背景

30年前，沃尔玛力推的条码以及POS识别系统的应用，极大提高了库存管理和供应链效率，有效地节省了时间和成本，形成了核心竞争力，从而一跃成为零售业界的翘楚，多年来稳坐第一的宝座。

30年来条码来到我们生活的每一个角落，任何一个便利店的任何商品上、快递公司的包裹上，甚至汽车零件生产线上，条码随处可见。

今天，就像当年引领条码代替价格标签一样，沃尔玛期望历史重演，以RFID技术为支持的EPC可以再次缔造一个新的时代。于是，沃尔玛启动了全球瞩目的RFID应用之旅，如图8-1所示。

2. 实施过程

2004年4月30日，沃尔玛提出“RFID将能帮助我们在短期内提高满意度，并最终在成本控制和持续保持低价格方面发挥重要作用。”沃尔玛RFID试验正式开始。吉列、惠普、宝洁、联合利华、雀巢等8家供应商率

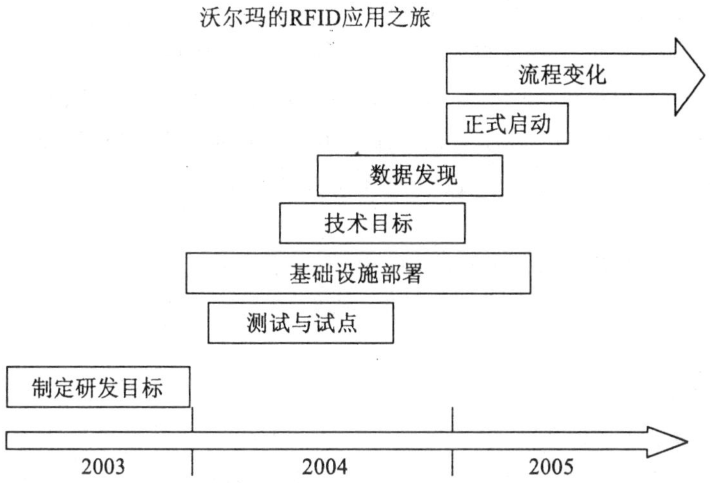

图 8-1　沃尔玛的 RFID 应用之旅

先给沃尔玛送来了贴有 RFID 芯片的商品。RFID 的应用加速了沃尔玛物流系统的运转，如图 8-2 所示。

图 8-2　RFID 技术加速物流系统运转

2005 年 3 月，沃尔玛在 104 家超市、36 家山姆会员店和三个分销中心都已经使用了 RFID 技术；其 100 家中的 57 家供应商完成了货物安装 RFID 标签的要求。在分销中心，沃尔玛已经获得了 95% ~98% 的标签读取率。

2005年6月，沃尔玛宣布在2006年1月1日会有另外200家供应商投入到EPC的应用与测试中，并对沃尔玛应用RFID技术和RFID扩展计划充满信心；同时，沃尔玛与EPCglobal香港展开的“中国计划”可以使在中国生产的产品，通过香港的码头运到沃尔玛的分销中心，再到店面和卖场。

2005年11月，沃尔玛宣布计划在2006年中期实现EPC UHF Gen2取代Gen1标签；在2007年1月前，其前600家供应商在货物货盘上贴加了RFID标签。

目前，沃尔玛已在6500家商店中的1000家应用了RFID技术，覆盖了200000件货品，涉及600家制造商，实现了公司在2005年10月设立的目标。

3. 测试研究

由于沃尔玛的一些商场采用了EPC，人们在这些商场购物时发现，与没有采用这种技术的普通商场相比，商品缺货的情况减少了。

2005年，沃尔玛委托阿肯色大学独立开展了一项综合性研究，首次就EPC对各类商场中商品可获得性的影响进行研究。研究初期选择了一些特殊的商品进行分析。这些研究对象在整个研究过程保持不变，以保证数据的连贯性。为了确定研究的基线及测定RFID的影响，研究人员调查了12个普通商场和12个RFID商场之间的差异，每天在这24个商场扫描缺货的商品。除了引入EPC和RFID技术外，商场继续照常营业。同时，研究人员还通过分析数据和使用EPC期间收集到的数据，比较这些商场的运行。

这项研究提供了确实的证据，说明EPC增加了把产品送到需要的顾客手里的次数，给购物者、供应商和零售商都带来了好处。阿肯色大学RFID研究中心主任兼信息技术研究所常务所长比耳·哈格雷夫博士负责这项研究。他解释说：“经分析后发现，从统计学来看，在整个试验期间，RFID试点商场在及时为顾客提供商品方面胜过没有用RFID的商场。这实际上意味着缺货商品的减少，货架上缺货情况的减少。”

4. 实施结果

沃尔玛很重视将RFID直接产生的影响与采用其他措施带来的影响分开研究。研究结果证实了EPC技术能够非常有效地帮助零售店减少缺货和库存过多的现象。同样重要的是，沃尔玛人工订货减少了，从而使库存量降低了。

研究表明，采用RFID的商场补充缺货货物的效率比普通的商场高63%。沃尔玛的RFID技术小组预测这种技术会对改善缺货有很大作用。现在沃尔玛独立进行的研究证实了 RFID 对零售的重大作用。这只是 RFID 将带来的众多变化中之一，他们的研究仍在继续。

哈格雷夫解释说："商品缺货率降低 16% 是每天通过人工扫描货架缺货状况确定的。基线确定后，再比较有 RFID 和没有 RFID 的两组商场的缺货数。扣除其他所有影响后，我们发现 RFID 使货架缺货发生率降低了 16%。"

据哈格雷夫透露，除了试点店与普通店比较外，他们在相同的店内进一步研究分析了有 EPC 标签和没有 EPC 标签的商品。通过分析发现，在同一家店内，有 EPC 标签的货物缺货时，其补充速度比没有 EPC 标签的快三倍多，进一步确认了 EPC 带来的积极影响。

在改善库存管理方面，沃尔玛还看到了 EPC 为库存量全面下降带来的益处。库存量降低对降低成本是很重要的。沃尔玛物流副总裁罗林·福特说："我们商店的变化不只停留在减少缺货上，还要利用这种技术降低我们整个供应链的库存量。现在我们没花什么力气就能达到这个目的。商店人工订货约减少了 10%，但对存货的积极影响现在还只是开始。"

关于沃尔玛改变系统和运作过程的结果，哈格雷夫表示，通过分析可以清楚地看到沃尔玛每次加强系统和利用新数据带来的积极影响。研究的详细资料和结果将发表在阿肯色大学出版的一系列白皮书上。

5. EPC Gen2 技术

沃尔玛从最初启动 RFID 项目以来就一直与厂商联系，希望一旦可购到 Gen2 标准的 EPC 标签就过渡到 Gen2。Gen2 是一个真正的全球标准，世界各地都适用。它将使技术成本降低更快，加速推广过程。

Gen2 标准的制定和批准对沃尔玛的鼓舞很大。沃尔玛鼓励供应商购买容易升级到 Gen2 的硬件，并要求他们在购买标签时考虑这个情况。

现在该公司对这种全球标准的试验已进入最后阶段。早期的试验已经表明 Gen2 是很成功的，提高了识读速度。

Gen2 的成本将随着这种技术的广泛使用而降低，该技术的实际启动价格比 Gen1 的价格低很多。

供应商们能接受 RFID，开始增加贴标签的产品，标签的成本是最重要的促进因素。一些标签的价格下降了 70% 以上，沃尔玛的供应商于 2006 年开始停止使用 Gen1 标签，逐步过渡到纯 Gen2 的环境中。目前，全球数百家沃尔玛的供应商都在响应沃尔玛 RFID 计划，全面应用 EPC Gen2 标签。

6. 最新动态

沃尔玛于2008年年初对其供应商发出通知，要求他们在2009年1月30日前，在所有发往美国山姆会员店分销中心的产品包装箱应用EPC标签；在2010年1月30日之前，对所有单品应用EPC标签。为了加快EPC应用进程，沃尔玛近期决定在亚洲地区选取约100家供应商，率先开展试点项目。沃尔玛特别邀请GS1/EPCglobal对其供应商进行培训并提供支持，帮助他们尽快采用EPC，从而提高从原材料到生产线、包装以及库存管理整个过程中产品信息的可见度。

8.2 麦德龙集团大力推行EPC Gen2技术应用

德国零售业中最具代表性的是目前在全球以年均新开超市40余家速度快速发展的德国麦德龙超市集团（METRO Group）。德国麦德龙集团成立于1964年，是世界第三大商业集团，也是欧洲最大的从事批发业务的大型连锁公司。麦德龙还是国际知名的现购自运（Cash & Carry）经销系统的领头公司，主要瞄准集团消费和中小商店等批量购买者。

1964年在德国杜塞尔多夫（Dusseldorf）开业的麦德龙超市公司只有几间门面，然而，发展到今天的麦德龙超市公司已经覆盖全球。2003年麦德龙整个集团的年收益达到530亿欧元，其中50%直接来自超市。作为全球排名前五位的国际商业公司，麦德龙集团目前已在31个国家内拥有员工大约280000名。2007年的销售额达643亿欧元。其业务模式包括：现购自运制商场、大型百货商场、超大型超市折扣连锁店、专卖店等。

1. 应用背景

为了提高零售业效率，开拓零售业未来的运营模式，确立麦德龙集团在国际零售业的领导地位，并使消费者、零售商、供应商从RFID技术中受益，麦德龙启动了“未来商店”（Future Store）这一巨大工程，如图8-3所示。

当麦德龙宣布计划在整个供应链及其位于德国Rheinberg的“未来商店”采用RFID技术时，业界众说纷纭，其中不少抱有怀疑的态度。然而随着麦德龙采用RFID的举措取得实效，预期的节省时间、减低成本及改进库存管理等运营优势一一兑现，外界从原来质疑的眼光变成欣羡，而麦德龙也决定加快其部署RFID方案的步伐，从实验试点阶段转为正式投入使用。

图 8-3 未来商店

2. 实施过程

麦德龙在欧洲及亚洲30个国家及地区设有百货商店、大型超级市场和杂货店。2002年，它公布其“未来商店”计划，号召50多家合作伙伴携手开发及测试崭新的应用程序，涵盖零售供应链的各个环节，包括物流及零售店内顾客体验等方面。在RFID识读器方面，麦德龙只选择了两家供应商伙伴合作，Intermec是其中之一。Intermec参与了麦德龙多个大型的RFID试点项目。如图8-4所示为麦德龙未来商店内应用的智能推车。

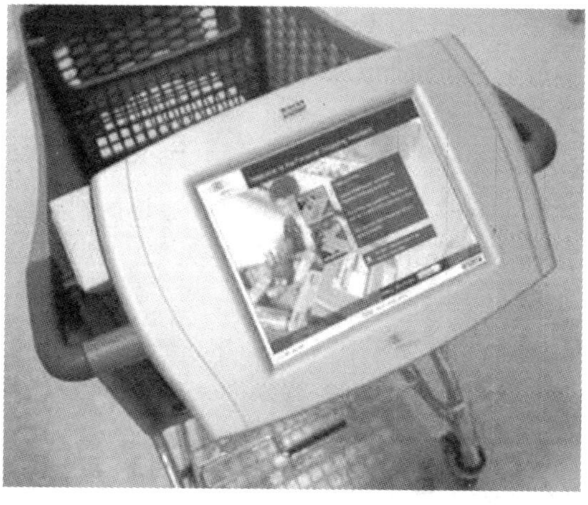

图 8-4 智能推车

麦德龙未来商店自2003年4月在德国开业以来，得到了全球的关注，其中最引人注目的是欧洲的特别未来商店。除了特别未来商店外，德国有500多家连锁超市，新超市引进了许多新技术，力求成为麦德龙集团在未来零售业拓展创新的核心力量。如图8-5所示为麦德龙未来商店应用时间表。

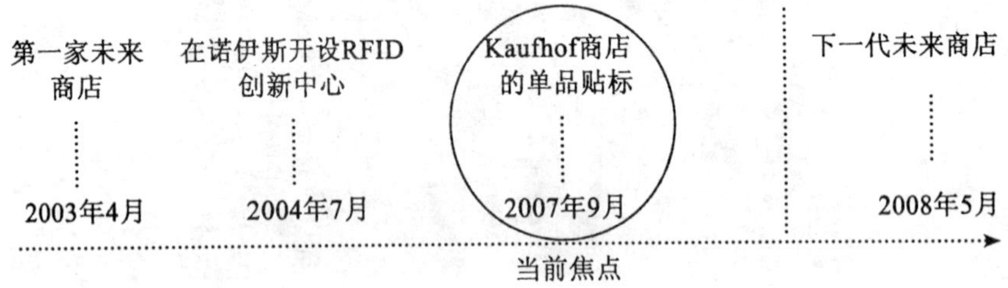

图8-5　未来商店应用时间表

除了零售商店外，麦德龙也将RFID技术及其产品推广应用到供货和物流方面。2004年1月，麦德龙要求其100家供货商在向其所属的10个商品配送中心和281个零售商店送货时，必须在托盘和包装箱上粘贴RFID标签。

2004年7月，麦德龙开设了RFID创新中心，为与其有业务关系的企业在仓库和店铺进一步改善技术提供了条件。2004年11月，当大部分的RFID厂商还在关注EPCglobal Gen2标准的最终敲定和行将实施的强迫性标签项目期限时，麦德龙的托盘追踪应用已经完成试行阶段，正式投入运行。2005年1月，其他供应链项目刚启用，同时第二代标准的细节尘埃落定，麦德龙已率先庆祝“成功实施RFID百天纪念”。在这100天里，麦德龙通过使用Intermec的智能标签（Intellitag）RFID识读器，成功识别5万多个托盘，其标签的识读率超过90%。

2005年3月，麦德龙连同Intermec以及飞利浦电子公司演示了EPC Gen2 RFID系统的首个商业应用，示范了如何通过简便途径从ISO18000-6B为基础的系统升级到ISO、EPC和ETSI兼容系统，以满足真正全球供应链的需要。

2007年9月，麦德龙启动了在Galeria Kaufhof百货公司开展的RFID项目。这是行业内第一次单品级RFID技术的全面部署。该项目采用了64台识读器、208个天线，对3万件男士服饰应用RFID技术。以下是该项目的一组图片，如图8-6所示为分销中心，如图8-7所示为库房和销售层，如图8-8所示为多个识读点，如图8-9和图8-10所示分别为结算台和销售层出口。

图 8-6　分销中心

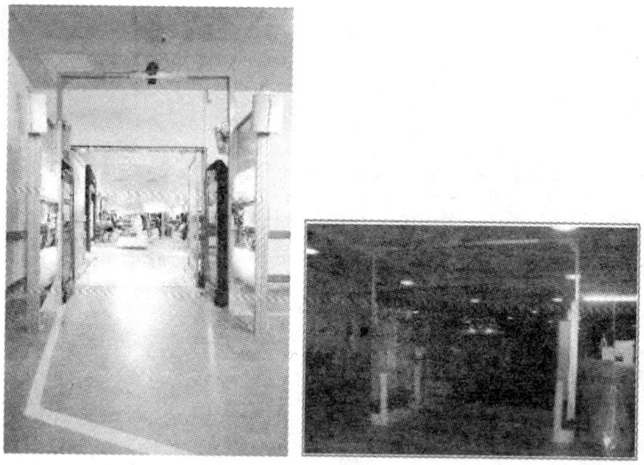

图 8-7　库房和销售层

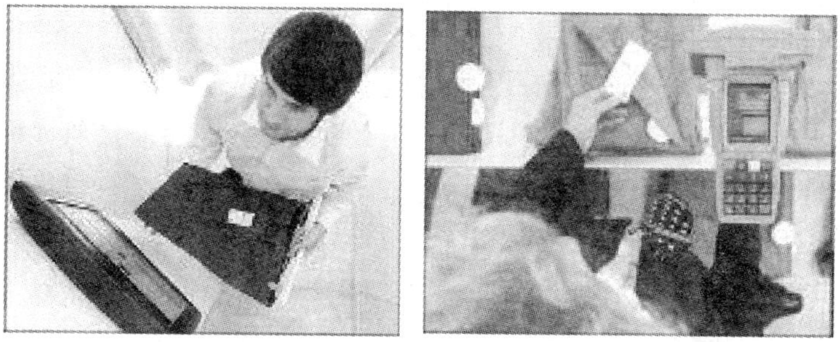

图 8-8　多个识读点

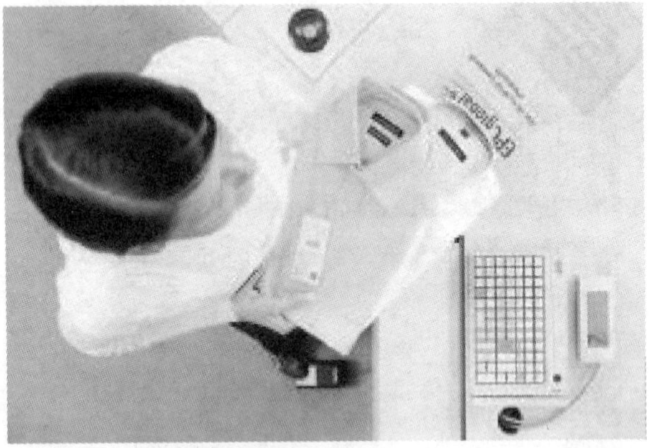

图 8-9　结算台

图 8-10　销售楼层出口

鉴于试验计划取得极大成功，麦德龙决定在其位于德国 Unna 最繁忙的配送中心，建立一个全面的 RFID 托盘跟踪中心。麦德龙在该中心部署了多项 RFID 应用，其中包括可以识别衣架上衣服的系统，物品处理量每小时超过 8000 件。

麦德龙决定再度与 Intermec 合作，在上述计划中使用其 RFID 识读器。目前已经有超过 40 台 Intermec 的固定式、手持式和最新的叉车用车载式 RFID 识读器被采用。

托盘跟踪是这个配送中心的 RFID 系统的基础。大约 20 家麦德龙的供应商（到2005年底时已增加至100家）在运送到配送中心的货箱和托盘上使用了RFID标签。进入仓库的托盘都要经过一个安装了Intermec IF5识读器的门户。IF5识读器是固定式的智能数据采集设备，它采集托盘标签上的序列运输容器代码（SSCC），过滤托盘上来自货箱标签的数据。之后，SSCC被自动地报告到麦德龙的SAP企业系统内，与麦德龙收到的预先发货通知（ASN）的电子数据交换（EDI）交易记录相核对，符合麦德龙系统订单的托盘将被批准接受，有关内容将随着物品的入库自动进行记录，库存系统记录得以更新。

IF5识读器多项出类拔萃的功能为这一项目的成功做出了贡献，这是一款高度智能化的识读器，自带的软件系统能够预先对标签读取的数据进行处理，然后才传输到系统里。数据处理使得通讯更快捷，并且为企业级应用软件提供了“纯”数据供进一步处理。通过使用Intermec开发的界面，IBM的Websphere Everywhere软件也能在IF5上运行，提供额外的数据净化支持。

麦德龙还利用IF5识读器的输入/输出端口，整合了移动传感器。当传感器探测到一个正逐渐移近的托盘时，识读器将自动开启并发出读取信号，不经人工操作便可发送读取信号，大大降低了人力成本，而且信号在有需要的时候才发出，协助麦德龙符合环境保护及放射性方面的法规。输出端口控制着一个指示灯，当托盘清点完毕后将亮绿灯，亮红灯则指示有问题发生。

待系统确定接收托盘后，它会通过802.11无线LAN将指示传输到叉车上的Intermec CV60车载电脑上，从而告知叉车操作员进行入库作业。为了保证处理正确的托盘，操作员会用Intermec IF4识读器来读SSCC标签。由于叉车只能从两边驶近欧洲规格的托盘，这要求识读器围着托盘的角落来读取标签。麦德龙和Intermec通过试验以不同的标签和识读器放置方法解决了这个问题。

当叉车操作员到达货品待处理区，车载系统将自动读取永久性货位标签。系统自动核对计划货位和读取到的指示信息，以防放错位置。然后，操作员再通过无线LAN接收下一个放置或提货任务。

3. 实施结果

麦德龙正式实施RFID所取得的成效与试验计划相仿：仓储人力开支减少了14%，存货到位率提高了11%，货物丢失降低了18%。

根据麦德龙的统计，使用RFID系统识别托盘、发货确认和入库处理后，每辆货车检查及卸载的时间缩短了15～20分钟。未到位的发货会立即被发现，因此大大改善了库存准确度，使得麦德龙能够把缺货情况减少 11%。

与此同时，相反的运作流程也保证了仓库能准确、迅速地把货品送交零售店。叉车操作员通过 CV60 上的指令来接收订单，通过读取 RFID 地点标签来确认提取地点，然后通过读取他的 RFID 或者条码标签来确认提取的货物。被提取的货品被送至包装区域，装上托盘后送至有关商店。

商店的每次订货通常含不同货品，混合多个托盘是很普遍的，因此准确识读托盘里的每一项物品是非常重要的。货品经扫描后，主机系统里会将数据和订单信息相比较。当订单上所列货品被全部识别时，有关托盘便会被封装，盘上的 Intermec Intellitag RFID 标签会被读取，托盘内容就与麦德龙数据系统里的托盘 ID 挂钩。托盘随后被批准交付给商店，一套和配送中心相似的自动 RFID 采集系统将核对货品交收和记录。

4. 拓展应用

麦德龙集团这些年以来一直和部分供应商共同努力实现托盘层级的 RFID 标识。2006 年，EPC Gen2 技术出现并在性能上取得长足进步。麦德龙配送中心进行的性能测试也表明，EPC Gen2 技术能够支持密集读写环境，在一个车间内多台识读器同时工作时，相互之间不会干扰。麦德龙认为，RFID 技术大显身手的时刻来到了。有鉴于前期计划取得巨大成功，麦德龙与 Intermec 进一步合作扩大 RFID 计划的范围。2006 年，麦德龙遍布德国的全部“Cash & Carry”品牌批发商店正式启用了 Intermec 的 EPC Gen2 设备。从 4 月 1 日起，麦德龙集团的供应商已经可以向该公司付运带有 EPC Gen2 标签的托盘。

麦德龙是自助批发店中的佼佼者，它采用了一套先进的 EPC Gen2 设施，包括 Intermec 的 Gen2 IF5 UHF RFID 识读器和 IBM 的中间件。应用于麦德龙 Cash & Carry 商店的 Intermec Gen2 技术构建了一个令各种 RFID 产品及系统兼容协作的平台，有效协助追踪托盘的去向，从而改进存货管理。

在麦德龙 Cash & Carry 商店使用 Intermec 的 Gen2 技术来追踪托盘只是该集团有关计划的首项举措，麦德龙和 Intermec 正探讨把 Gen2 技术应用于其追踪货箱。

Gerd Wolfram 博士表示，Gen2 RFID 技术就在眼前，Intermec 是协助麦德龙部署 RFID 技术的策略性合作伙伴，麦德龙与该公司的合作将为集团的 Cash & Carry 搭建一个实际可用的 Gen2 RFID 设备体系，同时也证明了两家公司是采用这种崭新技术的先驱。

2007 年 5 月，在杜塞尔多夫（Düsseldorf）召开的会议上，麦德龙集团要求其顶级供应商从 10 月 1 日开始在发往全德国 180 个麦德龙卖场的货运托盘上粘贴 EPC Gen2 RFID 标签。

目前麦德龙重点开展的单品贴标项目中，采用了所有层级的 EPC 标准，同时，也应用了 SGTIN、GIAI、GLN 等 GS1 标准 ，如图 8-11 所示。

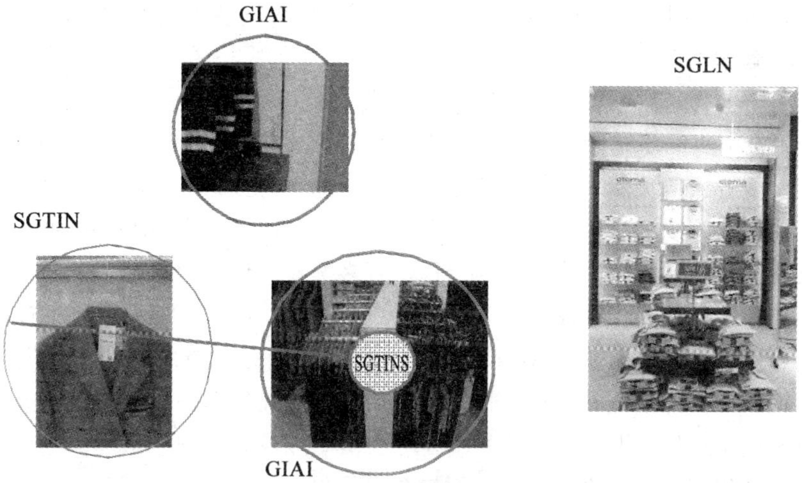

图 8-11　GS1 标准的应用

麦德龙在分析报告中曾经表示，若实现在托盘层级的 RFID 技术应用，每年可以为德国节省约八百万美元的费用。高额的投资回报收益（ROI）驱使麦德龙决定大力推行 RFID 应用，要求供应商们开始进行托盘贴标工作。如果供应商没有在托盘上使用 RFID 标签，麦德龙将会对其另外加收部分处理费用。

8.3　意大利米图香港分店启用 RFID 智能试衣系统

意大利时装品牌米图（Mi-Tu）面向年轻的高消费层次女性购物者，是香港最知名、最有影响力的品牌之一。米图在中国内地、香港和澳门地区分别有 28 家店。

1. 应用概况

为了帮助顾客更好地搭配、挑选服装，提高顾客满意度，从而提高销售水平，米图在香港的三家门店部署了 RFID 智能试衣系统，安装了基于

RFID 技术的智能试衣镜和显示器等设备。该系统可以使顾客在试穿和选购衣服时瞬间就能浏览和查找到店内库存中的各种商品信息。其中，2006 年 11 月，第一家香港分店就已经安装了相关 RFID 设备；2007 年 5 月，第二家分店完成部署工作并开始试用。

据米图公司说，这种交互式的购物系统已经使其两家店的销售额增长了 30%。2007 年 11 月，米图在香港的第三家分店中安装了该 RFID 系统。

2. 解决方案

米图公司采用的智能穿衣镜以及智能更衣室的原理是由 Schmidt 电子公司与香港 Polytechnic 大学纺织品与服装研究院共同研发的。米图在 2006 年第一次接触这所大学，那时他正在寻求一种基于射频识别的能够使购物体验更人性化的系统。后来 Polytechnic 要求 Schmidt 电子公司设计出一种可以在试衣间与商店各个角落都能为客户提供更多选择与信息的系统。

米图正在使用由 Schmidt 电子公司提供的智能零售系统（SRS），包括智能更衣室、安装带有 EPC Gen2 RFID 天线的智能穿衣镜以及查询终端，而且在镜子后面的墙上还安装了供展示衣服的液晶显示器。SRS 系统还包括电子目录应用程序、基于射频识别的 VIP 会员卡以及一套安全系统，该系统能够提醒销售商发现贴有标签的衣服被拿出店外。

（1）服装上的 EPC Gen2 标签

米图为其两家店中的所有库存衣服都贴上了 Schmidt 公司生产的 EPC Gen2 无源 RFID 标签，如图 8-12 所示。在米图所使用的基于微软操作系统

图 8-12　衣服上应用 RFID 标签

的后台程序中，每一个标签都有一个唯一的ID代码，与衣服的模特名字以及包括大小、颜色和质地的衣服描述相对应。

（2）智能穿衣镜与智能更衣室

Schmidt的智能穿衣镜能够自动搜索顾客手中的产品，自动显示搭配结果，如图8-13所示。当顾客拿着贴有RFID标签的衣服进入更衣室站在镜子前的时候，系统就会捕捉到相关信息并通过以太网连接将标签上的ID号传递到门店的后台程序中。程序中SRS软件会根据标签上的号码连接到相应的衣服，与其相关的信息会以图像的形式显示在附近的LCD屏上，如图8-14所示。顾客可以看到一系列的信息而且可以通过屏幕上的消息找到与手中的衣服相匹配的商品。

图8-13　智能穿衣镜

图8-14　智能更衣室中的LCD接触屏

（3）内部通讯与数据库

顾客如果在更衣室想试穿特定的衣服，可以在内部通讯系统中按一个快捷的按钮来与销售人员联系。内部通讯系统与销售柜台中的主机相连，可以收到顾客发出的请求。之后，销售人员开始确定是哪一间试衣间发出的请求，再浏览该顾客所看到的屏幕，最后确定顾客所要求的确切的商品。如图 8-15 所示为柜台上的内部通讯系统和智能数据库。

图 8-15　柜台上的内部通讯系统和智能数据库

为了了解衣服的更多特殊信息，销售者把标签置于解读器上，以读取衣服 RFID 标签。电脑会在 LCD 屏上显示出品牌信息、衣服的具体描述、质地信息以及价格。

RFID 系统能够收集信息、确定哪些商品正在被试穿、哪些已经售出，这可以帮助米图分析出在他的门店中哪些是销售得比较好的商品。米图在店内安装了电子目录，包括一个 RFID 识读器、一台电脑和一台 LCD 显示器。即使衣服是在店内的特殊角落，电子目录也能完整记录信息。顾客在挑选时装的同时，各种配搭、颜色及价钱都显示在屏幕上，如图 8-16 所示。

3. 实施结果

RFID 系统通过在顾客试穿衣服时为其提供更多有价值的选择，实现了商店销售额的增加。顾客在进入更衣室时手里往往只拿着一件衣服，但是通过 LCD 显示屏他们有了更多选择，最后都请求试穿与手中衣服相匹配的其

图 8-16 顾客通过 LCD 屏幕挑选时装

他衣服。这样不仅为顾客免去了选择服装的烦恼，方便了顾客，也带来了更多销售的可能性。

除此之外，RFID 标签可以用来帮助防止偷窃。完成结算后，衣服上的标签在销售现场取下。因此如果顾客想要带走一件没有购买的衣服走出店外，在店门口的识读器就会读取衣服标签上的 ID 代码并向销售柜台发出警报。

4. 应用展望

随着第三家店铺安装基于 RFID 技术的标签系统，米图打算补充 VIP 系统。参与的顾客将得到基于 RFID 技术的 VIP 会员卡。这张卡内嵌入了 Gen2 RFID 芯片，可以编码成顾客特殊的 ID 号码。当持卡的顾客进入商店，RFID 识读器就会读取她的 ID 号码并且发送至后台程序中，同时可以看到顾客的历史购买信息。

8.4 班加罗尔心脏病诊疗中心应用 UHF RFID 标签

1. 应用概况

位于印度班加罗尔的 Bhagwan Mahaveer Jain（BMJ）心脏病诊疗中心正在使用被动 UHF RFID 标签，如图 8-17 所示。管理患者记录、监控患者流动并追踪在门诊部流动的资产，大大提高了工作效率和准确度。2006 年秋季起，该诊疗中心使用了圣地亚哥的无线科技公司 Aventyn 提供的临床信息处理平台（CLIP）。目前，BMJ医院平均每天对100个新患者和复诊患者进行追踪。

图8-17　BMJ应用RFID技术管理患者

CLIP系统基于网络，包括软件、EPC Gen2询问器和标签。另外，Aventyn帮助客户应用软件和硬件。2006年5月，该公司发布了CLIP解决方案的更新版本，能够支持微软公司管理自动识别设备的BizTalk RFID平台。

2. 患者跟踪

在BMJ医院门诊部登记的每位患者都会获得一张贴有RFID标签的患者卡。每个标签有一个唯一的ID号码，与CLIP个人健康管理器中的患者电子病历相连。

Aventyn使用来自ThingMagic和Alien的识读器。这些识读器置于医院的候诊室、诊室和实验室，并对所有进出这些场所的患者进行记录。比如，当患者进入诊室时，识读器识读患者卡，并通过CLIP中间件将数据传输到CLIP个人健康管理器软件。这样，医生或护士能够在电脑上搜索并获得患者记录。

RFID询问器还可以记录患者在某个区域如候诊室停留的时间，这样BMJ医院可以追踪医院内患者的治疗和活动。个人健康管理器还与医院的付费系统集成，使工作人员能够使用患者治疗和流程信息开出准确的账单。

“我们追踪门诊部患者的流向和健康记录的移动。”BMJ医院非创伤性心脏病主任医生Chandra说道，“我们收集到的数据是就诊患者的数量和患者在门诊部候诊室、诊室、实验室以及最后交费处等各个不同地点的停留时间。”

3. 医疗设备跟踪

此外，BMJ也在高价设备上使用EPC Gen2 RFID标签，诸如支撑架、起搏器、轮椅及轮床和一些诸如在临床诊断室使用的可移动设备，然后使用CLIP AssetLIVE系统追踪定位这些资产。AssetLIVE采用可伸缩矢量图形（SVG）绘图技术。这是由围绕XML建立的W3C图形标准，包括丰富的交互图形和多媒体应用。“我们使用矢量图形勾画出屏幕上的格子”，Aventyn创始人和CEO Navin Govind说，“我们所做的与实时定位系统没有多大区别，尽管我们的系统在本质上是静态的。”AssetLIVE通过分析RFID数据，然后在图形上标出最后已知的位置，最终实现定位。

4. 应用结果

Chandra表示，关于RFID如何为医院节约成本以及改善患者治疗、库存和工作流程等方面的具体数据暂不公布，时机成熟后将与公众分享。然而，该医院表示已经确实从应用EPC/RFID技术中受益。应用该技术，实现了对更多患者的追踪，减少了纸面工作，并改善了医疗供应链的可见度。

5. 应用展望

为改善患者治疗并节约成本，该医院逐步扩大了RFID应用，并对这项技术的应用有着诸多展望。比如，BMJ希望使用更小型的天线。医院基础设施非常有限，而RFID天线占用了非常宝贵的空间，如果无法减小天线尺寸，则希望能加大识读范围。目前，一个CLIP系统需要两个应答器和四支天线，占用3000平方英尺的空间。

此外，BMJ还希望成本能够下降。Chandra表示：“我们听说有很多便宜的标签，但医疗服务所使用的标签却极其昂贵。当标签得到广泛应用时，标签成本将变得更容易负担。”BMJ用来管理住院患者的所有标签都能防止篡改并能够经受恶劣环境的考验。

8.5 RFID技术在航空货物管理的应用

RFID具有识读距离远、识读速度快、不受环境限制、可读写性好、可同时识读多个物品等优点，获得了包括航空运输在内的多种行业的青睐。

近年来，随着航空货运业务在全球的快速发展和自动分拣技术的普遍应用，航空货物物流对提高货运的效率、降低分拣差错率都提出了更高的要求。国际航空运输协会（IATA）2007年6月公布的一份商业报告称，包裹失踪和处理错误让航空业在过去一年中损失了50亿美元，其中12亿用于赔偿旅客，36亿花费在劳动力上。协会估计每1000位乘客中就会有20例包裹失踪或处理错误的情况。如果整个航空业都采用RFID为包裹贴标，那么每年能节省7.33亿美元。

在航空货运管理上应用RFID技术可以为用户实现从货物代理收货到机场货站、安检、打板以及地服交接等环节的效率提高和差错率降低，并可监控货物的实时位置。这为航空货运行业进一步提高运能、合理利用运力资源、改善服务质量提供了可靠的技术手段。具体来说，应用RFID的主要优势在于可以增强乘客安全性，增加行李/货物的可见性，降低运营成本，提高客户服务水平及客户满意度。

目前，全球众多大客流量的国际机场正在进行或已经完成RFID系统测试，已有80家机场将在5年内采用RFID标签追踪和处理包裹，该措施预计每年能为航空业节省7亿美元。

1. 应用背景

许多国际机场管理部门希望能够提高航空乘客的安全保障和满意度。但是，要在短短几个月的时间选择并实施最佳的RFID解决方案，是一项极其困难的任务。在这一过程中，行李处理流程是首要关心的重大问题。

2. 技术评估

在机场管理应用RFID方案需要解决数据采集/分析问题，建立机场行李运输管理的基础数据来源；在评估RFID系统时，为避免技术误入死胡同，有必要了解以下几个关键问题：

①符合EPC标准的RFID技术；

②软件可升级的识读器平台；

③可以管理大量数据的系统；

④可以随着系统部署的不断扩展而扩展的应用。

全球众多解决方案供应商都在开发可以完全满足以上关键技术要求的RFID解决方案，帮助国际机场部署不同的货运方案，以提高机场管理安全并提升乘客的满意度。

3. 行李安全系统

以讯宝科技（Symbol Technology）为例，该公司开发的解决方案可以为机场建立高效率、低成本且准确无误的行李跟踪系统，以满足交通运输安全管理部门筛检所有乘客行李的要求。通过使用嵌入式爆炸物检测和筛检设备，机场可以建立起自动跟踪所有乘客行李的新流程，以保证该机场数百万乘客的安全流动。

首先，机场需要部署讯宝科技提供的AR 400读写识读器和Class0 + 双极读写标签。安装在机场各个中心的识读器，包括安装在行李传送装置和传送带上的识读器，将会检测进入该系统的每件行李（从旅客登记时开始），或将其运送到正确的航班进行换乘。

这套RFID系统可以使机场对行李跟踪的准确率达到近100%，而且可以自始至终掌握行李的情况。在票务中心打印RFID标签并粘贴到行李上，从将行李放到传送带上，并由传送带传送到筛检机，到最后运送至相应飞机上的整个过程会读取每个标签上唯一的标识符。

一般情况下，为了处理所有行李并确保行李及时安全地运送到正确的航班，在部署RFID系统之前，大多数机场已经采用了相关处理系统。该系统要求每件行李在进行登记时，需要贴上条码和工作人员易识别的标签，以改进提升标签读取率和行李自动调度能力，增强行李安全性，从而提升运营效率。目前采用的基于条码的系统可以自动分拣每件行李，并将其运送到正确的航班。但是，因为标签必须位于条码扫描器的可视范围内才能进行读取，所以无法保证能成功地扫描到每个标签。凡是未能成功扫描到标签的行李，都需要被运送到单独的区域，由工作人员使用手持式扫描器对每件行李的条码进行人工扫描。接着，行李处理人员还需要通过目测方法检查每件行李是否被正确装入大型行李车上，并随后运送到正确的航班。如果此时部署讯宝科技RFID系统，则可以大大简化以上工序，提高工作人员的检查效率。

4. 标签应用

如果启用RFID系统，抵达机场进行登记或换乘的所有行李不但要贴上相同的条码标签，而且要使用大小为2×4英寸的RFID标签。行李抵达行李中心后，在登记服务台或贴条码标签的同时，贴上RFID标签。行李中心用来存放尚未确定运送装机的行李。最终随着时间的推移，RFID标签将会在该系统中取代条码。

行李通过人工方式贴上RFID标签之后，将被放回到行李感应式传送带上。此时，识读器将会自动读取条码标签，并将10位数字的IATA（国际空运协会）条码编号写入相同行李的RFID标签上。鉴于条码标签的读取率达不到100%，新系统可以保证，如果行李上的条码标签在这个环节未能正确读取，该行李将被转移到特定的区域。此时，工作人员将会使用既可以读取条码又可以读取RFID标签的手持式识读器人工读取和写入贴在行李上的条码和RFID标签。

5. 识读设备

此后，贴有标签的行李被放在部署了固定读写点的行李传送带上。每个读写点可以通过四个天线实现全方位的覆盖。随后，行李将会通过用于扫描爆炸物和其他违禁性物品的安检仪器。在安检出口，还要再次读取行李上的标签，以便行李管理系统识别哪些行李已经被转移进行人工安全检查，哪些行李已经被卸下。

在机场登记的行李可以通过两种不同的方式进行管理。凡是已经通过安检进行装机的行李，可以通过传送带运送到装卸区，然后通过人工方式转移到集装设备（Unit Load Devices，简称 ULD），并直接装机。但是，当一些行李的航班还没有开始收受行李时，少数行李会先暂放于行李中心。最为常见的情况是，旅客在预定的起飞时间之前已进行了登记，他们的行李先停留在行李中心。由于这些行李将会通过配备有两个识读器的大型传送装置，该系统可以识别哪些行李需要卸装、哪些行李需要保留。

传送装置中部署的识读器内置于该公司航空读取站中。读取站高 3 英尺，宽 2 英尺，集显示屏、发声和视频警报器系统以及数据采集功能于一身。通过这些传送装置可以对行李进行分拣，以便于那些使用手持式识读器的工作人员可以正确地存放行李，并确保这些行李及时运送到正确的航班。

接下来，行李中心的行李通过传送带分批运送到装卸处。在此，工作人员从传送带上卸下行李，然后将其装入用来运送并装机的 ULD 中。行李装入 ULD 时，每个装卸处的识读器会读取信息。由于行李是以人工方式装入 ULD，且集成的系统可以全面记录装入每个 ULD 的行李，可以通过现有的 ULD 管理系统，并将该信息与每个标签的 RFID 读取信息相结合，跟踪和管理采用条码的 ULD。

凡是从远程传送装置中的 ULD 卸装的行李，都要以人工方式贴上标签，然后装入由一个传送带组成的系统中。该传送带配备有识读器。每个识读器有四个天线，可以使每个读取点实现全方位的覆盖。行李存放在行李中心时，将根据行李条码标签上的编号自动写入标签。此时，该编号与读取条码时的编号相同。标签读取一旦失败，操作人员就可以使用手持设备扫描条码并读取 RFID 标签，从而确保正确写入 RFID 标签。

远程转移区域由多个卸装处组成。在装卸处每个 ULD 上的识读器可以使用天线读取行李上的标签，从而确保该行李装入正确的 ULD，以便进行相应的装机。

6. 实施结果

与现有条码系统相比，采用 RFID 技术的系统可以提高读取率，最大限度地提升现有行李的处理能力，其优势是显而易见的。另外，这项新技术还能够将信息编码到标签中，从而提高行李的安全性。借助 RFID 系统的部署，该机场可以对进出机场的每件行李进行全程跟踪，而且可以简化运作流程，提高客货运的处理能力。此外，使用 RFID 技术自动处理行李，取代目前采用的人工处理方式，也有望帮助机场降低工作人员成本。

8.6　RFID 技术在制造业仓库里的应用

RFID 仓库管理自动化能够解决的问题包括：

①多库协同作业：服装业企业的产品为了流通的需要，往往分布在各地不同的仓库中，以便调货、配货、补货。仓库的类型也较多，如成品库、原料库、流通库、周转库、零散小库等。企业每日都需要监控各个仓库的库存量，以保证及时供应。通过 RFID 系统，可以随时查到各库的存货情况，以便及时跟踪产品的物流过程。

②仓库收、发货和盘点作业：仓库管理中最重要的一项工作就是保证账面数量与实物数量一致，使用 RFID 可以很方便地实现商品收货记录的准确性及发货、配送的自动化，使盘点存货不会有遗漏和丢失。

③先入先出：每个产品都有其使用期限，由于产品种类很多，在实际仓库管理中通过手工记录和保管员记录很难保证产品准确的先入先出。通过 RFID 单体跟踪技术，可以给每个产品内置一个时钟，也可以记录每个产品的完好状态，这样就能保证按指定要求期限实现商品的出库作业。

④缺货报警：任何一个仓库出现某个产品短缺时，不但可以自动提示报警，还可以细分到款型、颜色、尺码等产品构成的细节。例如，某一款式的某些尺码出现断档，可以立即提示保管人员及时补货。

⑤滞销品统计：服装业产品积压仓库是件非常头疼的事情，通过滞销品统计，得到每个产品（细分到款型、颜色、尺码）的在库停留时间，可以很快发现哪些产品滞销、过季，可以很方便地提供降价决策或调换，加速产品销售和资金周转。

案例：意大利纺织商应用 EPC 系统追踪卷板布匹

来自意大利的 Griva S. p. A. 是纺织品行业的领军者，每年生产超过 30 万卷布匹，为 Leroy Merline 和 Quelle 等欧洲主要零售商提供室内装修装饰的成品布料。为了提高生产率，Griva 采用了 RFID 产品和服务领军公司 Alien 科技和 RFID 集成商 Siment 的 UHF EPC 解决方案，这是全球首例应用了 EPC 的卷板布匹追踪方案。随着该方案应用的成功，采用 EPC 技术追踪纺织产品将成为各地服装制造商的发展趋势。

1. 实施背景

采用 RFID 系统之前，Griva 在每一个处理织卷的卷轴上贴一个条码，在传送带上安装条码扫描仪。当传送带将织卷从一个处理过程传送到下一个处理过程时，扫描仪一一读取条码。这样就生成了处理记录，使 Griva 可追踪生产过程。然而，在高温和恶劣的工业制造环境下的条码有时会模糊，导致读取失败。在这种情况下，工作人员不得不手工读取和记录织卷的 ID 号。

即使条码在制造过程中能保持完整，但当卷进入最终处理阶段时（机械用塑料膜包裹织卷），条码读取难度进一步加大了。因为条码的读取要求清晰的瞄准线，塑料膜往往会使条码变形，造成读取困难。实际上，原有的系统只能读取 70% 拉伸包装后的织卷。

Griva 的管理层认识到生产率的提高对其在行业内的竞争力是至关重要的。虽然条码技术比较成熟，有其明显优点，但在实际生产环境中，却无法足够准确地控制布匹的产量。

2. 解决方案

这一解决方案包含了 Alien 的 8800 UHF 被动识读器（图 8-18 所示）、EPC Gen2 Squiggle 标签（图 8-19 所示）。Alien 的标签和识读器组合带来了最优识读范围和稳定性能。Siment 还为 Griva 的 ERP 软件提供了 reader-to-ERP 接口中间件。Griva 现在能够从生产加工开始到运货整个过程对板卷布匹进行追踪。

Griva 将未加工的线材料织成布匹，然后清洗、染色并干燥。一旦布匹通过织机生产出来，自动化流程必须确保卷板布匹都是经过正确的处理和加工。原材料织成纺织品后，经过裁剪，在耐用的纸卷轴或塑料卷轴上卷成一卷。在 15 道独立的染色和涂层过程中，机械自动展开织卷进行处理，再回卷。整个处理流程完全自动化。每卷在每一道处理过程都一一被识别。

工作人员在卷轴上贴内嵌有无源 EPC Gen2 Alien Squiggle 嵌体的标签。当每卷纺织品完成一个处理流程时，一台 Alien ALR-8800 阅读器读取标签的 EPC 号码。Simet 的 RFID 中间件过滤重复的读取，并将标签的 ID 号传送给 Griva 的生产追踪系统。

图 8-18　固定在传送带上的 Alien 8800 识读器

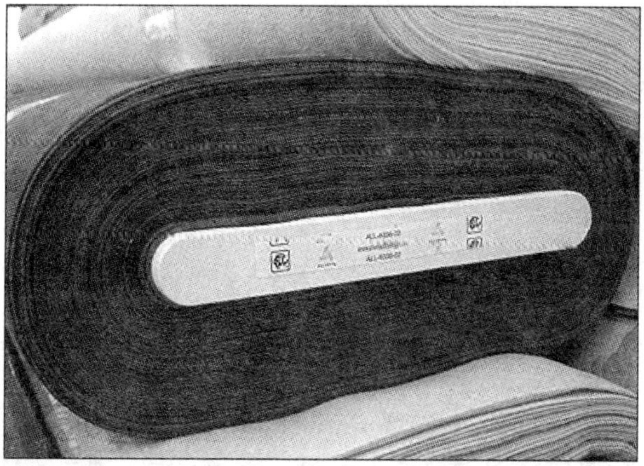

图 8-19　布匹卷轴中心贴有 EPC Gen2 Squiggle 标签

3. 实施结果

Griva 应用 RFID 解决方案，解决了之前在生产和物流阶段中确保可追踪性而面临的所有问题。在物流环节上，应用的标签通过了“塑料贴膜”测试。以前的标签不需要通过这一测试，因为这种贴膜隐藏在条码中。新标签的应用使追踪已经包装好并准备运输的产品成为可能，更节省了时间，并为客户提供了更准确的信息。

应用了 EPC 的 RFID 卷板布匹追踪方案，Griva 降低了费用，提高了客户对成品布匹的满意度，不到一年的时间就取得了30%的投资回报率。

“纺织品制造流程环境是非常恶劣的，因为热缩塑料包装处温度和湿度都很高，且在布匹干燥处理阶段使用了化学药剂”，Simet的市场经理Claudio Bertoldo说道，“Griva需要一套耐用的RFID系统，能够全面追踪板卷布匹，并不干扰生产流程。这正是Alien科技能够为Siment和Griva提供的。”

Alien科技公司EMEA和印度渠道销售总监Stephen Crocker表示：“在Siment的帮助下，Griva已经放弃条码系统，现在只使用EPC标签和识读器对板卷布匹进行追踪。Siment的RFID集成技术专业性使Griva成为纺织品行业RFID应用的榜样。”

8.7 葡萄牙家具制造商在生产线应用无源UHF RFID系统

葡萄牙木制门及家具制造商Vicaima成立于1959年，主要生产木制门和家具，如图8-20所示。历经数十年的发展，Vicaima以其优质的产品、时尚的设计及创新的理念享誉欧洲各国，成为欧洲本土木制门市场的主要供应商之一。面对不断变化和发展的市场需求，Vicaima非常重视在生产线应用新技术，以提高制造效率并扩展制造能力。

图8-20　葡萄牙Vicaima主要生产木制门及家具

1. 应用背景

2006年，Vicaima引进一条新的全自动生产线，并开始在葡萄牙的工厂进行生产流程重组，从而使每天木制门的产量增加至7500扇。

随着RFID技术在物流、供应链管理中的应用趋于成熟，2007年5月，Vicaima将无源超高频RFID技术整合到其在葡萄牙本土的Vale de Cambra工厂，如图8-21所示，借此提高生产效率并节约管理成本。

图8-21　Vicaima在葡萄牙本土Vale de Cambra的工厂

2. 解决方案

位于葡萄牙Santa Maria da Feira自治市的系统集成商CreativeSystems为Vicaima设计并安装了RFID管理系统，软硬件设备包括Alien科技的Squiggle系列EPC Class1 Gen2 RFID标签和ALR-8800 RFID阅读器、Printronix公司制造的RFID打印机/编码器以及CreativeSystems的中间件。

Vicaima给木制门和家具产品贴上无源超高频RFID标签，从而可以追踪到这些产品在生产过程中的移动。当门和家具在工厂的传送带上移动时，安装在每一个生产线上固定的识读器会读出每个RFID标签上的唯一标识代码。该代码和产品的库存单元共同记录着产品何时在装配线、何时成品待分发。尽管Vicaima可以使用基于诸如EPCIS的EPCglobal数据共享标准的软件实现这项功能，但目前尚未与任何贸易伙伴实现RFID数据共享。

在发送信息到Vicaima安装在葡萄牙波尔图的一个工厂的ERP系统之前，中间件先要捕获、筛选并格式化数据。ERP系统存储并处理诸如产品库存单元、型号和颜色等制造和运输信息，在成品被运出Vale de Cambra工厂大门前，把所有数据联系起来。

CreativeSystems 工程师 Pedro Franca 主要负责设计和安装 RFID 系统，该系统在今年 1 月开始安装，5 月首次试运行。据他估计，Vicaima 部署 RFID 系统的投入已达数十万美元，但 Vicaima 公司管理层认为，投资是“物有所值”的。在面积达 430557 平方英尺的制造工厂里，Vicaima 不仅能实现生产流程的自动化管理，还可以更有效地管理存货，并对生产线实现实时监控。Vicaima 公司总经理 Filipe Maia Ferreira 介绍说，预计可以每年节省 1.5% 的生产成本。

3. 技术挑战

当然，实施进程不是一帆风顺的，Vicaima 也遇到了技术挑战：生产线上的金属会干扰阅读器对产品上的每个 RFID 标签的读取能力；此外，生产线上阅读器的位置也是一个问题，因为在传送带上，门和家具几乎不可能绝对地在同一个位置完成。该系统最初只能读取 90% 的标签，但自从改善后就几乎达到 100% 。

4. 应用展望

Vicaima 计划将 RFID 系统扩张应用到其他制造工厂（其中有 5 家工厂在葡萄牙，1 家在英国）。这个计划一旦完成，制造商将要在其物流配送中心提升并使用 RFID 技术，把葡萄牙的六家仓库和英国的一家整合为一体。这个计划使得 Vicaima 可以实现在整个供应链内对货物运输的管理，从制造工厂到仓库，再到终端用户。

Vicaima 从其产业中每年创造出大约九千万美元的税收。公司认为，大多数利润来自对货物进行实时追踪和定位的能力，而不是靠现有系统和人工夜以继日地处理数据得来的。Ferreira 介绍说，Vicaima 管理层一直认为 RFID 技术应用会成为公司的重要优势，但希望等技术进一步成熟后，再构建一个集成的系统实现最优化 RFID 应用。

8.8 海尔美国应用 RFID 超高频标签标识冰箱冰柜产品

海尔集团是世界第四大白色家电制造商，也是中国电子信息百强企业之首，旗下拥有 240 多家法人单位，全球员工总数超过五万人，在全球 30 多个国家建立本土化的设计中心、制造基地和贸易公司，重点发展科技、工业、贸易、金融四大支柱产业，已发展成全球营业额超过 1000 亿元规模的跨国企业集团。

为了实施其全球化战略，海尔集团作为中国第一家在美国投资设厂的大型企业，于1999年4月30日，在美国南卡州建立了海尔美国（Haier America）工业园，如图8-22所示，园区占地700亩，年产能力50万台。2000年正式投产生产家电产品，并通过高质量和个性化设计逐渐打开市场。经历八年的发展壮大，海尔产品已顺利入驻美国排名前10的连锁集团，并获得"最佳供货商"、"免检供货商资格"等荣誉。

图8-22 海尔美国厂区概貌

1. 应用背景

海尔在拓展市场份额的同时，也在美国消费者中留下美誉。设计充分满足消费者的个性化需求，产品线从单一的小冰箱、小冷柜，发展成同主流品牌竞争的庞大产品群。2003年荣获全美产品设计"金锤"奖。美国的大型连锁超市，如沃尔玛、BestBuy、Sears、Lowe's、HomeDepot和Target，都有海尔的产品。

作为沃尔玛的重要供应商合作伙伴，海尔集团很早就开始关注RFID和EPC的应用。2006年，海尔美国有数十万件产品销往沃尔玛；而在沃尔玛的RFID应用强制命令下达后，限定在2007年1月以前必须使用RFID标签的供应商名单中就有海尔美国，这意味着海尔美国要对其发往配送中心的四类产品上贴上RFID标签，其中包括两款小型冰箱、一款较大型冰箱和一款冷冻柜。

海尔美国公司的IT主管Michael Moser介绍说，最初他对RFID的研究并不太顺利，并且他无法理解沃尔玛的要求以及 EPCglobal 网站上发布的信息，无法确切界定 RFID 系统的全部条件。不过，在一次 EPCglobal 会议上，Moser 遇到了沃尔玛的一位代表，与其交流后获得了新的理解。正是这位代表协助海尔美国部署 RFID 系统和完成了 RFID 标签测试。海尔美国也对本土员工进行了及时的 RFID 技能培训，并同 RFID 打印机制造商进行讨论、沟通。

2. 实施进展

为了响应沃尔玛的要求，部署 RFID 系统，海尔找到为沃尔玛和美国国防部供应商提供 RFID 解决方案的 VAI 公司（Vormittag Associates）。此前，VAI 已经为海尔美国提供一个 UCC/EAN 128 条码标签管理系统。在这个项目中，VAI 设计了 RFID 系统并将其整合到已安装在纽约的海尔美国总部的 ERP 系统中。这项 ERP 系统存储并处理运输数据，包括每一个最小存货单元及其运输状态。整合后，海尔美国可以自动化打印 RFID 标签，并在 SKU 和 RFID 标签上的唯一 ID 标识之间建立关联。

VAI 公司表示，必须确保所使用的设备能够兼容中国所使用的 UHF 频率。VAI 还引入了 Cybra 公司的 MarkMagic 中间件，提供打印机驱动并拥有编码及标签设计的功能。

目前，海尔美国部署了 RFID 管理系统，包括 Avery Dennison 的 RFID 嵌体、Nashua 的 RFID 标签、普印力打印机和摩托罗拉的阅读器。整套系统共花费约一万美元。

海尔美国已经完成对其新泽西爱迪生工厂和加利福尼亚州的沃纳特工厂运出的四类产品的贴标工作，使用 EPC Gen2 UHF 标签对冰箱、冰柜等产品进行标识与运输管理。贴标工作由专业物流服务商（Dura 货运公司）负责。

尽管海尔美国已经完成了 RFID 系统的实施，但这不是一成不变的。Moser 说，每隔几周，他都要查看沃尔玛是否在其可使用 RFID 的分销中心或商店名单后面追加新地址，这样零售商的数量可以不断扩张。Moser 还要为新泽西州的爱迪生工厂和 Dura 货运公司提供最新的信息。在这两个地方，如果有一笔来自沃尔玛的订单，货物将被运送到一个可识别 RFID 的分销中心，所有项目信息被发送到 RFID 标签打印机上。打印出来的 RFID 超高频标签尺寸为 4×6 英寸，内含供应商号码、最小库存单元及唯一 ID 代码等信息。工作人员用摩托罗拉读卡器检查标签的编码是否正确，然后将标签贴在产品包装箱上。

3. 应用展望

未来，海尔产品的 RFID 数据将被发送到纽约的一台服务器上，生成一个预先运输通知给沃尔玛，但目前尚不具备这样的能力。当货物开始运输时，海尔美国就不再亲自追踪 RFID 数据。

目前，海尔美国的 RFID 应用还仅限于对沃尔玛的物流配送上。据Moser透露，公司方面期望进一步扩展 RFID 技术的应用能力，迎合更多大型零售商的要求。

同时，作为海尔美国的母公司——中国海尔集团一直都在关注 RFID 技术。中国海尔集团于 2006 年 10 月加入了 EPCglobal China，为进一步响应沃尔玛号召在其出口的冰柜上应用 EPC 标签做好准备。目前，中国海尔集团已经在出口冷柜上应用 EPC 系统方面做好了充分的准备，从 TI、Alien、UPM、欧姆龙等多个国际知名厂商采购了大量的 EPC Gen2 标签，采用 BEA 公司的中间件、Alien、Intermec 等公司的识读器，并自行开发系统。2007 年，中国海尔集团已经在生产线上完成了所有相关测试，可以随时向沃尔玛公司供应贴有 EPC Gen2 标签的产品。

8.9　唯冠科技（深圳）在出口显示器上应用 EPC 标签

唯冠集团，如图 8-23 所示，是世界四大显示器制造商之一，有超过 16 年的显示器制造经验。唯冠集团利用其在显示产业的坚实基础，努力发展原设计生产（ODM）业务，并与世界级大型贸易商及分销商紧密合作，通过庞大的全球销售渠道分销自有品牌产品。唯冠集团年产值已逾一百亿人民币，在全球 11 个国家和地区拥有 17 家分公司，在全球 5 个国家拥有 7 处生产基地，并在香港交易所上市。

PROVIEW

Experience the Difference

图 8-23　唯冠集团

1. 应用背景

唯冠集团在中国深圳、武汉、东莞、宁波等地设有分厂。唯冠科技（深圳）有限公司（以下简称“深圳唯冠”）规模庞大，拥有员工超过八千人，显示器年产量高达九百多万台。深圳唯冠拥有广泛的全球分销网络，是美国百思买（Bestbuy）的供应商。2005 年，深圳唯冠接到百思买的通知，要求在其销往美国百思买零售店的显示器包装箱和托盘上应用 EPC 标签。2005 年底，深圳唯冠加入了 EPCglobal China，成为 EPCglobal 在中国大陆地区的第一家终端用户。

2. 实施进展

目前，深圳唯冠收到要求应用 EPC 标签的产品订单均来自百思买。在此之前，则有小部分订单来自沃尔玛。2007 年 3 月之前，深圳唯冠已经对销往百思买的 5000 多台显示器在包装箱和托盘上应用 EPC 标签（主要应用的是 EPC Gen1 标签）。在此之后，应百思买要求，深圳唯冠将所有 EPC Gen1 标签和设备升级成 EPC Gen2 标签和设备，并收到了来自百思买的一万多台需要应用 EPC 的显示器订单。如图 8-24 所示深圳唯冠在显示器包装箱上应用 EPC，经过 RFID 识读器时标签被识读。如图 8-25 所示为托盘上的 EPC 标签。

图 8-24　显示器产品包装箱上应用 EPC

深圳唯冠从国际知名的 RFID/EPC 解决方案供应商购买了必要设备，引

图 8-25　托盘上应用 EPC 标签

进了相关软件，如所用的标签为 ADT 公司生产的 Gen2 标签，识读器为斑马公司产品，采用 Manhattan Associate 公司的中间件。如图 8-26 所示为唯冠采用的 EPC 标签。

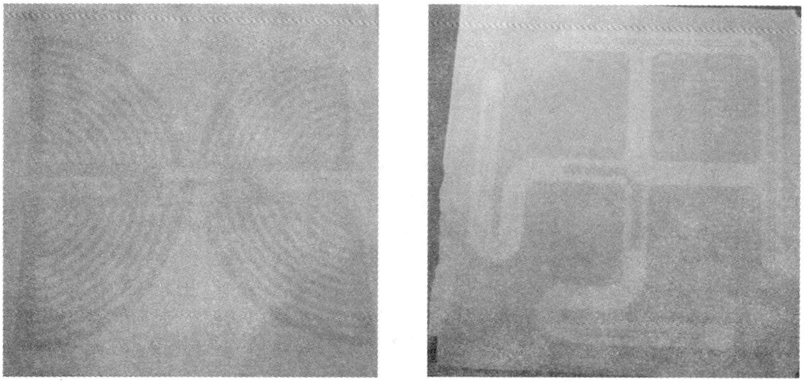

图 8-26　EPC Class1 Gen2 标签

3. 技术挑战

作为中国企业中最早开始在生产线上应用 EPC 的制造商，深圳唯冠认为，由于目前并没有在大量的产品上应用 EPC，新增加的 EPC 系统使公司整个生产线需要作出相应的调整，单品上应用 EPC 面临着一些困难。加入了 EPC 系统后，新软件和原有软件之间的协调需要一个过程，这在一定程度上影响了工作效率。为了在销往美国百思买的显示器上应用 EPC 系统，公司添置了 EPC 标签、识读器等设备和软件，增加了成本。但由于应用规模小，短期内未见到显著的投资回报。另外，由于 EPC 系统是近年引进的新系统，需要投入一定的人力和资金来对相关人员进行培训，而这些工作人员仅在有限的时间对小部分产品进行操作实践，目前熟练度不够高，作业效率受到影响。

4. 应用展望

尽管深圳唯冠在 EPC 应用规模上相对一些国际知名企业较小，面临一定的困难，但该公司在全球显示器制造业有着重要的地位。作为中国第一家在生产线上应用 EPC 系统的制造商，深圳唯冠是中国企业在 EPC 应用方面的领路人。随着应用 EPC 系统时间越来越长，应用面越来越广，管理模式也将不断完善更新，相信目前面临的困难会很快得到解决，现在的工作将为未来在更多产品上应用 EPC 系统打好基础。深圳唯冠相关负责人表示，EPC Gen2 标签性能确实优于 EPC Gen1 标签，升级为 EPC Gen2 系统以后，识读率大大增高，从而在一定程度上提高了效率。

【思考题】

思考 EPC 对于各领域企业起到的作用。

参考文献

[1] 王忠敏等．EPC 与物联网．北京：中国标准出版社，2004 年

[2] 王忠敏等．EPC 技术基础教程．北京：中国标准出版社，2004 年

[3] 张彦，宁焕生．RFID 与物联网：射频中间件解析与服务．北京：电子工业出版社，2008 年

[4] 焕生，炳辉．RFID 重大工程与国家物联网．北京：机械工业出版社，2009 年

[5] 单承赣，单玉峰，姚磊等．射频识别（RFID）原理与应用．北京：电子工业出版社，2008，

[6] 李咏婵，李安平等．现代物品信息技术应用指南．北京：中国标准出版社，2008 年

[7] 陈军须主编．邮政技术设备与管理．北京：北京邮电大学出版社，2009 年

[8] 董丽华等编著．RFID 技术与应用．北京：电子工业出版社，2008 年

[9] 美国普印力公司著，深圳市远谷信息技术股份有限公司编译．RFID 贴标技术智能贴标在产品供应链中的概念和应用．北京：机械工业出版社，2007 年

[10] 中国物流与采购联合会，中国物流学会．中国物流发展报告（2008—2009）．北京：中国物资出版社，2009 年

[11] 赵军辉．射频识别技术与应用．北京：机械工业出版社，2008 年

[12] 中国物品编码中心．EPC 实用操作大全．2008 年

[13] 中国物品编码中心．RFID/EPC 应用案例选编．2008 年

[14] GS1 组织网站，www. gs1. org

[15] EPCglobal China 网站 ，www. epcglobal. org. cn

[16] 中国物品编码中心网站，www. ancc. org. cn

[17] 中国自动识别技术协会网站，www. aimchina. org. cn

[18] 北京华信恒远信息技术研究院网站，www. sinotrustinfo. com
[19] 21 世纪中国电子商务网校网站，www. ec21cn. org
[20] 北京网路畅想科技发展有限公司网站，www. ec21cn. com
[21] 中国自动识别技术杂志网站，www. autoid-china. com. cn
[22] 中国射频识别网，www. rfidofchina. com